# Revolucionando
## a docência universitária

Orientações, experiências e teorias
para a prática docente em negócios

CB043765

abdr
ASSOCIAÇÃO
BRASILEIRA
DE DIREITOS
REPROGRÁFICOS

Respeite o direito autoral

Grupo
Editorial
Nacional

O GEN | Grupo Editorial Nacional – maior plataforma editorial brasileira no segmento científico, técnico e profissional – publica conteúdos nas áreas de ciências sociais aplicadas, exatas, humanas, jurídicas e da saúde, além de prover serviços direcionados à educação continuada e à preparação para concursos.

As editoras que integram o GEN, das mais respeitadas no mercado editorial, construíram catálogos inigualáveis, com obras decisivas para a formação acadêmica e o aperfeiçoamento de várias gerações de profissionais e estudantes, tendo se tornado sinônimo de qualidade e seriedade.

A missão do GEN e dos núcleos de conteúdo que o compõem é prover a melhor informação científica e distribuí-la de maneira flexível e conveniente, a preços justos, gerando benefícios e servindo a autores, docentes, livreiros, funcionários, colaboradores e acionistas.

Nosso comportamento ético incondicional e nossa responsabilidade social e ambiental são reforçados pela natureza educacional de nossa atividade e dão sustentabilidade ao crescimento contínuo e à rentabilidade do grupo.

GILBERTO JOSÉ MIRANDA

EDVALDA ARAÚJO LEAL

SILVIA PEREIRA DE CASTRO CASA NOVA

# Revolucionando
## a docência universitária

Orientações, experiências e teorias para a prática docente em negócios

ALINE BARBOSA DE MIRANDA ▪ ADRIANA MARIA PROCÓPIO DE ARAUJO ▪ CAMILA LIMA BAZANI ▪ CAMILA LIMA COIMBRA ▪ ELISABETH DE OLIVEIRA VENDRAMIN ▪ IZAEL OLIVEIRA SANTOS ▪ JOÃO PAULO RESENDE DE LIMA ▪ NEIRILAINE SILVA DE ALMEIDA ▪ RAÍSSA SILVEIRA DE FARIAS ▪ SHEIZI CALHEIRA DE FREITAS ▪ TAÍS DUARTE SILVA ▪ VIVIAN DUARTE COUTO FERNANDES

Direitos exclusivos para a língua portuguesa
Copyright © 2018 by
**Editora Atlas Ltda.**
**Uma editora integrante do GEN | Grupo Editorial Nacional**

Rua Conselheiro Nébias, 1384
Campos Elísios, São Paulo, SP – CEP 01203-904
Tels.: 21-3543-0770/11-5080-0770
faleconosco@grupogen.com.br
www.grupogen.com.br

Designer de capa: Caio Cardoso
Imagem de capa: ilyast | iStockphoto
Editoração Eletrônica: Set-up Time Artes Gráficas

**CIP-BRASIL. CATALOGAÇÃO NA PUBLICAÇÃO**
**SINDICATO NACIONAL DOS EDITORES DE LIVROS, RJ**

R35

Revolucionando a docência universitária: orientações, experiências e teorias para a prática docente em negócios / organização Gilberto José Miranda, Silvia Pereira de Castro Casa Nova, Edvalda Araújo Leal. - 1. ed. - São Paulo: Atlas, 2018.
  : il. ; 23 cm.

  Inclui bibliografia
  ISBN: 978-85-97-01787-8

  1. Educação - Estudo e ensino (Superior). 2. Professores universitários - Formação. 3. Avaliação educacional. I. Miranda, Gilberto José. II. Casa Nova, Silvia Pereira de Castro. III. Leal, Edvalda Araújo.

| | |
|---|---|
| 18-50602 | CDD: 378.12 |
| | CDU: 378.091.12:005.962.131 |

Meri Gleice Rodrigues de Souza - Bibliotecária CRB-7/6439

# Sobre os Organizadores

**Gilberto José Miranda:** Doutor em Controladoria e Contabilidade pela Universidade de São Paulo (FEA/USP). Mestre em Administração, Especialista em Docência na Educação Superior, Especialista em Controladoria e Contabilidade e Graduado em Ciências Contábeis pela Universidade Federal de Uberlândia (UFU). Atualmente é Professor do Programa de Mestrado em Ciências Contábeis da UFU. Interesses de pesquisa: Ensino e Pesquisa em Contabilidade e Análise das Demonstrações Contábeis. Coautor dos livros *Análise avançada das demonstrações contábeis* (2012), *Análise didática das demonstrações contábeis* (2014) e *Revolucionando a sala de aula* (2017).

**Edvalda Araújo Leal:** Doutora em Administração pela Fundação Getulio Vargas (FGV/SP). Mestre em Ciências Contábeis pela Pontifícia Universidade Católica de São Paulo (PUC/SP). Especialista em Controladoria e Contabilidade pela Universidade Federal de Uberlândia (UFU). Graduada em Ciências Contábeis (Unitri). Atualmente, é Professora do Programa de Mestrado em Ciências Contábeis da UFU. Interesses de pesquisa: Ensino e Pesquisa em Contabilidade e Gestão de Custos. Coautora do livro *Revolucionando a sala de aula* (2017).

**Silvia Pereira de Castro Casa Nova**: Mestre e doutora em Contabilidade e Controladoria pela Universidade de São Paulo. Livre-docente em Educação Contábil pela Universidade de São Paulo. Pós-doutora em Métodos Quantitativos aplicados a Contabilidade na FGV. Foi *visiting scholar* no *Organizational Leadership, Policy and Development Department* no *College of Education and Human Development* (OLPD-CEHD) da *University of Minnesota* e *visiting researcher* na *Business Research Unit* do Instituto Universitário de Lisboa (BRU-IUL). É professora associada do Departamento de Contabilidade e Atuária da Faculdade de Economia, Administração e Contabilidade da USP e fundadora do GENERAS – Núcleo FEA/USP de Pesquisa em Gênero, Raça e Sexualidade.

# Sobre os Colaboradores

**Aline Barbosa de Miranda:** Doutora em Educação pela Faculdade de Educação da Universidade de São Paulo (FE/USP). Mestre em Educação e Graduada em Pedagogia pela Universidade Federal de Uberlândia (UFU). Atualmente, é professora do Ensino Fundamental da Prefeitura Municipal de Uberlândia e da Pós-Graduação da Universidade de Patos de Minas (UNIPAM). Interesses de pesquisa: Ensino e Pesquisa em Didática e Políticas e Gestão da Educação.

**Adriana Maria Procópio de Araujo:** Graduada em Administração de Empresas e em Ciências Contábeis. Mestre e Doutora em Controladoria e Contabilidade pela Faculdade de Economia, Administração e Contabilidade da Universidade de São Paulo (FEA/USP). Livre-docente pela USP. Pós-doutora em Educação pela UFSCar no Departamento de Teorias e Práticas Pedagógicas. Pós-doutora no *College of Law, University of Illinois*. Professora Titular da Universidade de São Paulo, Departamento de Contabilidade. Pesquisa sobre a formação docente, ensino contábil, estudo do ensino da Contabilidade para áreas afins e Direito.

**Camila Lima Bazani:** Mestre em Ciências Contábeis, na linha de pesquisa Controladoria, pela Universidade Federal de Uberlândia (UFU). Graduada em Ciências Contábeis pela UFU (2013). Servidora pública, cargo de Assistente em Administração, lotada na Universidade Federal de Uberlândia.

**Camila Lima Coimbra:** Doutora em Educação pela Pontifícia Universidade Católica de São Paulo (PUC/SP). Mestre em Educação pela Universidade Federal de Uberlândia (UFU). Especialista em Educação Infantil e Anos Iniciais do Ensino Fundamental pela UFU. Professora do Núcleo de Didática da Faculdade de Educação na UFU. Pesquisadora do Grupo de Pesquisa Currículo: questões atuais da PUC/SP. Autora do livro *A pesquisa e a prática pedagógica no curso de pedagogia: uma possibilidade de articulação entre a teoria e a prática* (2011). Organizadora do livro *Didática para o ensino nas áreas de administração e ciências contábeis* (2012).

**Elisabeth de Oliveira Vendramin:** Doutoranda e Mestre em Controladoria e Contabilidade pela Faculdade de Economia, Administração e Contabilidade de Ribeirão Preto da Universidade de São Paulo (FEA-RP/USP). Especialista em Gestão de Recursos Humanos pela Universidade para o Desenvolvimento do Estado e da Região do Pantanal (UNIDERP/MS). Professora de cursos de graduação e pós-graduação. Pesquisadora na área de Ensino e Pesquisa em Contabilidade.

**Izael Oliveira Santos:** Especialista em Administração Estratégica (FIPMOC). MBA em Gestão Financeira, Controladoria e Auditoria (FGV). Mestrando em Ciências Contábeis na Universidade Federal de Uberlândia (UFU). Graduado em Ciências Contábeis pela Universidade Estadual de Montes Claros, onde hoje atua como Professor de Educação Superior, e em Direito pela Faculdade de Direito Santo Agostinho, com especialização em Direito Constitucional Aplicado pela Faculdade Damásio. Contador e Advogado, trabalha com consultorias contábeis e jurídicas, perícias judiciais e advocacia. Já atuou como auditor interno, gerente financeiro e diretor financeiro em empresa de médio porte.

**João Paulo Resende de Lima:** Doutorando em Controladoria e Contabilidade e Graduado em Contabilidade pela Faculdade de Economia, Administração e Contabilidade da Universidade de São Paulo (FEA/USP). Mestre em Controladoria e Contabilidade e Graduado em Contabilidade pela Faculdade de Economia, Administração e Contabilidade de Ribeirão Preto da Universidade de São Paulo (FEA-RP/USP). Membro do Observatório de Educação e Pesquisas no Ensino da Contabilidade (EDUPEC/USP). Tem interesse em pesquisas sobre formação de professores, metodologias ativas e identidade docente.

**Neirilaine Silva de Almeida**: Graduada em Ciências Contábeis pela Universidade Federal de Uberlândia (UFU, 2008), especialização em Controladoria e Finanças pela UFU (2009), Mestrado em Administração (UFU, 2012) e doutoranda pela mesma instituição. Em 2014, publicou o livro *Casos para ensino em contabilidade societária*. Atualmente, é professora efetiva da UFU/FACIC.

**Raíssa Silveira de Farias:** Doutoranda e Mestre em Controladoria e Contabilidade pela Faculdade de Economia, Administração e Contabilidade da Universidade de São Paulo, campus Ribeirão Preto (FEA-RP/USP). Graduada em Ciências Contábeis e pelo Programa Especial de Graduação – Formação de Professores para a Educação Profissional (PEG), ambos pela Universidade Federal de Santa Maria (UFSM). Professora da Universidade Paulista (UNIP). Interesses de pesquisa: Ensino e Pesquisa em Contabilidade e Contabilidade Gerencial.

**Sheizi Calheira de Freitas:** Professora Adjunta III do Departamento de Ciências Contábeis da Universidade Federal da Bahia (UFBA), leciona nos cursos de Graduação em Ciências Contábeis e Mestrado em Contabilidade da UFBA. Graduada em

Ciências Contábeis pela UFBA (1999), Mestra em Engenharia de Produção pela Universidade Federal de Santa Catarina (UFSC, 2002) e Doutora em Controladoria e Contabilidade pela Universidade de São Paulo (2012), com período de estágio de doutorado na *University of Illinois at Urbana-Champaign*. Atualmente, é chefe do Departamento de Ciências Contábeis da Faculdade de Ciências Contábeis da UFBA. Áreas de interesse: Contabilidade Financeira, Avaliação Educacional e Simulação Empresarial.

**Taís Duarte Silva:** Doutoranda e Mestre em Ciências Contábeis pelo Programa de Pós-Graduação em Ciências Contábeis da Universidade Federal de Uberlândia (UFU). Graduada em Ciências Contábeis pela UFU. Atuou como bolsista de Iniciação Científica PIBIC/FAPEMIG – UFU e como membro do Programa de Educação Tutorial PET Ciências Contábeis – UFU.

**Vivian Duarte Couto Fernandes:** Professora na área de Gestão de Pessoas da Universidade Federal de Uberlândia (UFU) nas disciplinas de Empreendedorismo. Doutoranda em Ciências Contábeis (linha: Controladoria) na UFU. Mestre em Administração (2012), graduada em Ciências Econômicas pela Universidade Federal de Uberlândia (2006) e MBA em Gestão Empresarial pela Fundação Getulio Vargas (FGV, 2008). Atuou como gerente de planejamento, analista financeira e professora de inglês. Interesse de pesquisa nas áreas de Empreendedorismo, Educação do Ensino Superior, Sustentabilidade, Gestão de Micro e Pequenas empresas (com ênfase em empresas familiares).

# Prefácio

O livro *Revolucionado a docência universitária* nasceu da necessidade e das discussões em disciplinas sobre o tema nos programas de mestrado e doutorado em contabilidade, bem como da interlocução com professores e pesquisadores de pedagogia. Percebeu-se que havia um espaço, uma lacuna: pensar a docência na área de negócios; e uma necessidade: refletir e aproximar o extenso e rico material humano e de pesquisa sobre docência superior das especificidades e particularidades na área de negócios.

Assim, como andorinhas que tentam fazer o verão, uniram-se os esforços de dois centros e de muitas mãos nessa tarefa: oferecer a professores e professoras da área de negócios, formados ou em formação, um livro que compilasse essa experiência, tentando preencher essa lacuna e responder a essa necessidade. Os centros? A Universidade de São Paulo (USP) e a Universidade Federal de Uberlândia (UFU), cujos programas de pós-graduação têm se destacado na pesquisa e ensino em educação em negócios. As andorinhas? Os professores Gilberto, Edvalda e Silvia, parceiros de vários voos e organizadores do projeto. As várias mãos? Professores e pesquisadores da área especialmente convidados para compor cada um dos capítulos deste livro, com textos inéditos, em um formato especial, pois cada capítulo abre com uma história que conta sobre situações que mostram como aquele conhecimento se repercute na prática.

Para garantir que o livro preenchesse a lacuna e atendesse ao objetivo proposto, pós-graduandos de disciplinas relacionadas às Metodologias de Ensino e Docência na UFU e na UFMS (Universidade Federal de Mato Grosso do Sul) leram em primeira mão os capítulos propostos para a obra e fizeram diversas sugestões que foram atendidas pelos autores e autoras e compiladas em uma nova rodada de avaliação pelos organizadores.

Ao receber a notícia da organização deste livro, reagi com o pensamento de que tomara eu pudesse ter tido a oportunidade de ler um livro tão importante antes de iniciar minha vida como professor. Com certeza, tudo teria sido mais fácil!

Li a apresentação e gostei muito dos tópicos desenvolvidos por vários professores. Fiquei muito feliz e honrado por terem me escolhido e aceitei com muito prazer escrever este prefácio. Os coordenadores e autores estão oferecendo, com este magnífico texto, a todos os que se interessam e precisam pesquisar o assunto e aperfeiçoar sua formação docente, a oportunidade da aventura do conhecimento e da pesquisa.

Boa leitura a todos nós!

*Prof. Sérgio de Iudicibus*, março de 2018

# Apresentação

Neste livro, procuramos dar continuidade às reflexões iniciadas na obra *Revolucionando a sala de aula: como envolver o estudante aplicando as técnicas de metodologias ativas de aprendizagem*. Todavia, agora, extrapolamos a esfera das metodologias ativas para abordar temas muito caros à formação docente para o ensino universitário, no tocante à metodologia do ensino superior em negócios.

Nunca é demais lembrar que os docentes universitários, notadamente nos cursos de bacharelado, não têm uma instância de formação pedagógica sistematizada. Esse esforço fica por conta das instituições de ensino ou dos próprios docentes. Muitos docentes experimentam a sala de aula sem nenhum preparo relativo a temas como planejamento educacional, currículo, avaliações, carreira, tecnologia educacional, ensino a distância, entre tantos outros que são relevantes para sua prática pedagógica...

Conscientes dessa necessidade, apresentamos alguns conceitos essenciais para a docência, sem descuidar do contexto no qual estamos inseridos. Optamos por textos leves, ilustrados por *storytellings* que tocam questões-chave de cada uma das temáticas apresentadas.

São doze capítulos, divididos em três partes, que abordam diferentes dimensões da docência universitária. Em todos eles, há um texto inicial, de caráter literário, que problematiza as principais questões sobre a temática a ser explorada.

Na primeira parte, o foco é a sala de aula. Trata-se de uma parte mais técnica, em que são abordados os temas relativos ao planejamento educacional, ao currículo, à avaliação discente e às tecnologias educacionais, apresentando desde o desafio de introduzi-las em sala de aula até as perspectivas que nos trazem em termos da educação a distância.

No **Capítulo 1: "Planejamento no ensino superior"**, Camila Lima Bazani e Aline Barbosa de Miranda preconizam que o ato de planejar é uma prerrogativa eminentemente humana e fundamental para o bom desenvolvimento de qualquer processo. No contexto educacional, o "complexo processo" do planejamento abrange desde sua forma macro, imposta por políticas governamentais, até seu plano micro, no dia a dia de cada aula. O capítulo apresenta, ainda, um passo a passo ilustrado para a elaboração de um plano de disciplina.

No **Capítulo 2: "Currículo"**, Izael Oliveira Santos e Camila Lima Coimbra abordam a concepção do currículo a partir da análise das visões das correntes teóricas tradicionais, críticas e pós-críticas, efetuam uma reflexão sobre a importância do currículo, suas classificações e interlocução com o Planejamento Educacional. Debatem as relações do planejamento curricular com os objetivos educacionais e com a estruturação dos cursos superiores na área de negócios. O objetivo é instrumentalizar a concepção do currículo dentro do contexto do processo de ensino-aprendizagem e do cotidiano da sala de aula.

Neirilaine Silva de Almeida e Camila Lima Coimbra, no **Capítulo 3: "Avaliação discente"**, apresentam as principais características dos exames classificatórios, tradicionalmente utilizados em instituições de ensino superior do País, assim como versam sobre a pertinência da avaliação da aprendizagem como uma oportunidade para que os professores verifiquem os progressos e as deficiências dos estudantes, monitorem o aprendizado e planejem as intervenções necessárias no processo de ensino-aprendizagem. Além disso, as autoras trazem discussões sobre os motivos pelos quais a avaliação pode ser útil para o aprendizado dos alunos e sugerem alguns métodos de avaliação para obter os melhores resultados no processo de formação dos alunos.

No **Capítulo 4: "Tecnologias educacionais"**, Taís Duarte Silva e Edvalda Araújo Leal abordam os diversos reflexos do avanço da tecnologia no ambiente acadêmico. São tratados: a adoção das Tecnologias de Informação e Comunicação (TICs) ao longo do processo educacional universitário; a integração das diversas ferramentas tecnológicas no ensino; as mudanças de paradigmas para ensinar com o uso de tecnologias; o preparo e a aderência dos docentes envolvendo o uso de tecnologias na educação superior. O "ensino com tecnologia" é compreendido como um processo que abrange a integração entre estudantes, professor, ferramentas tecnológicas e conteúdo do curso. O uso de tecnologia pode auxiliar nas mudanças dos métodos de ensino e motivar o interesse dos estudantes no processo ensino-aprendizagem.

Na segunda parte do livro, o foco recai sobre a formação docente. São tratados aspectos importantes a respeito das fases da vida profissional, a formação do professor no âmbito do ensino superior, a formação do orientador, que é, para nós, a formação dos formadores e, finalmente, dicas para professores e professoras ingressando na carreira.

No **Capítulo 5: "Fases da vida profissional docente"**, Camila Lima Bazani e Gilberto José Miranda evidenciam que o exercício da docência exige uma multiplicidade de habilidades dos professores para que consigam lidar com o dia a dia nas salas de aula. Embora a base teórica seja fundamental para a transmissão do conhecimento, a experiência prática também é um fator essencial. Tal como ocorre na vida humana, a vida docente também se faz em ciclo. Assim, o capítulo perpassa pelo ciclo de vida docente sob a abordagem de Huberman (1989), evidenciando a frágil formação de docentes da área de negócios e, ainda, apresentando contribuições para o conhecimento da identidade docente, do "ser professor".

Izael Oliveira Santos e Gilberto José Miranda, no **Capítulo 6: "Formação docente para o ensino superior"**, discorrem sobre a formação dos professores universitários focando os saberes didático-pedagógicos, após contextualizarem as discussões acerca dos desafios enfrentados no exercício da docência. Trabalham os elementos e as características da pedagogia universitária. Igualmente refletem sobre as mudanças do processo ensino-aprendizagem tensionadas pelas inovações pedagógicas, partindo de uma perspectiva crítico-reflexiva em direção a uma composição propositiva e instrumental, cujo objetivo é auxiliar a formação inicial e continuada de docentes universitários, especialmente daqueles ligados à área de negócios.

No **Capítulo 7: "Quem orienta o orientador?"**, João Paulo Resende de Lima, Elisabeth de Oliveira Vendramin, Raíssa Silveira de Farias e Silvia Pereira de Castro Casa Nova discutem um tema pouco tratado na literatura sobre metodologia do ensino. Para elas e para ele, ser um bom pesquisador ou professor não significa, necessariamente, ser um bom orientador. O processo de orientação é pouco discutido na pós-graduação, mas é de extrema relevância, pois, a partir dele, são formados futuros docentes, pesquisadores e orientadores. Entretanto, não há diretrizes explícitas sobre como esse processo deve ocorrer e quem faz o quê. São examinadas diversas nuances da formação dos orientadores de pós-graduação e o processo de orientação.

**No Capítulo 8: "Virei professor, e agora? Conselhos para o ingresso na docência do ensino superior"**, João Paulo Resende de Lima e Adriana Maria Procópio de Araujo refletem sobre os desafios e as conquistas do ingresso na docência a partir de narrativas de professores e professoras, trazendo importantes conselhos para docentes em início de carreira.

Na terceira parte do livro, o foco é contexto do ensino superior. São abordados aspectos relacionados ao crescimento do ensino superior no Brasil, os processos de avaliação em larga escala, as gerações que compõem as salas de aula e o advento da educação a distância no País.

No **Capítulo 9: "Panorama do ensino superior no Brasil"**, Vivian Duarte Couto Fernandes e Sheizi Calheira de Freitas traçam uma perspectiva histórica do ensino superior no Brasil, ressaltando dados quantitativos sobre a sua caracterização. Passando por um breve relato até chegar aos anos 2000, as autoras mostram como as políticas públicas implementadas pelo governo federal conseguiram, nos últimos anos, ampliar o acesso ao ensino superior. São realizadas discussões sobre o ensino a distância, perfil dos estudantes, diferenças entre as redes públicas e privadas, qualidade do ensino e evasão escolar. O capítulo finaliza com um debate sobre o atual cenário dos cursos na área de negócios, economia, administração e ciências contábeis, mostrando as diferenças na oferta de vagas entre as várias áreas do conhecimento.

Sheizi Calheira Freitas e Vivian Duarte Couto Fernandes, no **Capítulo 10: "Avaliação institucional"**, entendem que o resultado de um processo de avaliação deve servir como instrumento de controle e acompanhamento da qualidade do ensino ofertado pelas instituições de ensino superior com relação a alguns parâmetros previamente estabelecidos. Quando se fala em avaliação institucional, talvez a maior dificuldade seja o estabelecimento de métricas capazes de expressar, de forma clara e sem viés, o nível de ação, esforço e qualidade de uma instituição de ensino. Nesse sentido, as autoras discutem aspectos relacionados a questões conceituais acerca da avaliação institucional e qualidade na educação superior, ao histórico da avaliação da educação superior no Brasil, ao sistema nacional de avaliação da educação superior e analisam, criticamente, a avaliação de cursos e a avaliação por meio de desempenho de estudantes vigentes no País.

Para Taís Duarte Silva e Aline Barbosa de Miranda, autoras do **Capítulo 11: "Estudantes universitários na perspectiva das gerações"**, discutir esse tema é adentrar em um meio complexo e, ao mesmo tempo, envolvente. São diversos acontecimentos que marcam a vida de um estudante universitário, do ingresso ao fim de sua graduação. Essas mudanças e transformações podem influenciar intensa-mente o desenvolvimento pessoal e profissional dos estudantes. As autoras abordam a temática com base no estudo sobre gerações, evidenciando o perfil dos univer-sitários brasileiros, suas vivências, expectativas e desafios. Demonstram a relevância de conhecer as características dos atuais universitários, a fim de proporcionar um ensino que atenda às demandas contemporâneas com eficácia.

No **Capítulo 12: "Educação a distância: perspectivas e desafio"**, Neirilaine Silva de Almeida e Edvalda Araújo Leal falam sobre uma modalidade de ensino que vem se consolidando no País, por meio do desenvolvimento das Tecnologias de Informação e Comunicação: a educação a distância (EaD). Especificamente, as autoras abordam o surgimento, a evolução, os benefícios e as possibilidades da EaD, discutem a estrutura necessária para a realização dessa modalidade e refletem sobre a pertinência da formação de professores, tutores e gestores para a manutenção da qualidade dos cursos a distância. Ademais, apontam as responsabilidades de cada um dos atores desse cenário e tratam sobre os principais desafios para a consolidação da EaD no País.

Por fim, queremos agradecer por suas críticas, comentários e sugestões à primeira versão deste livro aos pós-graduandos de disciplina de Metodologia do Ensino da Contabilidade, turma de 2017, do Programa de Pós-Graduação em Contabilidade da Universidade Federal de Uberlândia (UFU), Aline Fernandes Pinto, Daniella Andrade Arantes, Débora Cunha Corrêa Silva, Donizete Reina, Fabiana Pereira da Cruz, Flávia Ferreira Marques Bernardino, Jéssica Tamara de Bessa, Laura Brandao Costa, Layne Vitória Ferreira, Leonardo de Rezende Costa Nagib, Minéia Cristina Franco, Nicolle Caroline Brasil Martins e Roberto Silva da Penha.

Agradecemos também a Alessandro Silva Monico, Celio Lima de Oliveira, Fernanda Évilin de Jesus Fortunato Lima, Maryanna Beserra de Almeida, Natalia Fernandes Silveira, Paula da Silva Santos, Rachel Matos Rocha, Rosilei de Fatima

Martins de Souza Fonseca, pós-graduandos da disciplina de Metodologia do Ensino em Contabilidade e Controladoria, na primeira turma do Mestrado do Programa de Pós-Graduação em Ciências Contábeis da Universidade Federal do Mato Grosso do Sul (UFMS).

A elas e eles, docentes em formação e na prática, dedicamos esta obra.

## Aplicação

O livro é voltado a gestores educacionais e coordenadores de cursos, a docentes, pós-graduandos e discentes de cursos no ensino superior e, também, indicado para a formação docente no ensino superior nas diversas áreas do saber. Poderá ser adotado como livro-base nas disciplinas *Metodologia do Ensino Superior* e *Didática para o Ensino Superior* em cursos de especialização, de mestrado e de doutorado. Pode ser usado como bibliografia complementar nas disciplinas de *Tecnologia da Educação*, *Formação Docente* e *Didática*.

# Sumário

## 8 Virei professor, e agora? Conselhos para o ingresso na docência do ensino superior, 159

*João Paulo Resende de Lima, Adriana Maria Procópio de Araujo*

## Parte III – Contexto do ensino superior, 173

## 9 Panorama do ensino superior no Brasil, 175

*Vivian Duarte Couto Fernandes, Sheizi Calheira de Freitas*

## 10 Avaliação institucional, 195

*Sheizi Calheira de Freitas, Vivian Duarte Couto Fernandes*

# Parte I
## Sala de aula

# 1

# Planejamento no ensino superior

CAMILA LIMA BAZANI
ALINE BARBOSA DE MIRANDA

— *"Sempre soube da relevância do planejamento para a consecução dos objetivos em quaisquer situações. Mas pensar em planejamento no âmbito educacional desde sua forma macro até sua forma micro, para cada aula, já me parecia demais...".*

*Foi com esse pensamento que saí daquela reunião da sala de professores antes do início do semestre letivo... aquilo me dava ares de inviabilidade!*

*Nessa reunião, o novo coordenador do curso ressaltou a finalidade do planejamento educacional, aquele que é gerado em decorrência das políticas públicas. Depois, foi-nos apresentado o planejamento curricular do curso, o chamado projeto político-pedagógico. Até aí tudo bem, já tinha conhecimento desse assunto e não me surpreendia ter que segui-lo em minhas aulas. Porém, eis que o coordenador, após as discussões, solicita novamente a palavra.*

*— Professores, vocês deverão elaborar, para antes do início das aulas, seus respectivos planos de ensino. Lembrem-se: eles devem abarcar, inclusive, o plano de aula com um nível mais elevado de detalhamento.*

*Os professores se entreolharam com um ar de surpresa. Aquela orientação de elaborar plano de ensino nunca havia acontecido com coordenadores anteriores. Isso me deixou inquieta. De imediato questionei:*

*— Mas, professor João, por que tanta burocracia? A realidade é tão dinâmica, não vejo sentido nessa sua solicitação que trará tanto engessamento para as aulas!*

*Nesse momento, a maioria dos professores assentiu com meu posicionamento. Mas, em tom suave e com um ar de quem tem mais experiência, professor João respondeu:*

*— Ah, professora, a realidade é, sim, muito dinâmica. E, como tal, nós, como educadores, devemos fazer prevalecer em nossas aulas as dimensões afetiva, cognitiva, social e ética. E de que forma isso é possível? Diagnosticando a realidade na qual estamos imersos, elaborando planos condizentes com ela e sendo, de fato, mediadores da prática social.*

*Aquela resposta me deixou pensativa. Aceitei o desafio, se é que posso chamar assim, e fiz o "tal plano" com tudo o que o coordenador pediu.*

*Hoje, próximo ao final do semestre e tendo percebido os resultados, tenho certeza de que estar consciente daquelas referidas dimensões me fez conseguir enxergar meus alunos e ser uma agente transformadora da sociedade. E como isso foi possível? Somente elaborando e seguindo o "tal plano" proposto lá atrás, no início do semestre, pelo coordenador. Minha lição de casa? "Saber o que se quer atingir em cada aula, e planejar como fazê-lo, gerando uma ação consciente, e não um engessamento."*

# 1. Introdução

Planejar implica "demonstrar um propósito para realizar alguma coisa".[1] O planejamento refere-se ao ato ou ao efeito de planejar, construir um plano. No dicionário Michaelis,[2] planejamento consiste no ato de projetar um trabalho, determinar objetivos ou metas. Segundo Drucker,[3] "o planejamento não diz respeito a decisões futuras, mas a implicações futuras de decisões presentes". Essas definições são importantes, pois todas as atividades humanas são antecedidas por planejamento prévio, quer este seja formulado de forma inconsciente ou consciente. Barbosa[4] entende que, "pelo planejamento, o homem organiza e disciplina a sua ação, partindo para realizações cada vez mais complexas". Nas palavras de Marx:

> Pressupomos o trabalho de um modo que o assinala como exclusivamente humano. Uma aranha desempenha operações que se parecem com a de um tecelão, e a abelha envergonha muito arquiteto na construção de seu cortiço. Mas o que distingue o pior arquiteto da melhor das abelhas é que o arquiteto figura na mente sua construção antes de transformá-la em realidade. No fim do processo do trabalho aparece um resultado que já existia antes idealmente na imaginação do trabalhador. Ele não transforma apenas o material sobre o qual opera; ele imprime ao material o projeto que tinha conscientemente em mira, o qual constitui a lei determinante do seu modo de operar e ao qual tem de subordinar sua vontade.[5]

A passagem acima ilustra o processo do planejamento, que se trata de uma prerrogativa iminentemente humana. A atividade do homem opera uma transformação que está subordinada a um fim específico. Nesse processo, busca-se responder questionamentos como: O que quero alcançar? Em quanto tempo devo alcançar? O que fazer? Como fazer? Quais recursos materiais e tecnológicos serão necessários? Qual será o instrumento de monitoramento e de acompanhamento das etapas?[6]

Dessa forma, compreender o planejamento e tentar chegar às respostas para esses questionamentos torna-se salutar para o bom desenvolvimento de qualquer processo. E, no ambiente educacional, isso não é diferente. É por meio do planejamento educacional que as atividades serão sistematizadas de forma a alcançar as metas estabelecidas e a eficiência no processo para um determinado lapso temporal.[7]

Quando alguém busca a formação acadêmica, espera-se que, ao final do curso, tenha agregado conhecimentos, atitudes e habilidades, ou seja, competências que lhe deem condições para exercer uma profissão. Por isso, é fundamental que os cursos de graduação sejam planejados e estruturados para gerar o melhor resultado possível e entregar à sociedade mais que um profissional, um cidadão crítico que possa contribuir para o desenvolvimento do conhecimento, da profissão, da comunidade e da sociedade.

Para que a instituição de ensino cumpra seu papel e forme profissionais capacitados de acordo com sua proposta, algumas ações nas esferas macro e microssociais são fundamentais, tanto por parte do corpo docente e dos gestores quanto por parte da instituição, das organizações sociais e do governo.

> *O planejamento é importante para a maximização dos potenciais das diversas metodologias no processo de ensino e de aprendizagem.*

O planejamento é importante para a maximização dos potenciais das diversas metodologias no processo de ensino e de aprendizagem. Tal como ocorre em um ambiente organizacional, por meio do ciclo *Plan, Do, Check, Act* (PDCA),\* por exemplo, o planejamento educacional faz parte de um processo contínuo. Dessa forma, ele tem sentido quando estabelece uma perspectiva de mudança. Ele é parte de um todo, que envolve uma fase de diagnóstico inicial e duas fases consecutivas que são a execução e a avaliação, como mostramos na Figura 1, em uma linha do tempo que inicia no passado, com a avaliação diagnóstica e o planejamento, prossegue no presente, com a execução do planejado, e é concluída no futuro, com a avaliação e o processo de retroalimentação, que reinicia o ciclo.[8]

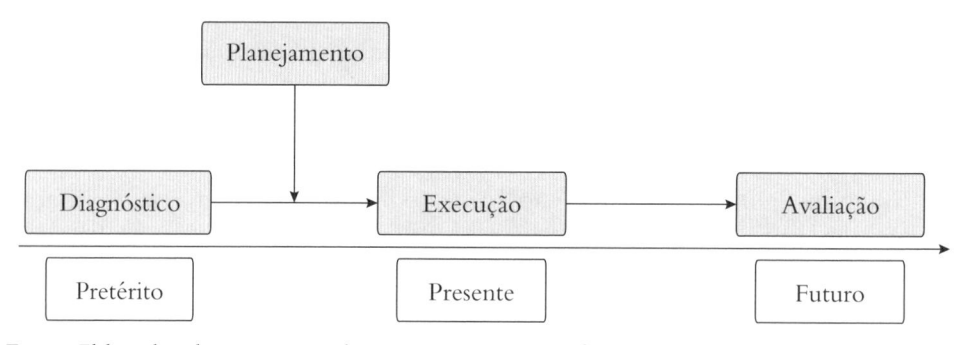

**Fonte:** Elaborada pelos autores com base em Werkema (2003).[9]

**Figura 1. Linha do tempo: fases do planejamento**

Neste capítulo, é estudado o planejamento educacional – ferramenta apoiada no tripé governo, instituição e professor, cada qual desenvolvendo seu planejamento, segundo as finalidades estabelecidas. Esse "complexo processo", que inclui vários tipos de planejamentos em diferentes esferas, culmina no plano de ensino em sala de aula. O planejamento é indispensável em qualquer tarefa ou atividade em que

---

\* O ciclo PDCA, do inglês *Plan, Do, Check and Act* (Planejar, Executar, Verificar e Agir), é uma ferramenta de gestão da qualidade que tem como objetivo a melhoria contínua das etapas de um processo. Por se tratar de um ciclo, ela permite que, de forma contínua e otimizada, os processos dentro de uma organização sejam analisados e aperfeiçoados (WERKEMA, 2013).

se espera obter sucesso. Na educação, nosso foco de análise, o planejamento ocorre nos três âmbitos supracitados – governo, instituição e professor, o que corrobora sua relevância.

Assim, o objetivo geral deste capítulo é contribuir para a compreensão do planejamento no âmbito educacional, abrangendo desde sua forma macro, composta por políticas governamentais endereçadas ao ensino superior, até seu plano micro, no dia a dia da sala de aula, e enfatizado no plano de aula de nosso exemplo introdutório. Como objetivos específicos, pretendemos: apresentar as características e a origem do planejamento sistematizado, intencional e direcionado; analisar o surgimento e a importância do planejamento escolar e as fases que o constituem; abordar o planejamento educacional e descrever as nomenclaturas dos diversos níveis de planejamento; descrever e exemplificar os tipos de planejamento e o plano de disciplina; enfatizar a importância do planejamento para o docente.

Nas próximas seções, são apresentadas as características e a origem do planejamento sistematizado, intencional e direcionado a uma finalidade. Inicialmente, é realizada uma breve análise do surgimento e da importância do planejamento escolar no Brasil, bem como das fases que o constituem. Posteriormente, são indicadas algumas abordagens de "planejamento educacional", de diferentes autores, e explicadas as nomenclaturas para caracterizar os níveis de planejamento. Na sequência, são apontados os tipos de planejamentos e um plano de disciplina, mostrando, de forma concreta, o que é discutido nesse capítulo. Por fim, é demonstrada a importância do planejamento para o docente mediador da prática social.

## 2. Breve histórico do planejamento escolar no Brasil

Do ponto de vista histórico, o planejamento corresponde a uma realidade que acompanha a evolução humana. Para Menegolla e Sant'Anna,[10] "o homem sempre sonhou, pensou e imaginou algo na sua vida". Numa perspectiva econômica e organizacional, Damis[11] ressalta que, no Brasil, o planejamento passou a se destacar nos processos administrativos na década de 1930 com a Revolução Industrial, buscando atender as necessidades do País em um contexto político e econômico no qual estava inserido.

A sociedade deixava de ser oligárquica e rural e passava a ser industrial e urbana. Essa mudança trouxe consigo um novo modelo de Estado que precisava se adequar a essa sociedade com novas estruturas organizacionais. Por isso, deveria buscar a elaboração de planos para garantir a prosperidade e o desenvolvimento econômico.[12] Para Castro et al.,[13] o planejamento se universalizou somente após a Segunda Guerra Mundial, quando o governo passou a utilizá-lo em questões mais complexas, após outras instituições compreenderem a sua importância.

Sob o aspecto escolar, para além dos saberes didáticos e experienciais, o professor precisa saber se organizar para que a aula seja produtiva, proveitosa e dinâmica. Conforme apontam Cunha[14] e Zabalza,[15] o planejamento das atividades é também um planejamento dos saberes docentes.

> *O planejamento é constituído por dois subprocessos, a elaboração e a realização interativa.*

O planejamento é constituído por dois subprocessos, a elaboração e a realização interativa, como está representado na Figura 2. O subprocesso de **elaboração** inicia com (i) a análise da realidade, que se associa à etapa denominada **diagnóstico** e busca conhecer previamente os estudantes, saber suas pretensões, suas expectativas e o que já possuem de bagagem. Segue com (ii) a projeção de finalidade, que é o estabelecimento dos objetivos educacionais. E é implementado por meio das (iii) formas de mediação, que são os meios utilizados para atingir o que foi proposto, isto é, o conteúdo a ser ministrado e as técnicas/estratégias que serão usadas. Por sua vez, no subprocesso de **realização interativa**, procura-se fazer acontecer e avaliar a concretização desse plano que foi elaborado, representando a transformação da realidade, e esse plano deve estar de acordo com as etapas de execução e de avaliação.[16]

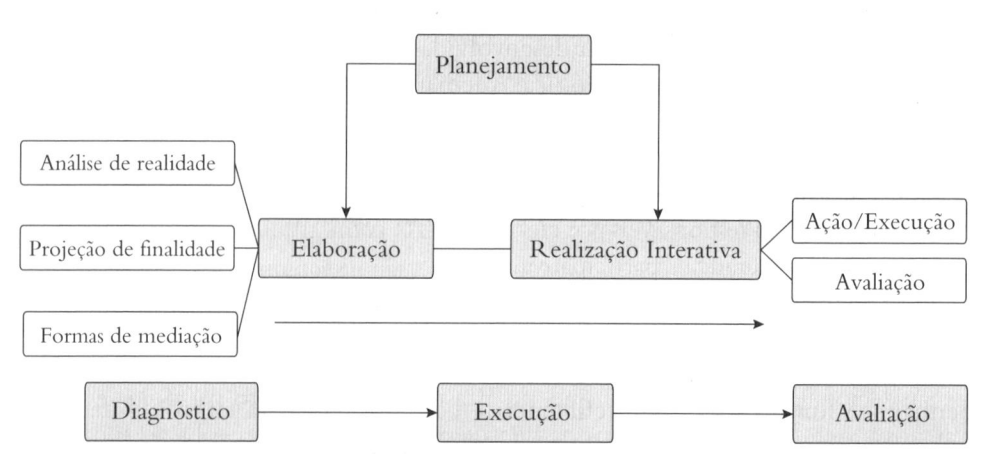

**Fonte:** Elaborada pelos autores com base em Gil (2008).[17]

**Figura 2. Processo de realização do planejamento**

De acordo com Damis,[18] pode-se discutir planejamento educacional sob duas abordagens principais. Na primeira delas, a partir da década de 1960, o que prevalece é o planejamento como atividade puramente racional, de cunho tecnicista, quando o professor determina objetivo e conteúdo e transmite o conhecimento aos alunos sem qualquer planejamento participativo. Ou seja, essa abordagem se volta para uma mera transmissão de informação.

Importante destacar que as características dessa abordagem advêm, principalmente, do momento histórico que o Brasil vivenciava. O planejamento, assumido como um instrumento burocrático, devido ao regime autoritário, era uma forma de controle e de ordenamento de todo o sistema educativo, que encobria as determinações político-econômicas e delimitava as ações do professor.[19]

Na década de 1970, surge outra abordagem que tem como ponto principal a participação dos alunos para a elaboração dos planos. Nesse período, não se faz mais uso de planejamentos escolares pautados prioritariamente em técnica, pois se considera que o objetivo da ação de planejar é a crítica e a reflexão para a consequente construção do conhecimento em si. Nessa abordagem, a instituição de ensino tem um papel de agente social, que deve expressar os fundamentos da sociedade.[20]

A Constituição Federal de 1988 estabelece como um de seus princípios fundamentais a gestão democrática do ensino público. Pela Lei de Diretrizes e Bases da Educação Nacional (LDB), Lei n. 9.394, de 1996, as instituições públicas de ensino têm como princípio a gestão educacional democrática, assegurada a existência de órgãos colegiados deliberativos, de que participam os segmentos da comunidade institucional, local e regional, caracterizando a efetivação de uma gestão democrática. O planejamento participativo, por seu turno, nas esferas em que é possível, é facilitado em instituições que adotem a gestão democrática, especialmente as públicas.

A LDB incumbe aos docentes da elaboração e do cumprimento dos planos de trabalho, que são as ações a serem desenvolvidas, além de assegurar a participação na elaboração da proposta pedagógica. Ademais, a referida Lei estabelece que as propostas pedagógicas devem ser desenvolvidas em conformidade com a realidade da instituição. De acordo com o Plano Nacional de Educação, as políticas públicas educacionais são responsáveis por efetivar a gestão democrática e participativa.

Para Damis,[21] o planejamento é importante porque é uma ferramenta usada para que a escola possa desempenhar sua função social com eficiência e com eficácia. Para tanto, ele deve ser um processo contínuo com foco nos objetivos educacionais e expressar os valores fundamentais da sociedade.

> *As políticas públicas educacionais são responsáveis por efetivar a gestão democrática e participativa.*

No âmbito internacional, o relatório da Organização das Nações Unidas para a Educação, a Ciência e a Cultura (UNESCO) de 1971 sugere que as ações escolares devem ser organizadas racionalmente de forma que possibilite o alcance dos objetivos sociais propostos. Nesse sentido, as atividades de planejamento cumprem um papel importante como ferramenta de suporte aos atores envolvidos nas atividades de ensino. Ou seja, é um meio para que a escola desenvolva sua função social.[22]

O planejamento educacional sofre influências também de alguns organismos multilaterais como o Banco Mundial e o Fundo das Nações Unidas para a Infância

(UNICEF), que condicionam seus empréstimos e investimentos no País a determinadas cláusulas que preveem algumas diretrizes para a educação. Um exemplo é o estímulo à autonomia da gestão escolar que, de forma indireta, nada mais é do que reduzir ao máximo a participação do Estado como financiador da educação pública.

# 3. Configuração do planejamento educacional

Em virtude da atual dinâmica educacional, caracterizada pela diversidade cultural em sala de aula, pelo avanço das tecnologias da informação e da comunicação, pela democratização do acesso ao ensino superior e outras tantas variáveis que desafiam o trabalho do professor, é preciso que esse profissional se prepare adequadamente para o exercício de sua prática docente, por meio da formação inicial e continuada.

> *O planejamento é uma ferramenta importante, entendido como um processo sistematizado que auxilia o professor no preparo de suas atividades, garantindo maior eficiência para que, em um prazo determinado, consiga alcançar as metas previamente estabelecidas, que são os objetivos de aprendizagem.*

Diante desse cenário, o planejamento é uma ferramenta importante, entendido como um processo sistematizado que auxilia o professor no preparo de suas atividades, garantindo maior eficiência para que, em um prazo determinado, consiga alcançar as metas previamente estabelecidas, que são os objetivos de aprendizagem.[23]

No entanto, considerando o contexto do ensino superior, as atividades de planejamento podem variar conforme seus objetivos, sendo estruturadas em níveis de ação. De acordo com a abordagem de Gil,[24] o planejamento pode ser planejado em quatro níveis: planejamento educacional, planejamento institucional, planejamento curricular e planejamento de ensino. Na abordagem de Barbosa,[25] também há quatro níveis de planejamento, que variam em decorrência da abrangência e da complexidade, indo desde o planejamento de um sistema educacional, passando pelo planejamento geral das atividades de uma escola e pelo planejamento de currículos e atingindo o planejamento didático ou de ensino. Por fim, Vasconcellos[26] destaca três níveis de planejamento: geral, político-pedagógico e do processo de ensino-aprendizagem.

Quando se pensa em planejamento, a tendência é focar somente o plano de aula. Este capítulo, apoiado na perspectiva de Gil,[27] visa discorrer acerca do planejamento educacional numa perspectiva mais ampla. É demonstrado que, para se chegar ao plano de aula, é necessário percorrer um longo caminho que envolve outros tipos de planejamento, em outros níveis e esferas de ações, os quais, muitas vezes, infelizmente, os docentes desconhecem ou têm pouca informação. E que, apesar de desconhecidos, são imprescindíveis e tão importantes quanto o plano de aula do professor. A Figura 3 representa o fluxo do planejamento no contexto educacional, mostrando como todos os níveis de planejamento, de maneira articulada, deságuam na aula.

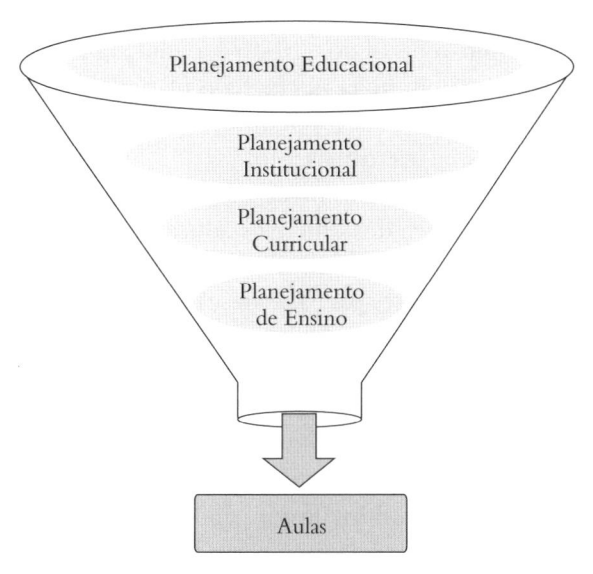

**Fonte:** Elaborada pelos autores com base em Gil (2008).[28]

**Figura 3. Fluxo do planejamento no contexto educacional**

Em linhas gerais, quando se fala em políticas públicas, é preciso ter em mente que o governo, muitas vezes seguindo diretrizes dos organismos multilaterais, estabelece um planejamento educacional com vistas ao desenho e implementação da Política Nacional de Educação, que é concretizada no Plano Nacional de Educação (PNE). O PNE determina diretrizes, metas e estratégias para a política educacional considerando um período de dez anos. O Plano vigente compreende o período de 2014 a 2024 e pode ser consultado no sítio do PNE, no Ministério da Educação. A partir dele, em níveis mais baixos, portanto subordinados a ele, existem os planejamentos institucionais, curriculares e o planejamento de ensino, que são desenvolvidos pelas instituições de ensino, seguindo as orientações da Política Nacional e do PNE.[29]

Dentro de cada ano, ou ciclo escolar, quando se trata da educação fundamental e média, são desenvolvidos os planejamentos curriculares cujo foco é o alcance de objetivos específicos para aquele período ou ano. E, no nível operacional, tem-se o planejamento do ensino que fica sob a responsabilidade dos professores que atuam em sala de aula, implementando as ações para que os objetivos propostos nos planejamentos curriculares sejam alcançados.[30]

No contexto do ensino superior, é necessário seguir os mesmos "passos" e percorrer os mesmos planejamentos para chegar até a prática docente cotidiana. Em âmbito macro, também a Política Nacional de Educação, consubstanciada no PNE, é a responsável pelas diretrizes a serem seguidas. No planejamento institucional, compete à universidade elaborar seu planejamento. Por sua vez, no planejamento curricular, há os planos elaborados pelos departamentos de cursos, concretizados no projeto político-pedagógico do curso (PPC), que criam as diretrizes, no qual se encontram, por exemplo, o perfil do egresso e a grade curricular do curso, entre outras informações. Por fim, em nível micro, há o planejamento de ensino, de responsabilidade do professor, que será o condutor das ações em sala de aula. Todos esses planos são detalhados na próxima seção.

Assim, observa-se que, em todos os níveis educacionais, o planejamento é atividade fundamental para o sucesso dos objetivos educacionais almejados. Nessa ação, destaca-se o papel do professor que está cotidianamente envolvido com os estudantes e que possui informações relevantes para a realização de um planejamento adequado ao contexto e características do corpo discente.

No tocante à participação dos estudantes, embora nas esferas do planejamento educacional, por meio do PNE, bem como nos planejamentos institucional e curricular, eles não exerçam necessariamente uma participação ativa que condiz com a concepção desses planejamentos, sua participação pode ser de forma indireta, pela representação discente, como membros de conselhos e colegiados com direito a voto. No plano de ensino, os discentes podem e devem se fazer presentes e ativos em sala de aula para que, de fato, esse plano seja concordante com suas respectivas realidades. Essa participação pode ser ainda estimulada pelo professor que entenda o plano de ensino como um contrato pedagógico entre duas partes, que devam ter seus interesses e necessidades representados nesse acordo. Portanto, considerando as diretrizes e metas dos níveis superiores, e consciente do contexto e necessidades do corpo discente, o professor promove uma mediação que aproxime essas instâncias e que, posteriormente, retroalimente o processo de planejamento educacional nos outros níveis.

Algumas instituições contratam especialistas para realização de planejamentos. Entretanto, essa prática pode comprometer a eficácia de um bom planejamento, posto que o profissional contratado não conhece necessariamente a instituição, os professores, os discentes, suas realidades e necessidades. Desse modo, fará um planejamento desconectado da realidade, somente para cumprir exigências burocráticas, o que pode prejudicar o processo de ensino e de aprendizagem. Nesse sentido, o planejamento é uma importante ferramenta para prever as ações, otimizar o tempo e a estrutura e os recursos disponíveis, afastar o improviso, garantir a coerência dos conteúdos e das técnicas de ensino com os objetivos educacionais e uma ação política contextualizada. No próximo tópico, discutimos os tipos de planejamento educacional.

## 3.1 Tipos de planejamento educacional

No âmbito educacional, conforme mencionado, há vários tipos de planejamentos, cada qual com objetivos, âmbitos e ações específicos. Neste tópico, são apresentados os planejamentos elaborados desde a esfera macro até os planejamentos em âmbito micro, em que se cumpre o objetivo último que é o êxito do processo de ensino e de aprendizagem.

Várias ações são planejadas em diversas esferas com a finalidade de propiciar uma educação de qualidade para os estudantes. Adotando uma linha de raciocínio que parte da esfera macro (governo) para a esfera micro (sala de aula), há o "planejamento educacional", elaborado pela equipe do governo (PNE); o "planejamento institucional", plano desenvolvido no âmbito das instituições de ensino (PDI); "planejamento curricular" (PPC), produzido em consonância com as diretrizes do Conselho Estadual de Educação (CEE) e do Conselho Federal de Educação (CFE); e, por fim, o "plano de ensino", subdividido em: plano de disciplina, plano de unidade e plano de aula (nível micro), lócus que culmina e concretiza todas as ações previstas nos planejamentos anteriores. Ou seja, é nesses últimos níveis que se planejam as ações diretamente vinculadas ao processo de ensino e de aprendizagem. Na Figura 4, apresentamos a estrutura dos planejamentos, de forma a chegar até o plano de aula, indicando a instância responsável por cada um dos níveis. Como se pode ver na figura, o docente é o responsável pelo plano de disciplina (chamado em algumas instituições de programa da disciplina), pelo plano de unidade e pelo plano de aula. Os planos em cada nível são detalhados na sequência.

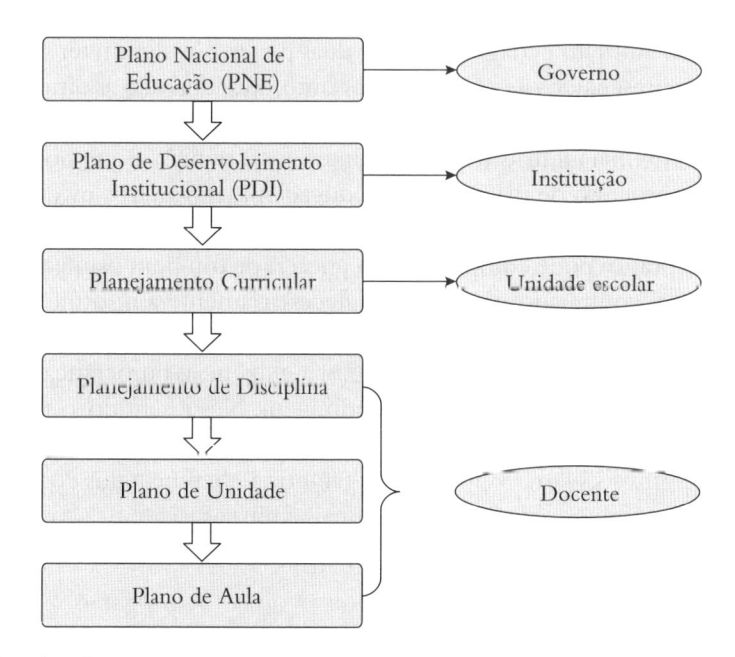

**Fonte:** Elaborada pelos autores.

**Figura 4. Estrutura dos tipos de planejamento no contexto educacional**

A eficácia de um planejamento educacional está relacionada ao "valor e à via-bilidade" dos objetivos educacionais propostos.[31] Considerando a educação como uma atividade social, cujo valor é função do uso social, o planejamento se apresenta eficaz quando atende as demandas do sistema social. E a viabilidade deve se ater aos recursos disponíveis e aos possíveis obstáculos.

A eficiência do planejamento educacional está associada aos objetivos edu-cacionais. Em linhas gerais, tais objetivos devem ser alcançados pela maioria dos estudantes, da melhor forma. A produtividade (ou seja, a execução de forma rápida, com menor esforço e menor custo) e o rendimento (que indica os resultados obtidos) são diretamente proporcionais aos objetivos educacionais. Ou seja, são maiores quanto mais elevado o número de estudantes que alcancem os objetivos de maneira satisfatória.[32]

É bastante comum ocorrer algumas confusões e até mesmo o uso do mesmo termo para designar ações diferentes quando se trata do ato de planejar. Masetto[33] chama a atenção para as particularidades que envolvem as nomenclaturas "plane-jamento" e "plano". De acordo com o autor, o planejamento corresponde a um processo que visa organizar ações que culminem na concretização dos objetivos educacionais. O plano, por sua vez, corresponde a "um documento escrito que materializa um determinado momento de um planejamento. É a apresentação, de forma organizada, de um conjunto de decisões".

### 3.1.1 Planejamento educacional

O planejamento em nível macro ou externo, denominado educacional, ocorre no âmbito do plano federal, estadual ou municipal. É constituído por meio das políti-cas públicas e visa determinar as bases e as diretrizes do sistema de ensino, superar dificuldades e estabelecer a finalidade essencial do processo educacional para o desenvolvimento geral do País. As diretrizes fixadas no planejamento educacional devem ser seguidas por todas as instituições de ensino. Portanto, precisam ser intrín-secas aos planejamentos subsequentes.[34]

No Brasil, sob a perspectiva de Gil,[35] o **planejamento educacional** em âmbito macro é traduzido no Plano Nacional de Educação (PNE) que, como apontamos, determina diretrizes, metas e estratégias para a política educacional por dez anos.[36] O atual plano em vigor compreende a década entre os anos de 2014 e 2024. A cada dois anos, o Instituto Nacional de Estudos e Pesquisas Educacionais Anísio Teixeira (INEP) divulga um relatório sobre o cumprimento das metas estipuladas no Plano.[37]

O PNE tem suas metas divididas em quatro grandes blocos. O primeiro deles está relacionado às metas estruturantes e tem como foco a garantia do direito à educação básica com qualidade, da universalização do ensino obrigatório e da ampliação das oportunidades educacionais. O segundo bloco refere-se às metas de inclusão social, com redução das desigualdades e a valorização da diversidade, que são questões-chave para o alcance da equidade no ensino brasileiro. O terceiro bloco possui metas associadas à valorização do profissional da educação e o último trata das metas para o ensino superior.[38] A Figura 5 representa os blocos e os objetivos para o PNE vigente. Em seguida, detalhamos o bloco 4, que trata do ensino superior propriamente dito.

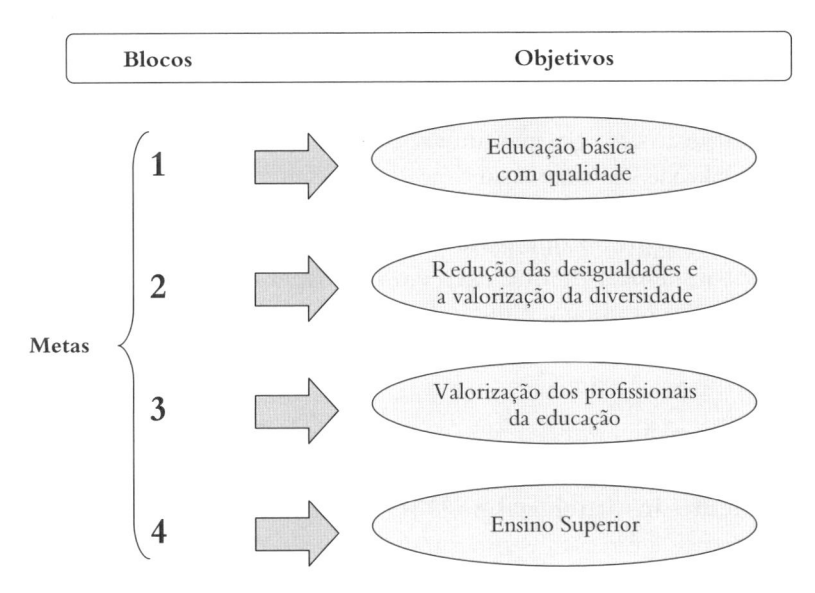

**Fonte:** Elaborada pelos autores.

**Figura 5. Metas do Plano Nacional de Educação (PNE) 2014-2024**

Com relação ao ensino superior, as metas do plano são: (1) elevar para 50% a taxa bruta de matrícula, aumentar para 33% a taxa líquida de matrículas da população entre 18 e 24 anos, considerando que 40% desse aumento deve acontecer no setor público; (2) elevar a qualidade do ensino para atingir um corpo docente com 75% de doutores e de mestres, com pelo menos 35% de doutores; (3) elevar gradualmente o número de matrículas na pós-graduação para que o País forme anualmente pelo menos 60.000 mestres e 25.000 doutores.[39]

Apesar de as perspectivas do PNE serem voltadas para resultados em sua forma quantitativa, as metas supracitadas têm por base as dez diretrizes da Lei n. 13.005, de 2014, que aprova o PNE:

Art. 2º São diretrizes do PNE:
I – erradicação do analfabetismo;
II – universalização do atendimento escolar;
III – superação das desigualdades educacionais, com ênfase na promoção da cidadania e na erradicação de todas as formas de discriminação;

IV – melhoria da qualidade da educação;

V – formação para o trabalho e para a cidadania, com ênfase nos valores morais e éticos em que se fundamenta a sociedade;

VI – promoção do princípio da gestão democrática da educação pública;

VII – promoção humanística, científica, cultural e tecnológica do País;

VIII – estabelecimento de meta de aplicação de recursos públicos em educação como proporção do Produto Interno Bruto – PIB, que assegure atendimento às necessidades de expansão, com padrão de qualidade e equidade;

IX – valorização dos(as) profissionais da educação;

X – promoção dos princípios do respeito aos direitos humanos, à diversidade e à sustentabilidade socioambiental.[40]

Nesse sentido, mais do que priorizar o alcance dos resultados, as instituições devem ter a consciência de que exercem um papel como unidade social e que devem, portanto, vislumbrar a dimensão da formação humana no sentido de cumprirem a sua função na geração de cidadãos críticos. No próximo tópico tratamos do planejamento institucional.

## 3.1.2 Planejamento institucional

O **planejamento institucional** pode ser concebido como um instrumento de ação política e pedagógica que visa à transformação da realidade de determinada instituição a partir da otimização de sua estrutura, da sistematização e dos direcionamentos das suas ações e de seus esforços na construção de uma identidade, do estabelecimento de normas pedagógicas e administrativas.[41]

> O *planejamento institucional* pode ser concebido como um instrumento de ação política e pedagógica

Para o Ministério da Educação,[42] esse planejamento se refere ao Plano de Desenvolvimento Institucional (PDI), que envolve processo de reflexão e de tomada de decisões acerca da organização, de seu perfil, o projeto pedagógico institucional, de sua organização pedagógica e administrativa, portanto, seu funcionamento, da infraestrutura física e das instalações acadêmicas, dos corpos docente, discente e técnico-administrativo, os mecanismos e instrumentos de autoavaliação institucional, bem como da demonstração de capacidade e sustentabilidade financeira. O PDI deve ainda detalhar as ações para atendimento às pessoas com necessidades educacionais ou com mobilidade reduzida. É por meio dele que se organizam e coordenam as ações referentes aos cursos e currículos e, portanto, a ação docente. É, por conseguinte, a base para todas as atividades no contexto social escolar.

O PDI consiste em propostas educacionais no âmbito da instituição a serem executadas em um determinado intervalo de tempo e que visam o aprimoramento do processo de ensino e aprendizagem, considerando a instituição como uma unidade social.

Em suma, o planejamento institucional consiste no PDI, que as instituições devem elaborar, levando em conta as unidades acadêmicas e administrativas e os níveis estratégico, tático e operacional. É uma "carta magna", como instrumento

> *O planejamento institucional consiste no PDI, que as instituições devem elaborar, levando em conta as unidades acadêmicas e administrativas e os níveis estratégico, tático e operacional.*

de ação política e pedagógica, relacionando educação e sociedade em busca de crescimento e de desenvolvimento da instituição, no qual constam as propostas da instituição que atendam a sua missão e visem cumprir seus objetivos.

### 3.1.3 Planejamento curricular

O **planejamento curricular**, denominado no âmbito da educação superior como Projeto Pedagógico Curricular (PPC) ou Projeto Político-Pedagógico (PPP), desenvolve-se no âmbito da unidade de ensino com a função de concretizar os planos elaborados nos níveis superiores.[43] Consiste na sistematização dos saberes que se deseja desenvolver na formação profissional e pessoal dos estudantes, de forma a emancipá-los e

> *O **planejamento curricular**, denominado no âmbito da educação superior como Projeto Pedagógico Curricular (PPC) ou Projeto Político-Pedagógico (PPP), desenvolve-se no âmbito da unidade de ensino com a função de concretizar os planos elaborados nos níveis superiores.*

prepará-los para os desafios da vida profissional. Ou seja, é a estruturação do conjunto de conhecimentos, de habilidades e de atitudes que precisam ser trabalhados na formação técnico-científica e humana dos discentes em um dado programa de formação ou curso.[44]

Esse planejamento pauta-se pelas diretrizes curriculares do curso, pelas ações desenvolvidas dentro de cada unidade e de cada curso, que buscam favorecer ao máximo o processo de ensino e de aprendizagem, e "envolve os fundamentos das áreas que serão estudadas, a proposta metodológica escolhida e a forma como se dará a avaliação".[45] Para Menegolla e Sant'Anna,[46] esse planejamento é um processo dinâmico de tomada de decisões de toda a vida escolar dos estudantes, que orienta a educação e a interação entre

> *Esse planejamento é um processo dinâmico de tomada de decisões de toda a vida escolar dos estudantes, que orienta a educação e a interação entre os elementos com vistas ao atendimento de objetivos, tanto os do discente como os da unidade.*

os elementos com vistas ao atendimento de objetivos, tanto os do discente como os da unidade.

O planejamento deve ser elaborado com a participação de todos que, direta ou indiretamente, fazem parte do processo educativo da unidade de uma dada instituição. E o seu desenvolvimento deve estar pautado pelas orientações do Conselho Estadual de Educação (CEE), e este, por sua vez, deve estar baseado em diretrizes do Conselho Federal de Educação (CFE).[47]

O PPC poderá ser alterado e atualizado, se mudanças forem necessárias, devendo, para isso, seguir um trâmite burocrático, que inicia no Núcleo Docente Estruturante (NDE), perpassa toda a estrutura hierárquica dentro da unidade e da instituição até ser aprovado pelo Conselho Universitário, no caso das universidades públicas, ou órgão ou instância equivalente, dentro das instituições de ensino privadas.

### 3.1.4 Plano de ensino (plano de disciplina, plano de unidade e plano de aula)

> *O **plano de ensino** é um instrumento norteador da prática docente em âmbito micro e mais próximo dos docentes e dos discentes.*

O **plano de ensino** é um instrumento norteador da prática docente em âmbito micro e mais próximo dos docentes e dos discentes. É elaborado pelos professores em cada disciplina que ministra. Nesse instrumento teórico-metodológico, os professores colocam todas as suas decisões para determinada disciplina. Por conseguinte, o plano de ensino compreende a estruturação dos objetivos educacionais, dos conteúdos abrangidos, das metodologias de ensino escolhidas e das formas e instrumentos de avaliação desenvolvidos e contemplados em determinado curso, unidade temática ou de conteúdo ou aula. Ou seja, o plano de ensino é a consolidação dos direcionamentos estabelecidos nos demais níveis de planejamento para a prática cotidiana da sala de aula, considerando um curso ou disciplina.[48]

> *O plano de ensino compreende a estruturação dos objetivos educacionais, dos conteúdos abrangidos, das metodologias de ensino escolhidas e das formas e instrumentos de avaliação desenvolvidos e contemplados em determinado curso, unidade temática ou de conteúdo ou aula.*

Esse planejamento se desenvolve de forma concreta na atuação do educador, devendo ser um processo reflexivo, representativo do exercício diário do professor, que precisa conciliar as três vertentes da etapa de elaboração: análise da realidade, projeção de finalidade e formas de mediação. Não deve ser um plano engessado. Isto é, deve permitir que, no decorrer do curso, sejam feitos ajustes no plano a fim de ficar ainda mais próximo da realidade, interesse e necessidade dos discentes e, também, para possibilitar um planejamento participativo.[49] Como dito anteriormente, deve se constituir de um contrato pedagógico entre o docente e seus estudantes, em que ambos, colaborativamente, estabelecem os objetivos que precisem e pretendam atingir.

Um plano de ensino pode ser subdividido em três outros planos: **plano de disciplina, plano de unidade temática e plano de aula**.[50] Em um plano de disciplina, constam todas as atividades que ocorrem no período acadêmico (trimestre, semestre ou ano letivo) e que buscam alcançar os objetivos educacionais. É um plano que traduz a ação didático-pedagógica dos professores. Portanto, aborda vários aspectos, devendo incluir: identificação; objetivos educacionais; conteúdo programático; ementa, de acordo com plano curricular (PPC); resumo do conteúdo; bibliografia; sugestões de leituras básicas e complementares; métodos de ensino; recursos a serem utilizados; métodos e instrumentos de avaliação e cronograma de atividades. Constitui uma previsão das atividades a serem desenvolvidas e que guiam o docente em sua prática.[51]

> *Um plano de ensino pode ser subdividido em três outros planos: **plano de disciplina, plano de unidade temática e plano de aula**.*

Em contrapartida, um plano de unidade temática é mais pormenorizado. Os conteúdos, as estratégias de ensino, os recursos e os procedimentos para avaliação possuem mais detalhes que no plano de disciplina e os objetivos são fundamentalmente operacionais. Deve ser elaborado de acordo com o tempo de duração de cada tema contemplado no plano de disciplina, com o intuito de orientar a ação do docente em cada parte desse plano de disciplina. Os elementos desse plano são praticamente os mesmos do plano de ensino. Entretanto, ele deve facilitar a identificação e o relacionamento entre seus componentes.[52]

O plano de aula é um instrumento mais restrito. Nele, o docente tem mais detalhes referentes a cada aula, fator que propicia uma visão geral do que é trabalhado naquela aula em específico, com maior nível de detalhamento e de objetividade. Esse plano deve conter a especificação dos conteúdos, com base nas estratégias, nos recursos adequados, na previsão do tempo e nas atividades de responsabilidade dos estudantes e do professor. Requer, ainda, dos professores a especificação das atividades e dos comportamentos esperados dos estudantes, bem como os meios utilizados para alcançá-los.[53] Para Evangelista,[51] "é a sequência de tudo o que vai ser desenvolvido em um dia letivo".

# 4. Planejamento na área de negócios

Planejar é uma ação fundamental em qualquer área de ensino e de trabalho. Quando se pensa no ambiente organizacional, logo se tem em mente um planejamento estratégico que vise contribuir para o alcance de determinadas metas com eficiência e eficácia em um prazo já estabelecido, fazendo, portanto, parte de um processo já mencionado, o PDCA.

E quando se fala do planejamento dentro dos cursos de ensino superior da área de negócios? Como deve ocorrer o planejamento educacional para cursos como Administração, Ciências Contábeis, Direito, Economia, entre outros? A "regra" é a mesma. Os níveis de planejamento devem ser seguidos de forma a manter a subordinação ao PNE, ao PDI e ao PPC. Os planejamentos em outros níveis deverão existir da mesma forma, para instituição, para curso, para disciplina e para aula. Nada muda!

> *Os níveis de planejamento devem ser seguidos de forma a manter a subordinação ao PNE, ao PDI e ao PPC.*

Destaca-se que os cursos deverão seguir as Diretrizes Curriculares Nacionais estabelecidas para cada curso pelo Conselho Nacional da Educação (CNE) – Câmara de Educação Superior (CES), órgão do Ministério da Educação (MEC).

Em termos gerais, essas resoluções determinam que as instituições sigam tais diretrizes para a efetiva organização de cada curso, expressando-as no projeto pedagógico, que deverá conter, entre outros aspectos, informações gerais do curso, perfil do formando, competências e habilidades, conteúdos curriculares, informações sobre estágio, atividades complementares, projetos, trabalho de conclusão e sistema de avaliação.

Nota-se que, no projeto pedagógico dos cursos, mais que apresentar o que recomendam as diretrizes curriculares como os requisitos mínimos de formação, é fazer referência aos planos de níveis superiores, confirmando a sua subordinação. Além disso, pode e deve refletir o contexto geral, regional e até mesmo local e institucional da área. Por exemplo, para o Curso de Ciências Contábeis, a Universidade Federal de Juiz de Fora retrata, também, de forma sucinta, aspectos da origem da Contabilidade, bem como questões concernentes à própria profissão contábil em si. Afinal, a formação acadêmica busca justamente isso, formar profissionais para o mercado e para a comunidade.

Em um nível micro, o planejamento de ensino deverá atentar à realidade desses estudantes que podem ter ingressado ou não no mercado de trabalho. Se ainda não ingressaram, é possível prever esse ingresso de maneira organizada, geralmente por meio dos estágios supervisionados e que apresentam expectativa de que, como profissionais em formação, compreendam e enxerguem os conceitos teóricos aplicados no dia a dia da área de negócios, seja dentro de uma organização, seja em uma instituição, seja em seu próprio empreendimento.

Também nessa área, a construção e a continuidade efetiva do planejamento são um constante desafio. Por parte dos docentes, compreender a sua importância é um ponto crucial para atender aos anseios dos discentes e gerir melhor a dinamicidade da área. Somente com esse processo é possível ter a educação escolar como mediação no interior da prática social, garantindo a adaptação e a integração dos estudantes, que são profissionais e cidadãos em formação, às condições e às necessidades colocadas pela sociedade.

Nos tópicos apresentados a seguir, procuramos exemplificar todos os aspectos expostos nos tópicos anteriores por meio de um plano de disciplina. Esse plano está vinculado à disciplina "Análise das Demonstrações Contábeis" do Curso de Ciências Contábeis. Na elaboração desse plano, procurou-se detalhar cada etapa de forma pormenorizada, facilitando o entendimento de como o leitor ou a leitora podem realizar um planejamento. Trata-se de um conhecimento que os docentes precisam dominar em busca de assegurar um ensino de qualidade.

Para que o plano cumpra seu papel, precisa ser bem pensado, planejado, elaborado e redigido. Ou seja, é necessário que apresente diretrizes claras, práticas e objetivas. No processo de elaboração, se tiver dúvidas, não hesite em recorrer a professores que já foram responsáveis pela disciplina, à coordenação do curso e a livros e materiais de referência sobre o tema. Considere-se, também, a importância de compreender como a disciplina se insere no PPC do curso, em termos de momento de oferta, pré-requisitos, carga horária total e semanal, distribuição das aulas, entre outros fatores. Ressalta-se, por fim, o quão é relevante considerar o perfil da instituição e do corpo discente. Lembre-se, "uma andorinha só não faz verão!". Entretanto, há sempre espaço para certo nível de criatividade e ousadia. O plano, em geral, compõe-se das seguintes partes: identificação, objetivos, conteúdos, estratégias, avaliação, cronograma e bibliografia.

# 5. Modelo de plano de disciplina

Esse modelo de plano de disciplina vem com explicações detalhadas para que os leitores compreendam, de forma pormenorizada, cada parte que o constitui. É um plano autoexplicativo que auxilia quem deseja realizar um planejamento de disciplina. É importante lembrar que não existe um modelo fixo a ser seguido. Portanto, o que apresentamos aqui é uma possibilidade:

## 1 Identificação

Instituição: Universidade Federal de Uberlândia (UFU)
Unidade: Faculdade de Ciências Contábeis (FACIC)
Período do curso: 7º
Grau: Ensino Superior

Ano: 2017
Semestre do ano: 2º
Turno: Noturno
Disciplina: Análise das Demonstrações Contábeis
Professor responsável: Prof. [nome do professor ou da professora]
Nº de alunos: 45
Nº de turmas: 1
Carga horária semestral: 60h (30h teórica, 30h prática)
Carga horária semanal: 4h

## 2 Objetivos

Os objetivos indicam os conhecimentos, as atitudes e as habilidades desejados que o aluno alcance no final da concretização do plano. Ter objetivos claros e bem definidos significa traçar um percurso seguro para que o professor selecione conteúdo, estratégias de ensino e processo e instrumentos de avaliação adequados. Orientam, também, os estudantes sobre o que se espera deles no final do curso, da disciplina, da série ou da aula.[55] Temos dois tipos de objetivos: objetivo geral e objetivos específicos.

Os objetivos gerais s**ão aqueles mais amplos e complexos, que poderão ser** atingidos, por exemplo, no fim do curso ou da disciplina ou do semestre, incluindo o crescimento esperado nas diversas áreas de aprendizagem. Objetivos específicos referem-se a aspectos mais detalhados, mais concretos, acessíveis em menor tempo, por exemplo, aqueles que surgem no fim de uma aula ou de um período de trabalho. Em geral, explicitam desempenhos observáveis.[56]

**Objetivo geral**
Ao final da disciplina, os estudantes deverão ser capazes de: compreender as principais técnicas de análise das demonstrações contábeis; calcular e interpretar adequadamente os indicadores econômico-financeiros; estruturar e apresentar, sob a forma de relatório, o resultado das interpretações da análise.

**Objetivos específicos**
- ✓ Discutir o contexto em que se insere a análise das demonstrações contábeis.
- ✓ Apresentar o processo de preparação dos balanços para fins de análise.
- ✓ Analisar e discutir a situação financeira dos empreendimentos contemporâneos.
- ✓ Analisar e discutir o desempenho econômico dos empreendimentos contemporâneos.
- ✓ Analisar a gestão financeira das empresas.
- ✓ Elaborar e apresentar o relatório final de análise das demonstrações financeiras de um dado empreendimento.

Além dos objetivos acima, espera-se que a disciplina possa contribuir para o desenvolvimento de habilidades e de atitudes necessárias para o exercício da Contabilidade como: ética, teoria – prática, criticidade, relacionamento interpessoal, comunicação (verbal e escrita), trabalho em equipe, visão sistêmica e julgamento profissional.

## 3 Conteúdo

Corresponde ao conjunto de temas ou de assuntos estudados durante o curso em cada disciplina. Tais assuntos são selecionados e organizados a partir da definição dos objetivos.

Nesta seção, são listados todos os conteúdos de aprendizagem importantes e fundamentais para atingir as finalidades e os objetivos da disciplina. É essencial que a escolha desses conteúdos privilegie alguns aspectos como continuidade, desafios, atualidade etc. e que sejam desenvolvidos de forma contextualizada. Segundo Lopes,[57] "[...] conteúdo é comumente entendido como um conjunto de assuntos que compõem determinada matéria ou a relação de temas a serem estudados em uma disciplina".

Masetto[58] elenca alguns cuidados necessários para ajudar na seleção de conteúdos: que sejam atuais; que estejam relacionados diretamente à vida e à realidade do estudante dentro e fora da escola; que despertem interesse do estudante e que sejam adequados à sua faixa etária; que permitam integrar conhecimento de várias áreas, disciplinas ou ciências, levando à superação da fragmentação e da compartimentalização do saber; que despertem curiosidade e repercutam em novos desafios e questionamentos; que apontem para o futuro; e que permitam diferentes ângulos de análise ou comportem diferentes interpretações.

Apresentamos, a seguir, os conteúdos da disciplina "Análise das Demonstrações Contábeis", subdivididos em três unidades. Na primeira, estão os capítulos: 1) Introdução: o contexto da análise e 2) Preparação dos balanços para fins de análise. Na segunda unidade, está o capítulo 3) Análise da situação financeira. Finalmente, na terceira, estão os capítulos: 4) Análise do desempenho econômico; 5) Análise da gestão financeira da empresa; e 6) Relatório de análise. Cada um desses capítulos tem conteúdos específicos, que podem corresponder a uma ou mais aulas. Para cada uma dessas aulas deve ser preparado o plano de aula. É assim que os planos de disciplina, de unidade temática e de aula se relacionam.

**Conteúdos**
**1. Introdução: o contexto da análise**
    1.1 O que é a Contabilidade
    1.2 O que faz o analista das demonstrações contábeis
    1.3 Quais os atributos necessários à análise das demonstrações contábeis

**2. Preparação dos balanços para fins de análise**

2.1 A Estrutura Conceitual Básica da Contabilidade

2.2 O Balanço Patrimonial (BP)

2.3 As Demonstrações de Resultados (DRE e DRA)

2.4 A Demonstração das Mutações do Patrimônio Líquido (DMPL)

2.5 A Demonstração dos Fluxos de Caixa (DFC)

2.6 A Demonstração do Valor Adicionado (DVA)

2.7 As Notas Explicativas

2.8 A Análise Horizontal e a Análise Vertical

**3. Análise da situação financeira**

3.1 Índices de Liquidez

3.2 Índices da Estrutura Patrimonial

3.3 Capital Circulante Líquido e Necessidade de Capital de Giro

3.4 Índices de Prazos Médios

**4. Análise do desempenho econômico**

4.1 Retorno sobre o Investimento

4.2 Giro do Ativo

4.3 Margem Líquida

4.4 Decomposição do ROI

4.5 Retorno sobre Patrimônio Líquido

**5. Análise da gestão financeira da empresa**

5.1 Grau de Alavancagem Financeira

5.2 EBITDA – *Earnings Before Interest, Taxes, Depreciation and Amortization*

5.3 EVA – *Economic Value Added*

**6. Relatório de Análise**

## 4 Estratégias de ensino

Este tópico também pode aparecer em alguns planos com o nome de metodologia de ensino ou métodos de ensino. Diz respeito ao caminho, aos meios que o docente utiliza para alcançar os objetivos e a aprendizagem dos alunos. Fazem parte das estratégias: as técnicas de ensino, as dinâmicas de grupo e outros recursos (audiovisuais, físicos, humanos, o da informática e da telemática etc.). E ainda inclui, conforme Masetto:[59]

[...] a organização da sala de aula, disposição dos móveis e carteiras, organização exploração do espaço da sala, a exploração do deslocamento físico de professores e alunos, material a ser utilizado desde o simples giz ou lousa até os multimeios mais complexos e avançados (visuais, auditivos, sonoras etc.), excursões a locais fora da escola.

Masetto[60] apresenta um quadro que nos ajuda a conjugar os objetivos educacionais com o uso das estratégias mais adequadas a cada um deles, conforme sintetizamos no Quadro 1.

**Quadro 1. Objetivos educacionais e estratégias de ensino**

| Objetivos | Estratégias |
|---|---|
| ✓ Conhecimento do grupo<br>✓ Aquecimento de um grupo<br>✓ Desbloqueio<br>✓ Manifestação de expectativas | ✓ Apresentação simples<br>✓ Apresentação cruzada em duplas<br>✓ Complementação de frases<br>✓ Desenhos em grupo<br>✓ Deslocamentos físicos pela sala ou fora dela<br>✓ "Tempestade cerebral" ou *brainstorm*, ou ainda "toró de palpites" |
| ✓ Aquisição de conhecimentos | ✓ Leitura de textos<br>✓ Leitura com roteiro de questões<br>✓ Material de instrução programada<br>✓ Excursões<br>✓ Aulas expositivas dialogadas<br>✓ Visitas a museus, a indústrias etc.<br>✓ Estudo de caso |
| ✓ Desenvolvimento de habilidades | ✓ Dramatização, desenho de papéis (representação estática ou dinâmica)<br>✓ Atividades em grupos<br>✓ Grupo de verbalização/grupo de observação (GV-GO)<br>✓ Painel integrado<br>✓ Pequenos grupos para formular questoes<br>✓ Grupos de oposição<br>✓ Aulas práticas |
| ✓ Desenvolvimento de atitudes | ✓ Debate em pequenos grupos com posições diferentes<br>✓ Estudo de caso<br>✓ Relatórios com opiniões fundamentadas<br>✓ Estágios<br>✓ Excursões<br>✓ Dramatização |

(continua)

(continuação)

| | |
|---|---|
| ✓ Confronto com a realidade | ✓ Estágios<br>✓ Excursões<br>✓ Pesquisas de opinião<br>✓ Estudo de caso<br>✓ Estudo do meio |
| ✓ Desenvolvimento da capacidade de trabalho em equipe | ✓ Pequenos grupos com uma só tarefa<br>✓ Pequenos grupos com tarefas diferentes<br>✓ Painel integrado<br>✓ Diálogos sucessivos<br>✓ GV-GO |
| ✓ Iniciativa na busca de informações<br>✓ Seleção, organização e comparação de informações | ✓ Projeto de pesquisa<br>✓ Estudo do meio<br>✓ Estudo de caso |

**Fonte:** Masetto (1996).[61]

Leal, Miranda e Casa Nova[62] apresentam o passo a passo detalhado para aplicação de 15 diferentes estratégias de ensino e de aprendizagem. Recomendamos que docentes interessados em se aprofundar em metodologias ativas recorram a esse material.

Apresentamos, a seguir, as estratégias previstas no plano de disciplina de "Análise das Demonstrações Contábeis".

### Estratégias

O curso será desenvolvido de maneira a privilegiar o processo de reflexão do aluno. Nesse sentido, espera-se o acompanhamento da bibliografia por parte dos discentes e, em cada tópico, após a exposição do tema pelo professor, serão apresentados exercícios e questões de concursos que vão requerer a aplicação dos conceitos/metodologias discutidos.

O curso será dividido em três unidades. Na primeira, são focadas as demonstrações contábeis por meio de uma breve revisão. Na segunda unidade, são trabalhadas as informações relativas à análise financeira das entidades. Na terceira, são abordados os aspectos econômicos, como rentabilidade das entidades.

Considerando-se que a pesquisa e o contato com as práticas profissionais são elementos essenciais na formação do contador, será desenvolvido um trabalho que permeará as três unidades, pois requer a análise das demonstrações contábeis de uma empresa real. Nesse trabalho, os alunos serão expostos às práticas mercadológicas e estimulados à pesquisa em diversos momentos.

Para tanto, serão utilizadas várias técnicas de ensino: pesquisas, aula expositiva, vídeos, exercícios de concursos, estudos de casos, dinâmicas, entre outras. Os recursos necessários serão: *datashow*, quadro-negro, giz e caixa de som.

Embora tenha sido apresentado apenas o plano da disciplina, percebe-se que o professor ainda elaborará os planos para as três unidades supramencionadas e, também, planos específicos para cada aula a ser ministrada. Nesses planos, serão pormenorizadas as estratégias de ensino e os recursos para aquela unidade e aula especificamente.

## 5 Avaliação do aprendizado

Tradicionalmente, a avaliação do aprendizado, como discutido no Capítulo 3 "Avaliação discente", é compreendida a partir de um conceito reducionista, no qual ocorre um julgamento em que o estudante é aprovado ou reprovado. Atualmente, muitos pesquisadores têm chamado atenção para uma nova perspectiva de avaliação que rompe com essa visão de julgar e de punir no fim de um ano ou de um semestre.

A ideia de que a avaliação perpassa todo o processo de ensino e aprendizado tem ganhado força e demonstrado bons resultados. Essa mudança de enfoque tem aprimorado não só a aprendizagem do estudante, como também tem assumido importante papel na práxis docente, processo no qual o docente tem a possibilidade de reavaliar sua prática com intuito de aprimorar seu trabalho, tornando-se um professor reflexivo e que aperfeiçoa, pela sua prática reflexiva e sua reflexão sobre a prática, o saber experiencial.

Na verdade, a avaliação acompanha todo o processo de aprendizagem. Não só um momento privilegiado, o momento da prova ou do teste, pois deve ser entendido um instrumento de *feedback* contínuo para o educando e para todos os participantes, inclusive o professor e o coordenador ou gestor.[63] Ou seja, a prova que reprova o estudante reprova também o docente e a instituição.

A avaliação pode ocorrer por meio de vários instrumentos: trabalhos escritos, prova escrita, apresentação oral, prova oral, projetos de trabalho, dramatização, trabalhos de campo, entre outros. O mais comum em nossa cultura é a prova escrita, que deve ser considerada um momento privilegiado de estudo. Ou seja, todos devem aprender com a prova: os docentes devem rever pontos

> *A avaliação pode ocorrer por meio de vários instrumentos: trabalhos escritos, prova escrita, apresentação oral, prova oral, projetos de trabalho, dramatização, trabalhos de campo, entre outros.*

e estratégias para construir o conhecimento sobre conceitos que não tenham sido aprendidos; os discentes devem ter uma oportunidade de demonstrar o que aprenderam e de perceber conceitos e aplicações de conceitos que precisam ser revistos e consolidados. Assim, é importante ressaltar que a avaliação da aprendizagem é um momento privilegiado de estudo. Não é "um acerto de contas".

> *É importante o uso de técnicas avaliativas variadas de acordo com objetivos e situações (ambientais, individuais e coletivas) de aprendizagem. Nem todas as técnicas servem para todos os objetivos e ambientes.*

É importante o uso de técnicas avaliativas variadas de acordo com objetivos e situações (ambientais, individuais e coletivas) de aprendizagem. Nem todas as técnicas servem para todos os objetivos e ambientes.[64] O Quadro 2, apresentado a seguir, demonstra como alinhar objetivos educacionais e as técnicas ou instrumentos avaliativos.

**Quadro 2. Objetivos educacionais e técnicas avaliativas**

| O que avaliar | Técnica avaliativa |
|---|---|
| Objetivos cognitivos | ✓ Prova discursiva ou dissertativa<br>✓ Prova de testes (simples ou de múltipla escolha)<br>✓ Entrevista ("chamada oral")<br>✓ Prova com questões de lacunas<br>✓ Exercícios com questões verdadeiras ou falsas<br>✓ Prova com consulta<br>✓ Trabalhos e pesquisas<br>✓ Solução de casos |
| Objetivos de habilidades | ✓ Observação com roteiro e com registro<br>✓ Provas práticas<br>✓ Relatórios |
| Objetivos de atitudes | ✓ Solução de caso<br>✓ Observação<br>✓ Entrevista<br>✓ Dissertação |
| Objetivos de um programa | ✓ Pré e pós-testes<br>✓ Indicadores de aproveitamento<br>✓ Questionários<br>✓ Debates |
| Objetivos de um curso ou de uma instituição | ✓ Debates<br>✓ Observação<br>✓ Questionários<br>✓ Entrevistas |
| Desempenho do professor | ✓ Debate com os alunos<br>✓ Questionários<br>✓ Indicadores de aproveitamento<br>✓ Observação por escrito |

**Fonte:** Masetto (1996).[65]

Considerando avaliação de aprendizagem como um processo contínuo, os docentes devem privilegiar o uso de mais de uma técnica avaliativa e a sua adequação ao objetivo pretendido. Para a disciplina exemplo de "Análise de Demonstrações Contábeis", o sistema de avaliação e aprendizagem previsto é:

**Avaliação**

| Instrumento | Valor | Estratégia |
| --- | --- | --- |
| 1ª Avaliação | 10 pts. | Prova escrita |
| Trabalho Empírico (1ª Apresentação) | 10 pts. | Debate |
| Trabalho Empírico (2ª Apresentação) | 10 pts. | Painel integrado |
| 2ª Avaliação | 20 pts. | Prova escrita |
| 3ª Avaliação | 30 pts. | Prova escrita |
| Trabalho Empírico (3ª Apresentação) | 10 pts. | GV-GO |
| Participação | 10 pts. | Presença, exercícios |

Perceba que para cada instrumento de avaliação foi previsto um peso no conceito final do estudante (valor, em pontos), bem como o alinhamento com uma estratégia avaliativa específica. No caso dessa disciplina, estão incluídos como instrumentos de avaliação: prova escrita, debate, Grupo de Verbalização e Grupo de Observação (GV-GO), painel integrado e exercícios, além da participação ativa (presença).

A avaliação permite que o docente verifique se seu papel tem sido cumprido plenamente. Devem-se levar em consideração os resultados não só de uma aprendizagem cognitiva, mas também de uma aprendizagem socioafetiva, pautada na responsabilidade, no interesse, na colaboração para o processo de ensino e aprendizagem, no comportamento e na organização.[66] É importante considerar que cada aluno tem seu tempo para aprender. Logo, um sistema avaliativo não deve dar ênfase apenas aos aspectos da aprendizagem cognitiva, pois o aluno deve ser visto de forma global.

> *A avaliação permite que o docente verifique se seu papel tem sido cumprido plenamente. Devem-se levar em consideração os resultados não só de uma aprendizagem cognitiva, mas também de uma aprendizagem socioafetiva, pautada na responsabilidade, no interesse, na colaboração para o processo de ensino e aprendizagem, no comportamento e na organização.*

Considerando a heterogeneidade de turma em uma sala de aula, é necessário também avaliar diferentemente, sempre com foco nos objetivos educacionais. É importante uma diversificação nas técnicas, adaptando-as ao contexto em que são utilizadas e mantendo um sistema avaliativo que seja objetivo e transparente para o avaliando. Embora, no final, ainda haja uma mensuração e uma avaliação de desempenho, o como fazer, de que forma estruturar e de que modo aplicar esse processo devem ser diferenciados. A intenção daquilo que se pretende alcançar como resultado do sistema avaliativo deve prevalecer sobre a função de definir a promoção para um próximo nível.

## 6 Cronograma

O cronograma corresponde à organização das atividades educacionais que compõem todo o processo de ensino e aprendizagem dentro de uma dimensão temporal – seja de um ano, seja de um semestre, seja de um trimestre. Delimita o tempo para trabalhar o conteúdo, desenvolver atividades e implementar as estratégias propostas. Segundo Masetto,[67] "permite ao professor e ao aluno controlar o desenvolvimento do curso, evitando atrasos, adaptando e flexibilizando os objetivos".

O cronograma sintético para a disciplina de "Análise das Demonstrações Contábeis" é detalhado a seguir:

**Cronograma**

Todas as atividades serão desenvolvidas dentro de um semestre e considerando os dias designados para as aulas da disciplina, conforme grade horária disponibilizada pela coordenação de curso e calendário letivo da universidade, destinados para cada aula dois horários de 50 minutos cada.

As atividades avaliativas seguirão o cronograma do Quadro 3.

**Quadro 3. Cronograma de avaliações**

| Instrumento | Data |
| --- | --- |
| Aulas | 2º semestre de 2017 |
| 1ª Avaliação | 13-09 |
| Trabalho empírico (1ª apresentação) | 20-09 |
| Trabalho empírico (2ª apresentação) | 01-11 |
| 2ª Avaliação | 03-11 |
| 3ª Avaliação | 08-12 |
| Trabalho empírico (3ª apresentação) | 13-12 |
| Participação | Todas as aulas |

(continua)

(continuação)

> Alternativamente, pode-se optar por um cronograma que detalhe conteúdos, atividades, leituras e estratégias avaliativas, aula a aula. Finalmente, trataremos do último item do plano de disciplina, a indicação de referências e da literatura básica da disciplina.

## 7 Referências

As referências indicam, de forma organizada, o conjunto de textos e de material para consulta que respaldam o processo de ensino e aprendizagem dos temas propostos no programa da disciplina. Esses textos e materiais de consulta podem estar presentes em várias fontes: jornais, revistas, livros, periódicos científicos,

> *Existem as referências-base, indispensáveis para a participação e compreensão das aulas, e as referências de apoio ou complementares*

letras de música, poesias, entre outras. Recomenda-se que as referências sejam sempre atualizadas e diversificadas. Existem as referências-base, indispensáveis para a participação e compreensão das aulas, e as referências de apoio ou complementares, sugeridas para aqueles alunos(as) que desejam se aprofundar no tema.

De acordo com a Associação Brasileira de Normas Técnicas (ABNT), as referências são um "conjunto padronizado de elementos descritivos, retirados de um documento, que permite sua identificação individual".[68] No caso do plano da disciplina "Análise das Demonstrações Contábeis", as referências utilizadas estão divididas em básicas e complementares e são apresentadas a seguir, de acordo com as normas da ABNT.

### Referências utilizadas nesse plano de disciplina

**Referências Básicas**

ASSAF NETO, Alexandre. *Estrutura e análise de balanços*: um enfoque econômico-financeiro. 11. ed. São Paulo: Atlas, 2015.

MARTINS, Eliseu; MIRANDA, Gilberto; DINIZ, Josedilton. *Análise didática das demonstrações contábeis*: uma abordagem crítica. 2. ed. São Paulo: Atlas, 2018.

**Referências Complementares**

IUDÍCIBUS, Sérgio de; MARTINS, Eliseu; GELBCKE, Ernesto Rubens; SANTOS, Ariovaldo. *Análise de balanços*. 10. ed. São Paulo: Atlas, 2009.

_____. *Manual de contabilidade societária*. São Paulo: Atlas, 2010.

MARION, José Carlos. *Análise das demonstrações contábeis*: contabilidade empresarial. 4. ed. São Paulo: Atlas, 2009.

MARTINS, Eliseu; DINIZ, Josedilton; MIRANDA, Gilberto. *Análise avançada de demonstrações contábeis*: uma abordagem crítica. 2. ed. São Paulo: Atlas, 2018.

MATARAZZO, Dante Carmine. *Análise financeira de balanços*: abordagem gerencial. 7. ed. São Paulo: Atlas, 2010.

Nesse contexto, é fundamental considerar que muitos desses estudantes podem já estar imersos em ambientes empresariais. Portanto, as metodologias adotadas devem valer-se disso e promover o processo de reflexão desses discentes em conformidade com essa realidade. No exemplo apresentado, o objetivo central é proporcionar o conhecimento para a análise das demonstrações contábeis nos contextos empresariais. Além disso, a técnica de ensino escolhida contribui para que os estudantes tragam suas realidades particulares e seus conhecimentos prévios para o momento de discussão da temática e de elaboração do relatório.

É importante lembrar, novamente, que o docente ainda deve preparar os planos de cada uma das três unidades e os planos de cada aula, mesmo que de forma mais simples.

# 6. Importância do planejamento docente

O planejamento de ensino "organiza e sistematiza o fazer docente no que diz respeito aos seus fins, meios, forma e conteúdo".[69] Não se trata de mero ajustamento dos conteúdos programáticos ao calendário letivo, pois, também, são definidas questões essenciais como: "O que queremos que nossos alunos venham a fazer, a conhecer? Por que este conteúdo e não aquele? Quais atividades? Com qual tempo e recursos contamos?".

O ato de planejar é um momento muito importante: permite ao docente entrar em contato com a teoria, compreender seu espaço educativo e sua prática pedagógica. Planejar não é sinônimo de listar conteúdos programáticos associados a atividades. É, sim, um processo de construção de suas próprias possibilidades argumentativas e teóricas, de acordo com sua experiência e com sua visão de mundo.[70] O planejamento é um processo de racionalização, de organização e de coordenação da prática docente. É um processo que provoca a interação da ação escolar com o contexto social, econômico e político.[71]

> *O ato de planejar é um momento muito importante: permite ao docente entrar em contato com a teoria, compreender seu espaço educativo e sua prática pedagógica. Planejar não é sinônimo de listar conteúdos programáticos associados a atividades. É, sim, um processo de construção de suas próprias possibilidades argumentativas e teóricas, de acordo com sua experiência e com sua visão de mundo.*

Nessas perspectivas, o planejamento pode ser compreendido como uma ação reflexiva, viva e contínua que, ao mesmo tempo em que estabelece um pacto entre o professor e o estudante, também deve ser suficientemente flexível para conseguir adaptar-se à realidade do que ocorre durante uma disciplina. Ou seja, pode ser que seja necessário, dado a um motivo justo, o replanejamento de um percurso. Deve, por isso, haver equilíbrio entre as vertentes de análise da realidade, que retoma a etapa de diagnóstico, a projeção de finalidade, em que se determinam os objetivos educacionais e as formas de mediação, que são os meios utilizados para atingir o que foi proposto.[72]

O planejamento eficaz é condição *sine qua non* para que os cursos de formação na área de negócios sejam aderentes às exigências do mercado, da comunidade e da própria sociedade. Principalmente, porque é uma área dinâmica, cujos progressos e mudanças são quase instantâneos e, ao mesmo tempo, com grandes reflexos econômicos, políticos e sociais. Por isso, o planejamento tornou-se uma ferramenta para que a instituição de ensino exerça sua função social, garantindo a adaptação e a integração do discente às condições e às necessidades impostas pela sociedade.[73]

Para que seja possível a elaboração de um bom planejamento educacional, é necessário levar em consideração prioritariamente os objetivos educacionais, o conteúdo, as técnicas de ensino e o processo de avaliação. Os objetivos educacionais são elementos centrais no processo de planejamento. As metas a serem alcançadas devem ser definidas para, posteriormente, haver a definição do que utilizar para atingi-las, fazendo que haja um equilíbrio entre técnica/estratégia adotada e o conteúdo a ser ministrado. Os objetivos devem ser voltados para o estudante e englobar, além do aspecto cognitivo, os aspectos afetivos e psicomotores. E, ainda, serem claros, precisos, facilmente compreendidos, relevantes e realizáveis.[74]

Toda proposta educativa de um curso está inserida no seu projeto pedagógico, que deve seguir as orientações da universidade em que o curso está alocado, bem como a resolução federal que institui as Diretrizes Curriculares Nacionais para o referido curso. No projeto curricular, constam ainda as fichas das disciplinas com todo o conteúdo programático que deve ser ministrado, cabendo ao professor identificar a melhor forma de apresentá-lo. No nível operacional, por seu turno, encontram-se os professores, que planejam suas atividades de ensino para cumprir todo o conteúdo proposto para determinada disciplina.

De acordo com Vasconcellos,[75] o plano de ensino deve ser concebido e vivenciado no cotidiano da prática social docente, como um processo de reflexão. Gil[76] complementa, sugerindo a necessidade de considerar uma triangulação entre análise da realidade, projeção de finalidades e elaboração de formas de mediação. Isso implica que o plano de ensino não deve ser fixo, mas flexível, de modo que possa ser ajustado ao longo do curso.

A realização do planejamento é benéfica, pois, por meio dele, os docentes conseguem, entre outras coisas, organizar

> *A realização do planejamento é benéfica, pois, por meio dele, os docentes conseguem, entre outras coisas, organizar os conteúdos que serão abordados de forma lógica, selecionar os melhores procedimentos e recursos e agir com maior segurança na sala de aula, evitando a improvisação, a repetição e a rotina.*

os conteúdos que serão abordados de forma lógica, selecionar os melhores procedimentos e recursos e agir com maior segurança na sala de aula, evitando a improvisação, a repetição e a rotina. Apesar desses benefícios, alguns docentes demonstram resistência em executá-lo. Vasconcellos,[77] por exemplo, aponta vários itens que podem justificar o pouco uso do planejamento, tais como: o dinamismo da realidade acadêmica, a sobrecarga de trabalho, a complexidade, a distância com a realidade, entre outros. Alguns professores também consideram que os planos são apenas uma etapa burocrática e que, muitas vezes, não são colocados em prática. Essa forma de entender o planejamento é, exatamente, o contrário do que argumentamos ao longo deste capítulo. Para o docente, o planejamento é uma etapa essencial de sua prática docente.

> *É relevante que os docentes se conscientizem da importância do planejamento para o processo de ensino e de aprendizagem e que todos os envolvidos estejam aptos para compreender que o planejamento é um processo vivo.*

Diante do exposto, percebe-se que é relevante que os docentes se conscientizem da importância do planejamento para o processo de ensino e de aprendizagem e que todos os envolvidos estejam aptos para compreender que o planejamento é um processo vivo que não pode ser resumido ao mero preenchimento burocrático de quadros com planos que nunca serão colocados em prática.

# 7. Considerações finais

O planejamento é uma prática inerente ao ser humano e possui o papel de garantir a efetividade daquilo que se pretende fazer. No contexto educacional, "o planejamento é um processo contínuo de conhecimento e de análise da realidade escolar em suas condições concretas, e de busca de alternativas para soluções de problemas e de tomada de decisões".[78]

A inexistência de um planejamento em âmbito escolar prejudica o processo de ensino e de aprendizagem, tanto do lado do estudante como do próprio trabalho escolar, pois, aliado a outras dificuldades, a ausência desse planejamento acarreta uma contínua improvisação pedagógica.[79] A atividade docente e, inerente a ela, o planejamento educacional desenvolvido, por serem mais do que uma atividade técnica, repercutem não só na sala de aula e na esfera escolar: eles colaborarão, ou não, para a educação dos jovens.[80] Dessa forma, é grande a nossa responsabilidade.

São notórios os desafios de preparar um bom planejamento de ensino. Além de entraves pessoais, por parte de professores, que podem considerá-lo apenas uma etapa burocrática e não dão a devida atenção, muitos estudantes também não se interessam em participar de sua elaboração e, ainda, podem faltar condições reais para que o plano seja concretizado. Assim, não só o pressuposto básico do planejamento, que é a necessidade de mudar, também é importante a conscientização de todos os envolvidos nesse processo para que seja possível garantir a sua efetividade.

De fato, o trabalho do professor não é fácil. Exige dedicação, esforço e disposição. Entretanto, não há dúvida de que um bom planejamento o orienta nas atividades ao longo da disciplina e aumenta as chances de sucesso da sua proposta de ensino. "Perder" tempo na elaboração do plano de ensino significa ganhar tempo em qualidade, em organização e em reconhecimento por parte dos estudantes, da coordenação e da instituição.

No nível externo, o planejamento educacional é uma poderosa ferramenta que pode ajudar um país a superar os seus desafios educacionais nas diversas etapas do ensino. Para tanto, é preciso que esteja alinhado aos propósitos do povo, da cultura e do principal elemento desse processo: os educandos. Ademais, os planos decorrentes dele nos níveis inferiores, institucional, curricular e de ensino devem ser representativos e estar subordinados ao PNE.

Pode-se afirmar que o planejamento na educação é essencial, pois, por meio dele, é possível realizar um ensino de forma adequada, para atender às metas e necessidades definidas pela sociedade. Por intermédio dele, poderão ser propostas novas medidas que contribuam para a melhoria do ensino. Portanto, é um instrumento fundamental para a consecução de um ensino com qualidade, e sua relevância deve ser reconhecida pelos agentes envolvidos com o processo educacional.

> *O planejamento na educação é essencial, pois, por meio dele, é possível realizar um ensino de forma adequada, para atender às metas e necessidades definidas pela sociedade.*

# 2 Currículo

IZAEL OLIVEIRA SANTOS
CAMILA LIMA COIMBRA

— Era final de semestre letivo e, passado o turbilhão de atividades, os acadêmicos da turma do 8º período do curso de Ciências Contábeis iniciavam os ritos finais de sua trajetória na graduação. Duas colegas e eu fomos os professores convidados a participar da "aula da saudade".

Na quarta-feira, as professoras Kinha, Lú e eu passamos o dia organizando a aula, estruturando nossas mensagens, as brincadeiras e um vídeo para homenagear a turma. A noite chegou bastante rápido. Com tudo preparado, era hora de iniciar a aula.

A primeira a falar foi Kinha. Ela é sempre muito querida entre os estudantes, em especial, pelo seu jeito romântico de ser e ver as coisas. Ao discursar, ela expôs sua paixão pela contabilidade e como o curso mudou a sua vida social e profissional. Logo após, Lú iniciou sua fala. Narrou a sua história com a turma e finalizou com a confiança que tinha de que todos da turma alcançariam a excelência profissional.

Então, chegou a minha vez. Não havia conseguido prever como me sentiria naquele momento. Afinal, era meu primeiro ano como docente e a primeira turma que me chamara para exercer tal papel. Iniciei minha fala contando minha trajetória na universidade. Rememorei os desafios do período de estudante. Alertava-os para os desafios da vida pós-universidade, quando fui interrompido pelo Rapha.

— Professor?!

— Sim, Rapha. Pode falar.

– O senhor acha que fomos apresentados aos conhecimentos, desenvolvemos as habilidades e as atitudes necessárias para iniciarmos nossa vida profissional?

Refleti um pouco sobre o alcance daquela questão. Depois de alguns minutos, eu disse:

– Rapha, acredito que, durante todo o curso, vocês acessaram diversos conhecimentos por meio de disciplinas organizadas e estruturadas para desenvolver as habilidades e as atitudes que lhes auxiliarão na vida social e profissional. Mas, certamente, vocês deverão continuar a estudar e se atualizar para se manterem no mercado e serem reconhecidos como profissionais de excelência.

Percebi que o Rapha havia compreendido o que eu disse, apesar de não estar certo de que ele concordara. Retomei minha mensagem e, logo, já estávamos passando o vídeo e finalizando a homenagem.

Terminada a aula, me despedi das minhas colegas e da turma e fui para casa. No caminho, passei a refletir sobre a estrutura de disciplinas do nosso curso. Será que o nosso planejamento curricular é adequado para o perfil de estudantes que atendemos e para o perfil profissional que desejamos formar? Afinal, para que serve o currículo?

# 1. Introdução

A palavra **currículo** pode ter diferentes usos e sentidos. Um deles refere-se ao currículo pessoal, também conhecido como *curriculum vitae* (currículo da vida). É aquele que contempla dados pessoais, formação acadêmica, trajetória e objetivos profissionais de uma pessoa, sendo bastante utilizado quando se está em busca de uma colocação profissional. Nesse caso, o currículo serve para "contar", de forma sistematizada, a história profissional do interessado e informar sobre suas pretensões.

Para a carreira acadêmica são utilizadas algumas plataformas para o registro do currículo acadêmico de docentes e de pesquisadores, como o Currículo Lattes, mantido pelo CNPq, e a Plataforma Sucupira, mantida pela Capes, entre outras, com diferentes finalidades. São *curricula vitae* acadêmicos que servem para mostrar o que o professor, o pesquisador ou o acadêmico produziu. Nesses currículos, são relacionados desde a qualificação acadêmica (titulação), grupos e linhas de pesquisa, livros e artigos publicados, participação em bancas de concurso ou de monografia, dissertação, teses etc. Ou seja, é a oportunidade de relacionar, disseminar e divulgar, haja vista tratar-se de documentos abertos para consulta a quem possa interessar a trajetória acadêmica. São úteis ainda para processos de avaliação, quer para a análise da concessão de bolsas e auxílios ou para a avaliação de instituições e de programas.

O currículo pode ser analisado a partir de perspectivas diversas. Sob o olhar social, o currículo relaciona a sociedade com a academia. Como plano educativo, traz o enfoque do próprio conteúdo e das experiências. Sob a forma de expressão formal e material, em que se têm o conteúdo e a forma de abordagem. E, finalmente, como um campo prático, relacionando teoria com a prática.[1]

> *O currículo pode ser analisado a partir de perspectivas diversas.*

Numa proposta conceitual inicial, o currículo foi compreendido como "especificação precisa de objetos, procedimentos e métodos para obtenção de resultados que podem ser medidos".[2] Pode-se afirmar que não há um consenso ou um único conceito de currículo. Contudo, em geral, especialmente nas pesquisas desenvolvidas na área de negócios, o termo é associado ao conjunto de conhecimentos, habilidades e atitudes que um estudante deve ter ao final de um curso concluído.[3] Ou seja, ele é um plano para um percurso que se deve percorrer a fim de se atingir um objetivo. Uma carta de intenções expressa um projeto que deve ser implementado para que o objetivo almejado seja alcançado.

Na virada do século XIX para o século XX, com o advento da industrialização americana e com o surgimento da Escola Nova, como ficou conhecido o movimento que considerava que a educação deveria estar no centro da transformação da sociedade, o currículo tornou-se um reflexo do mundo social.[4]

Especificamente no ensino superior, tem-se percebido uma maior discussão acerca do currículo, advinda com as propostas de reformas desse nível de ensino. Assim, ao entender a graduação como o início da formação profissional e considerando a velocidade das mudanças pelas quais o mundo vem passando, faz-se ainda mais necessário o debate sobre o tema.[5]

O currículo é importante para a organização acadêmica, estudantes, professores e para os responsáveis pela gestão. A forma que o planejamento curricular assume em cada instituição, às vezes, torna-se uma variável de distinção dos cursos ofertados em cada uma. Nesse sentido, são comuns afirmações do tipo: "o curso de direito desta instituição tem uma veia civilista", "no curso de contabilidade daquela instituição há direcionamento da formação para a área de contabilidade financeira" ou "nesta instituição a ênfase do curso de administração é a gestão de recursos humanos". Na verdade, o que se pretende dizer com essas frases é que o arranjo estrutural do curso, o conjunto de disciplinas, o seu ordenamento, a sua distribuição ou concentração em torno de disciplinas de uma área ou especialidade ou de outra conduzirão o estudante ao vínculo por uma linha específica de formação. Há currículos mais rígidos com uma concentração de disciplinas obrigatórias. E há currículos mais flexíveis com uma oferta de disciplinas optativas maior, que permite ao estudante moldar o curso ao seu interesse. Uma ou outra opção depende, na verdade, da filosofia educacional que está embasando o planejamento do currículo. Portanto, é importante enfatizar que o currículo revela a instituição e sua filosofia. Por isso, diz-se que o currículo é um projeto político ou, como é utilizado no Brasil, é o Projeto Político-Pedagógico do curso (PPP) ou do Projeto Pedagógico do Curso (PPC).

> *O currículo é importante para a organização acadêmica, estudantes, professores e para os responsáveis pela gestão. A forma que o planejamento curricular assume em cada instituição, às vezes, torna-se uma variável de distinção dos cursos ofertados em cada uma.*

> *Portanto, é importante enfatizar que o currículo revela a instituição e sua filosofia.*

Assim, conhecer e constantemente aprimorar o currículo é necessário dentro dos diferentes grupos de interesses nas instituições de ensino superior, especialmente para que gestores, professores e estudantes possam entender e construir conjuntamente a identidade das instituições de que participam ou às quais se vinculam. O currículo, como parte do planejamento educacional, deve estar adaptado às questões culturais, sociais, políticas e econômicas, sempre voltado para uma formação pessoal e profissional que emancipe os estudantes e os prepare para enfrentar os desafios da realidade social e atuar como agentes de mudança.

A partir das reflexões propostas neste capítulo, buscamos responder às seguintes perguntas: O que é currículo? Qual sua importância? Qual a utilidade do currículo no dia a dia da sala de aula? Qual a importância do currículo no planejamento educacional? Que elementos são essenciais para a construção de um currículo de curso na área de negócios?

## 2. Afinal, do ponto de vista teórico, o que é o currículo?

A preocupação com o currículo surgiu, com maior intensidade, nos Estados Unidos da América, por volta dos anos de 1920, em decorrência do processo de industrialização e do surgimento da Escola Nova, oriunda, principalmente, de pessoas ligadas à administração da educação, evoluindo de um enfoque racionalista até chegar às ideias sociológicas.[6]

Entre os estudos existentes acerca do currículo há múltiplas classificações teóricas. Esses pensamentos são, na verdade, construções conceituais a respeito do próprio currículo. Optamos por adotar a classificação apresentada por Silva,[7] que oferece três abordagens: as teorias tradicionais de currículo, as teorias críticas de currículo e as teorias pós-críticas de currículo. Segundo o autor, o plural justifica-se porque inexiste, dentro de cada classe, uma única teoria. Pelo contrário, são diversas as construções teóricas indicadas por diferentes pensadores. Em termos cronológicos, as teorias tradicionais do currículo foram desenvolvidas em meados do século XX. As teorias críticas surgiram na década de 1960 e, finalmente, as teorias pós-críticas nas décadas de 1970 e 1980.

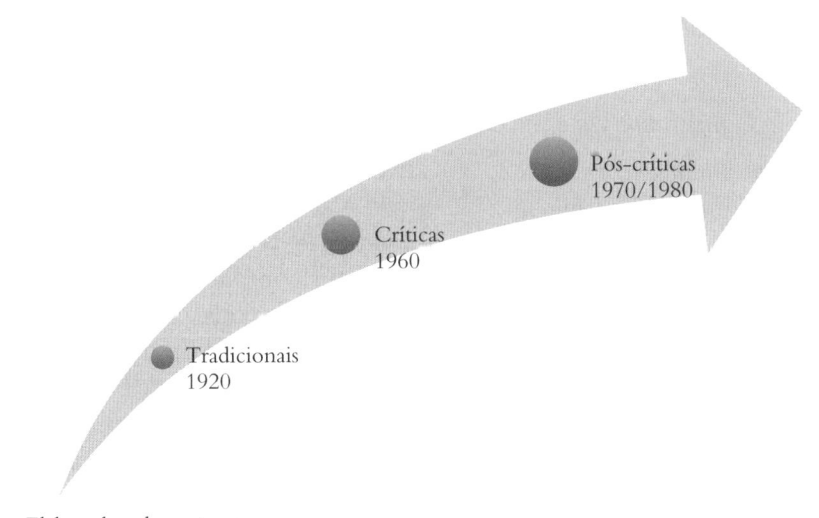

**Fonte:** Elaborada pelos autores.

**Figura 1. Cronologia das teorias do currículo**

As teorias classificadas como tradicionais buscam identificar os objetivos da educação escolar e formar trabalhadores especializados ou disponibilizar formação acadêmica generalizada. Nessas teorias, predomina o enfoque nos objetivos e na organização do ensino, portanto, com uma visão tecnicista, mecanicista e burocrática, preocupadas com a estrutura do currículo. Ou seja, as teorias tradicionais adéquam-se às expectativas imediatas da sociedade.

John Franklin Bobbit (1918)[8] é um dos expoentes da abordagem tradicional. Para ele, o currículo deveria contemplar uma educação nos moldes da estrutura industrial de Taylor. Ou seja, ele preconiza "a escola como uma fábrica e o currículo como processo de produção, em que as crianças são vistas como matérias-primas e os professores como controladores do processo de produção". Os professores garantiam que os produtos fossem construídos de forma rigidamente padronizada, com certo rigor, evitando o mínimo de desperdício, de modo a alcançar a máxima eficiência produtiva.[9-10] Nesse sentido, "o currículo é visto como um processo de racionalização de resultados educacionais, cuidadosa e rigorosamente especificados e medidos".[11]

Ralph Tyler (1976)[12] foi outro representante dessa abordagem. Com uma visão mais racional, de caráter prescritivo e centrada na formulação de objetivos, auxiliou na consolidação da teoria tradicional de Bobbit, que perdurou por pelo menos 20 anos nos currículos brasileiros.[13] A concepção de currículo, na perspectiva de Tyler, era reduzida ao plano do que deve ocorrer, ou seja, do plano ou do programa estruturados na base no ciclo objetivos-conteúdos-atividades-avaliação. Ou seja, o currículo é um instrumento que precisa responder às seguintes questões: Quais objetivos educacionais se quer atingir? Quais experiências educacionais podem ser desenvolvidas para alcançá-los? Como organizar de forma eficiente essas experiências? E como verificar se esses objetivos estão sendo alcançados?[14]

> *Os conceitos que as teorias tradicionais enfatizam são ensino, aprendizagem, avaliação, metodologia, didática, organização, planejamento, eficiência e objetivos.*

Os conceitos que as teorias tradicionais enfatizam são ensino, aprendizagem, avaliação, metodologia, didática, organização, planejamento, eficiência e objetivos.[15] Nesse sentido, podemos afirmar que as teorias tradicionais trazem uma concepção de currículo mecanicista com foco em conteúdos, objetivos, formas de ensino, organização, planejamento e eficiência dos resultados.[16-17] Essa visão embasou a construção de muitos currículos em todas as partes do mundo e ainda vigora em muitas instituições.

Mais tarde, as teorias críticas surgiram como forma de questionamento do pensamento e da estrutura educacional tradicional, com atenção voltada para o desenvolvimento de conceitos e para a compreensão do currículo, contextualizadas por movimentos sociais e culturais, por volta dos anos de 1960. Além de se preocuparem em refletir sobre o conceito de currículo e as ideologias (crenças, valores) que deveriam sustentá-lo, os defensores da teoria crítica questionam as teorias tradicionais de currículo voltadas para as classes dominantes, considerando as relações de poder que se estabelecem no sistema capitalista e que levam à reprodução das desigualdades e à manutenção do *status quo*.[18]

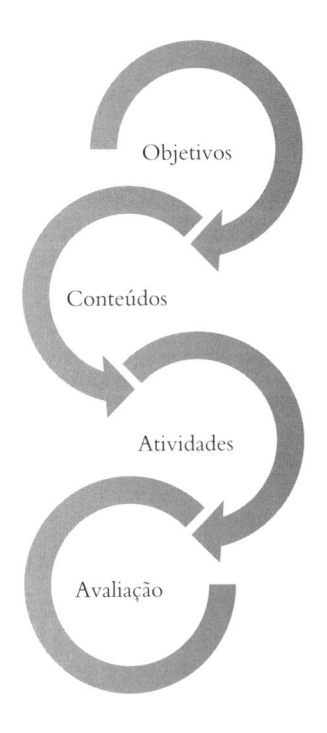

**Fonte:** Elaborada pelos autores.

**Figura 2. Concepção de currículo de Tyler (1976)**

A ênfase dessa corrente crítica permeia o elemento subjetivo da experiência pedagógica e curricular de cada sujeito. A instituição educativa passa a ser vista como um espaço de produção e construção conjunta do conhecimento, e não somente como um espaço de transmissão de conhecimento e de capacitação profissional. Alguns estudiosos destacam que, ao se concentrarem em uma visão burocrática e racional, as teorias tradicionais não consideravam elementos históricos, éticos, sociais e políticos das ações humanas, das relações sociais e da produção do conhecimento entranhadas no currículo. Para eles, isso favorece a manutenção das relações de poder e da classe dominante e, portanto, a manutenção das desigualdades e das injustiças sociais.[19-20]

A abordagem crítica das teorias do currículo tem como um de seus representantes Paulo Freire.[21-22] Nessa abordagem teórica, tanto a educação quanto o currículo são vistos como elementos do processo cultural, ou seja, são entendidos como um processo político.[23] Os conceitos que as teorias críticas do currículo enfatizam são: ideologia, reprodução cultural e social, poder, classe social, capitalismo, relações sociais de produção, conscientização, emancipação e libertação, currículo oculto e resistência.[24]

Nas abordagens crítica e pós-crítica, a cultura é citada como um conjunto dinâmico e em movimento de valores e de conhecimentos a serem construídos. Portanto, o currículo é um terreno de produção de cultura, de criação de sentidos, de significações e de sujeitos.[25]

É no âmbito das teorias pós-críticas que surge o currículo multiculturalista, cujo enfoque são a diversidade de formas culturais contemporâneas e a oposição à estrutura de um currículo universitário tradicional. São questões centrais da discussão dessa abordagem de currículo as relações de gênero e as questões étnico-raciais, o que culmina em uma apresentação de currículo de forma não vocacionada.[26-27] Os conceitos enfatizados pela teoria pós-crítica são: identidade, alteridade, diferença; subjetividade; significação e discurso; saber-poder; representação; cultura; gênero, raça, etnia, sexualidade; multiculturalismo.[28]

Concordamos com Silva[29] no sentido de que as teorias críticas e pós-críticas nos tiram a visão inocente do currículo, pois a ele são atribuídos muitos outros significados para além do que pregam as teorias tradicionais. Assim, "[o] currículo é lugar, espaço, território. O currículo é trajetória, viagem, percurso [...]".

Para consolidar as discussões sobre as teorias de currículo, elaboramos um comparativo no Quadro 1 que relaciona as abordagens teóricas, expoentes, concepções de currículo e conceitos enfatizados.

**Quadro 1. Teorias sobre currículos**

| | Teorias tradicionais | Teorias críticas | Teorias pós-críticas |
|---|---|---|---|
| **Expoentes** | Bobbit, Tyler | Paulo Freire | |
| **Concepção de currículo** | Currículo mecanicista com foco em conteúdos, objetivos, formas de ensino, organização, planejamento e eficiência dos resultados. | Educação e currículo vistos como elementos do processo cultural, entendidos como um processo político. | Currículo é um terreno de produção de cultura, de criação de sentidos, de significações e de sujeitos. |
| **Conceitos enfatizados** | Ensino, aprendizagem, avaliação, metodologia, didática, organização, planejamento, eficiência e objetivos. | Ideologia, reprodução cultural e social, poder; classe social, capitalismo, relações sociais de produção, conscientização, emancipação e libertação, currículo oculto e resistência. | Identidade, alteridade, diferença, subjetividade, significação e discurso, saber-poder, representação, cultura, gênero, raça, etnia, sexualidade, multiculturalismo. |

Depois de apresentados e discutidos, de acordo com as diferentes teorias, as diversas concepções e conceitos sobre currículo, no próximo tópico, esclarecemos qual o papel do currículo no ambiente universitário.

## 3. Afinal, para que serve o currículo?

Desde o surgimento da preocupação com o currículo até o contexto atual, a discussão acerca do tema e de sua importância na prática pedagógica passou a ser reconhecida. Nesse sentido, o currículo é definido como o "meio pelo qual a escola se organiza, propõe os seus caminhos e a orientação para a prática".[30] Assim, o currículo deve expressar o projeto cultural proposto, além de permitir a socialização entre os estudantes a partir de conteúdos, formas e práticas. Nesse sentido, o currículo alcança um papel social, político e ideológico mais amplo.

Em síntese, diferentes e importantes definições do termo "currículo" são apresentadas:[31]

> *Assim, o currículo deve expressar o projeto cultural proposto, além de permitir a socialização entre os estudantes a partir de conteúdos, formas e práticas. Nesse sentido, o currículo alcança um papel social, político e ideológico mais amplo.*

São aqueles conhecimentos que são mais úteis para viver na sociedade contemporânea.

É uma aprendizagem planejada que fica sob a responsabilidade da escola.

São todas as experiências que os estudantes têm sob orientação da escola.

É a totalidade das experiências de aprendizagem oferecidas aos estudantes para que eles possam adquirir habilidades e conhecimentos gerais.

São todas as experiências que os estudantes têm no curso da vida.

É um conjunto inter-relacionado de planos e experiências com que um estudante se compromete sob a orientação da escola.

Em termos práticos, o currículo tem por objetivo construir o conteúdo e a forma de abordá-lo, de acordo com o contexto em que ocorre o ensino. Envolve pensar em uma sequência para realizá-lo e, para tanto, levar em conta o tempo que poderá ser utilizado, os métodos, os recursos, entre outros fatores. E, ainda, há que considerar competências e habilidades a serem desenvolvidas pelos estudantes, que devem participar ativamente do processo de construção do conhecimento.[32-33] O currículo deve objetivar o dinamismo e o desenvolvimento do tripé conhecimentos, habilidades e atitudes.[34]

No planejamento, o currículo é visto como o elemento central do projeto pedagógico do curso, sendo entendido como um instrumento que reúne diretrizes para estruturação de uma determinada formação. Na atualidade, ele tem convergido para um aspecto mais específico e não generalista, ganhando cada vez mais uma identidade e, portanto, diferenciando-se uns dos outros, principalmente em razão do contexto local ou regional que acaba por definir o perfil do curso. Assim, ao pensar o currículo para qualquer curso/disciplina/conteúdo, devem-se buscar respostas para as seguintes questões fundamentais:[35-36-37]

**Para quem ensinar?**
**O que ensinar?**
**Como ensinar?**
**Por que ensinar?**
**Quando ensinar?**
**O que causa impacto no ensino?**
**Qual conhecimento deve ser valorizado?**
**Quais as estratégias mais adequadas para produção do conhecimento?**
**Como devem ser organizadas?**

Portanto, os objetivos educacionais, bem como as técnicas/estratégias a serem adotadas e o conteúdo a ser trabalhado, devem estar estabelecidos de forma clara no planejamento curricular, lembrando que o professor é um agente configurador do currículo vivido.

> *Os objetivos educacionais, bem como as técnicas/estratégias a serem adotadas e o conteúdo a ser trabalhado, devem estar estabelecidos de forma clara no planejamento curricular.*

É preciso destacar que o currículo é um elemento dinâmico no processo de formação superior, que deve auxiliar o estudante a desenvolver competências. A competência, o próprio saber-fazer e o saber-ser consistem em um conjunto de conhecimentos, habilidades e atitudes necessárias para seleção e aplicação de recursos cognitivos na solução de situações postas. O currículo serve de veículo para formar o estudante a aprender a conhecer, a aprender a fazer e a aprender a ser e conviver.[38] Dessarte, o currículo trata, ao mesmo tempo, de conteúdos, habilidades e valores.

No papel formativo, espera-se que o currículo "consiga abranger conteúdos suficientes para a formação acadêmica e social do indivíduo" e transformá-lo, "de forma que ele consiga se desenvolver no ambiente relacionado à sua área e seja passível de certas mudanças em sua trajetória". Assim, o maior desafio é a construção de um currículo que contemple o desenvolvimento de competências humanas integradas à própria demanda da sociedade moderna.[39]

No próximo tópico, trazemos definições complementares que nos ajudam a compreender os diversos aspectos relacionados à discussão que temos empreendido até aqui.

# 4. Definições complementares

Como temos procurado demonstrar, a quantidade de definições de currículo é abundante, o que pode decorrer das múltiplas perspectivas teóricas existentes acerca do tema. A princípio, a ausência de um conceito geral e sólido pode representar um problema, na medida em que leva a discussão sobre o currículo para um âmbito altamente teórico. Contudo, também pode ser encarada como uma oportunidade para a reflexão interna e contextualizada sobre qual definição nos pautaremos em nossa atuação cotidiana. Nessa perspectiva, algumas definições são relevantes para aqueles e aquelas que se debruçam sobre o assunto, pois ajudam a entender como se dá a implementação do currículo na prática.

O primeiro conceito que precisamos entender é o de **currículo formal**.[40] Podemos compreender currículo formal como o documento que contém as diretrizes e os objetivos de ensino com conteúdo específico para cada componente curricular de determinado curso, metodologia e avaliação. Traduz as diretrizes curriculares estabelecidas no plano nacional para o plano institucional, consolidando-se no documento, também chamado de Projeto Político-Pedagógico do curso (PPP) ou Projeto Pedagógico do Curso (PPC). Espera-se que o currículo formal seja a transcrição de um planejamento amplamente debatido entre os principais atores do processo educacional e que revele um direcionamento para o desenvolvimento do processo formativo em cada curso. Caso contrário, será uma peça simbólica que servirá apenas para cumprir alguns dos requisitos para que um curso seja autorizado a funcionar pelas instâncias reguladoras.

> *Podemos compreender currículo formal como o documento que contém as diretrizes e os objetivos de ensino com conteúdo específico para cada componente curricular de determinado curso, metodologia e avaliação. Traduz as diretrizes curriculares estabelecidas no plano nacional para o plano institucional, consolidando-se no documento.*

A ideia de **currículo oculto**, mencionado anteriormente quando tratamos das abordagens teóricas, surgiu nas reflexões desenvolvidas pelas teorias críticas. Trata-se do currículo que não está formalizado, mas que é executado pelo professor a fim de transmitir saberes e proporcionar aprendizados que vão além do que consta explicitamente no plano de curso. Normalmente, está embasado em experiências pessoais do professor, "o que se aprende no currículo oculto são fundamentalmente atitudes, comportamentos, valores e orientações".[41] A abordagem do currículo oculto é bastante ampla, bem como são os seus reflexos no processo formativo do estudante. Aqui não buscamos sustentar posição se a presença desse tipo de currículo é benéfica ou não para o desenvolvimento do processo de ensino-aprendizagem. Para Giroux e Penna, são "[a]s normas, valores e crenças não declaradas que são transmitidas aos estudantes através da estrutura subjacente do significado e no conteúdo formal das relações sociais da escola e na vida em sala de aula".[42] Entre esses valores aprendidos pelos estudantes podem estar o respeito pela autoridade, a pontualidade, o asseio, a docilidade e a conformidade. Ou, em um exemplo diferente, o espírito crítico e questionador, a curiosidade, a autonomia, a valorização de relações horizontais.

> *O **currículo real**, que é o que acontece na prática institucional, no cotidiano da sala de aula. Ele contempla o que o professor e a professora efetivamente executam a partir de um planejamento*

Surge, então, em nossa discussão o **currículo real**,[43] que é o que acontece na prática institucional, no cotidiano da sala de aula. Ele contempla o que o professor e a professora efetivamente executam a partir de um planejamento, que está embasado no PPC. A definição de currículo real ainda chama atenção para outro aspecto: a importância dos professores no planejamento curricular. Afinal, são eles que estão diretamente vinculados ao processo de implementação do currículo. Assim, o currículo real não será exatamente igual ao currículo formal, pois aspectos da realidade das instituições, como disponibilidade de professor apto a ministrar determinados conteúdos, estrutura de laboratórios, entre outros, da sala de aula, como perfil dos estudantes, nível de conhecimento, interação classe-professor, exigirão adequações e poderão limitar ou expandir o escopo de efetivação do currículo. Por fim, devemos reconhecer como papel do professor abranger as lacunas entre o currículo formal e o currículo efetivamente experimentado por seus estudantes.

> *O **currículo nulo**, que é a parcela do currículo formal que não é implementada pelo professor em sala de aula. Isso pode ocorrer em virtude de múltiplos fatores*

Em contrapartida, temos o **currículo nulo**,[44] que é a parcela do currículo formal que não é implementada pelo professor em sala de aula. Isso pode ocorrer em virtude de múltiplos fatores, como defasagem de conhecimento por parte do professor, tempo insuficiente para "cobrir" todo o conteúdo, deficiências na estrutura física e tecnológica, defasagens de conhecimentos dos estudantes, entre outros.

A mensagem clara que fica desses conceitos é que o currículo é uma carta de intenções que idealmente deveria em seu planejamento compreender a participação dos grupos interessados e envolvidos com a proposta formativa, de dentro e de fora das instituições de ensino. Entretanto, como toda proposta, necessariamente sofrerá mudanças e adaptações em seu processo de implementação, seja por fatores implícitos (currículo oculto), seja em função de fatores explícitos (currículo real). Portanto, essa proposta deve servir como guia, e não como camisa de força, pois o professor deverá adaptá-la às condições, interesses, potencialidade e relações encontradas e construídas nas salas de aula e nas Instituições de Ensino Superior, que é onde o currículo acontece.

## 5. O que diz a legislação sobre o currículo?

A Lei das Diretrizes e Bases da Educação Nacional (LDB – Lei n. 9.394/1996)[45] introduziu um marco regulatório na legislação brasileira. A LDB extinguiu a figura dos "currículos plenos" para a organização dos cursos de graduação. Em seu lugar, adotou uma concepção de currículo baseada em princípios e metas, ou, melhor dizendo, organizados para atender às finalidades educacionais. Houve, na verdade, uma mudança do paradigma curricular por conteúdo para o paradigma curricular de desenvolvimento de habilidades e competências.[46]

*A elaboração dos currículos dos cursos superiores, como estabelece o art. 53, II, da Lei n. 9.394/1996, é uma competência das universidades no exercício da autonomia de que dispõem.*

Dessa forma, a elaboração dos currículos dos cursos superiores, como estabelece o art. 53, II, da Lei n. 9.394/1996, é uma competência das universidades no exercício da autonomia de que dispõem. Contudo, quando de sua organização, é preciso que observem as diretrizes curriculares gerais existentes.

Em termos do "dever ser", parece que as finalidades do ensino superior, estabelecidas no art. 43 da Lei n. 9.394/1996, tangenciam uma concepção ampla e dinâmica de currículo. Para a discussão desse aspecto, trazemos na íntegra o que diz o artigo, acrescentando os grifos para os pontos que desejamos ressaltar:

Art. 43. **A educação superior tem por finalidade**:
I – **estimular a criação cultural e o desenvolvimento do espírito científico e do pensamento reflexivo**;
II – **formar diplomados** nas diferentes áreas de conhecimento, **aptos para a inserção em setores profissionais e para a participação no desenvolvimento da sociedade brasileira**, e colaborar na sua formação contínua;
III – **incentivar o trabalho de pesquisa e investigação científica**, visando o **desenvolvimento da ciência e da tecnologia e da criação e difusão da**

**cultura**, e, desse modo, **desenvolver o entendimento do homem e do meio em que vive**;

IV – **promover a divulgação de conhecimentos culturais, científicos e técnicos que constituem patrimônio da humanidade** e comunicar o saber através do ensino, de publicações ou de outras formas de comunicação;

V – **suscitar o desejo permanente de aperfeiçoamento cultural e profissional** e possibilitar a correspondente concretização, integrando os conhecimentos que vão sendo adquiridos **numa estrutura intelectual sistematizadora do conhecimento de cada geração**;

VI – **estimular o conhecimento dos problemas do mundo presente**, em particular os **nacionais e regionais, prestar serviços especializados à comunidade e estabelecer com esta uma relação de reciprocidade**;

VII – **promover a extensão, aberta à participação da população**, visando à difusão das conquistas e benefícios resultantes da criação cultural e da pesquisa científica e tecnológica geradas na instituição.

VIII – atuar em favor da universalização e do aprimoramento da educação básica, mediante a formação e a capacitação de profissionais, a realização de pesquisas pedagógicas e o desenvolvimento de atividades de extensão que aproximem os dois níveis escolares.

Os princípios para a elaboração das diretrizes curriculares foram estabelecidos pela Secretaria de Ensino Superior do Ministério da Educação no Edital n. 4/1997.[47] São eles:

1. Flexibilidade na construção curricular;
2. Autonomia das Instituições de Ensino Superior;
3. Atenção às demandas sociais e profissionais;
4. Integração da graduação e pós-graduação;
5. Ênfase na formação geral e no desenvolvimento de competências e habilidades para formação de recursos humanos.

Em geral, esses princípios podem ser observados nas Diretrizes Curriculares Nacionais, nas quais são propostas as formações básica, profissional, teórico-prática e complementar para cada curso superior, bem como todas as habilidades, conhecimentos e atitudes que devem ser desenvolvidos.

No entanto, dada a sua característica de "diretrizes", não há detalhamento sobre as formas como esses objetivos podem ser alcançados. Ou seja, embora todas as instituições devam oferecer os conteúdos de formação previstos nas diretrizes curriculares, acreditamos que, do modo como eles estão previstos nas resoluções, há certo grau de flexibilidade no estabelecimento das estruturas curriculares dos cursos ofertados em cada instituição, respeitando as condições e os contextos de cada região do País e permitindo que os currículos sejam organizados a fim de atender às demandas locais, do mercado, dos estudantes e da sociedade.[48-49]

Além disso, os aspectos que devem ser abarcados por uma estrutura curricular precisam estar coesos com o que consta no PPC, por exemplo: o perfil profissional esperado para o formado, os sistemas de avaliação do estudante e do curso, a exigência da monografia, a oferta do projeto de iniciação científica ou os projetos de atividades etc., de modo a englobar os conteúdos curriculares de formação básica, formação teórico-prática e formação profissional.[50]

Para trazer exemplos daqueles dispostos nas Diretrizes Curriculares Nacionais do curso de Ciências Contábeis, a Resolução CNE/CES n. 10, de 16 de dezembro de 2004, sobre o perfil esperado do profissional, em termos de competências e habilidades, a DCN propõe que seja capacitado a: (1) "compreender as questões científicas, técnicas, sociais, econômicas e financeiras, em âmbito nacional e internacional e nos diferentes modelos de organização"; (2) "apresentar pleno domínio das responsabilidades funcionais envolvendo apurações, auditorias, perícias, arbitragens, noções de atividades atuariais e de quantificações de informações financeiras, patrimoniais e governamentais, com a plena utilização de inovações tecnológicas"; e (3) "revelar capacidade crítico-analítica de avaliação, quanto às implicações organizacionais com o advento da tecnologia da informação".

Além disso, em termos de competências e habilidades a serem desenvolvidas durante o curso, a proposta engloba:

I – utilizar adequadamente a terminologia e a linguagem das Ciências Contábeis e Atuariais;

II – demostrar visão sistêmica e interdisciplinar da atividade contábil;

III – elaborar pareceres e relatórios que contribuam para o desempenho eficiente e eficaz de seus usuários, quaisquer que sejam os modelos organizacionais;

IV – aplicar adequadamente a legislação inerente às funções contábeis;

V – desenvolver, com motivação e através de permanente articulação, a liderança entre equipes multidisciplinares para a captação de insumos necessários aos controles técnicos, à geração e disseminação de informações contábeis, com reconhecido nível de precisão;

VI – exercer suas responsabilidades com o expressivo domínio das funções contábeis, incluindo noções de atividades atuariais e de quantificações de informações financeiras, patrimoniais e governamentais, que viabilizem aos agentes econômicos e aos administradores de qualquer segmento produtivo ou institucional o pleno cumprimento de seus encargos quanto ao gerenciamento, aos controles e à prestação de contas de sua gestão perante a sociedade, gerando também informações para a tomada de decisão, organização de atitudes e construção de valores orientados para a cidadania;

VII – desenvolver, analisar e implantar sistemas de informação contábil e de controle gerencial, revelando capacidade crítico-analítica para avaliar as implicações organizacionais com a tecnologia da informação;

VIII – exercer com ética e proficiência as atribuições e prerrogativas que lhe são prescritas através da legislação específica, revelando domínios adequados aos diferentes modelos organizacionais.

Em termos de conteúdo, as DCNs dividem-nos entre formação básica, formação profissional e formação teórico-prática, definindo e exemplificando o que deve constar em cada uma dessas formações.

I – **Conteúdos de Formação Básica:** estudos relacionados com outras áreas do conhecimento, sobretudo Administração, Economia, Direito, Métodos Quantitativos, Matemática e Estatística;

II – **Conteúdos de Formação Profissional:** estudos específicos atinentes às Teorias da Contabilidade, incluindo as noções das atividades atuariais e de quantificações de informações financeiras, patrimoniais, governamentais e não governamentais, de auditorias, perícias, arbitragens e controladoria, com suas aplicações peculiares ao setor público e privado;

III – **Conteúdos de Formação Teórico-Prática:** Estágio Curricular Supervisionado, Atividades Complementares, Estudos Independentes, Conteúdos Optativos, Prática em Laboratório de Informática utilizando *softwares* atualizados para Contabilidade.

Para contrapor essa proposta com a discussão que se faz atualmente na *American Accounting Association* (a congênere de Associação Nacional dos Programas de Pós-Graduação em Contabilidade nos Estados Unidos), reproduzimos a seguir a proposta derivada do esforço de uma comissão especialmente criada por aquela associação estadunidense para discutir como deveriam ser reorganizados os currículos de programas de formação em contabilidade.

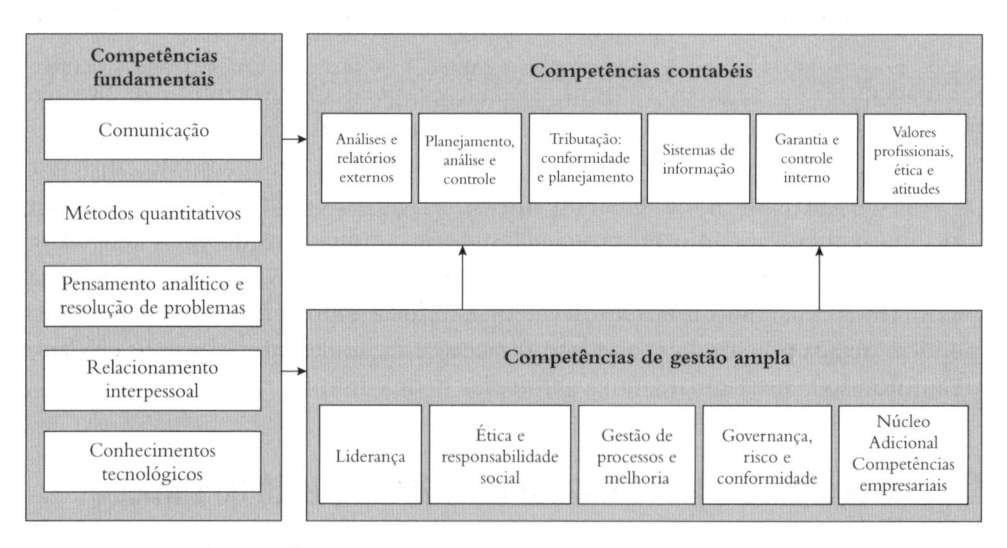

**Fonte:** Lawson et al. (2014).[51]

**Figura 3. Arcabouço para a educação contábil**

A proposta é a de uma formação por competências, relacionadas a temáticas que estejam integradas nos grandes "blocos" de formação: fundamentos, contábeis e gerenciais abrangentes.

Os autores exemplificam como aprimorar competências integradas relacionando essas temáticas com conteúdos tradicionalmente desenvolvidos em programas de formação em contabilidade. Esse exemplo é reproduzido na Figura 4.

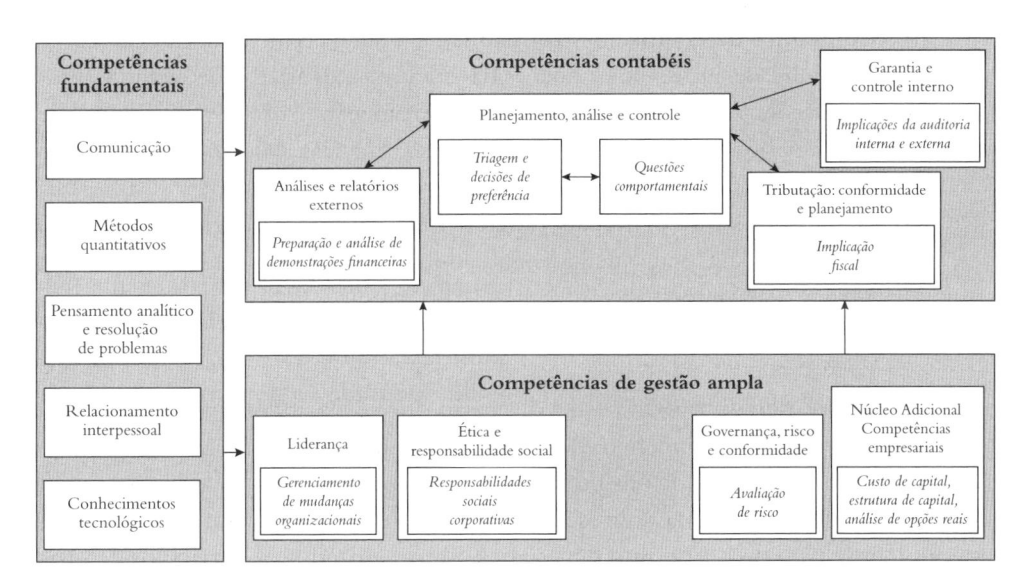

**Fonte:** Lawson et al. (2015).[52]

**Figura 4. Integração curricular em contabilidade: exemplo de decisões de investimento de capital**

A adequação dessa proposta a uma realidade e a sua adoção dependerão de algumas adaptações que deverão ser refletidas, discutidas e decididas por representantes dos principais atores envolvidos com o planejamento e a implementação do currículo. Se será um currículo tradicional, organizado na forma de disciplinas, organizadas em uma sequência, como proposto pelas teorias tradicionais de currículo, ou se será por meio de projetos integradores, propostos e desenvolvidos com autonomia pelos estudantes, como indicados nas teorias críticas e pós-críticas, é uma decisão política, afetada por condições de estrutura, capacitação do corpo docente, entorno da instituição, entre outros fatores abordados neste capítulo.

# 6. Como acontece o planejamento e desenvolvimento do currículo?

Compreendidos as abundantes definições de currículo e os princípios normativos acerca do tema no ensino superior brasileiro, precisamos falar sobre quem é responsável por estruturar, implementar, avaliar e revisar o currículo. Nossa posição aqui se restringe à realidade encontrada nos cursos da área de negócios, que nos são mais familiares.

Defendemos neste capítulo que o currículo é um instrumento que pode ser utilizado para definir a identidade de um curso. É comum alguns profissionais dizerem que o curso de Ciências Contábeis de uma instituição W é direcionado para a contabilidade e o mercado financeiro, ou que o curso de Direito da instituição X é constitucionalista e o da instituição Z é vocacionado ao direito comercial. Essas perspectivas estão relacionadas com a identidade que cada instituição delineia para seus cursos.

> *É esperado que o currículo de um curso seja o reflexo de diversos interesses, ou seja, o currículo de um curso reflete os anseios e demandas da sociedade em geral, das classes e organismos profissionais e do mercado de trabalho, bem como da cultura e tradição de uma comunidade.*

É esperado que o currículo de um curso seja o reflexo de diversos interesses, ou seja, o currículo de um curso reflete os anseios e demandas da sociedade em geral, das classes e organismos profissionais e do mercado de trabalho, bem como da cultura e tradição de uma comunidade. Contudo, na definição do currículo, apesar de contar com ampla margem de flexibilidade, as instituições de ensino estarão limitadas pelas diretrizes estabelecidas pelos órgãos reguladores e fiscalizadores.

Podemos dizer que o currículo deve ser estruturado por todos aqueles que tenham participação no resultado do processo formativo: estudantes, pais e mães, membros da comunidade, membros do mercado de trabalho, representantes de classes e organismos profissionais, gestores educacionais e, especialmente, o corpo docente.

Os professores são atores vitais da definição de um currículo, pois são conhecedores da prática de ensino e responsáveis por efetivarem o currículo em sala de aula. Assim, são alimentados com informações, dados advindos da experiência adquirida no exercício da docência e da pesquisa que lhes permitem uma análise mais concreta do conhecimento a ser desenvolvido na interação com os estudantes e na vivência nas instituições de ensino.[53]

> *Não se define um currículo da noite para o dia. É um processo político, que deve se pautar por ampla consulta e que exige um planejamento cuidadoso.*

A ação coletiva na definição de um currículo é primordial, pois a participação de um conjunto representativo de pessoas viabiliza a multiplicidade de ideias, experiências e especializações. Mas, atenção! Não se define um currículo da noite para o dia. É um processo político, que deve se pautar por ampla consulta e que exige um planejamento cuidadoso.

# 7. Então, como fazer?

A estruturação de um planejamento curricular é uma tarefa complexa, que exige dos participantes a compreensão dos conceitos-chave sobre o tema, o envolvimento e a disponibilidade para amplos debates e a busca por soluções para os desafios postos ou *insights*. Pensando nisso, Huyghe, Totté e Verhagen[54] propuseram um esquema conceitual para construção de um currículo (Figura 5). Acreditamos que o quadro é um instrumento relevante para direcionar o trabalho de interessados em desenvolver propostas curriculares, pois organiza de forma lógica os conceitos e elementos para compreensão do funcionamento de um currículo.

O quadro pode ser lido como uma estrutura hierárquica. No topo, temos o conselho superior (6) formado por partes interessadas na definição do currículo: eles exercem influência na formatação e definição de cada um dos elementos do currículo. Logo abaixo, temos a tríade: filosofia educacional (1); posicionamento do currículo (2); e resultados da aprendizagem (3): esses elementos formam o currículo formal, eles se inter-relacionam, sendo a filosofia educacional a diretriz teórico-conceitual que sustenta e orienta as escolhas de estratégias de ensino-aprendizagem para se atingir os objetivos educacionais estabelecidos e consubstanciados nos resultados de aprendizagem.

Na base, ao centro, está o quadro que representa a estrutura curricular de cada curso, ou o Projeto Pedagógico do Curso: observa-se que os cursos são estruturados e sequenciados (4) logicamente e devem estar alinhados às estratégias de ensino, aprendizagem e avaliação estabelecidas (5).

Como se fossem duas colunas que sustentam o currículo formal e orientam o PPC estão os recursos institucionais (7), a política educacional (8), as características (ou perfil) dos estudantes (9) e os recursos à disposição dos estudantes (10): esses fatores precisam ser cuidadosamente considerados tanto no planejamento curricular como na sua efetivação pelo professor.

Na Figura 5, são, ainda, apresentados quatro grandes círculos, que representam a qualidade do currículo formal (A), a implementação curricular (B), o alinhamento curricular (C) e o alinhamento de curso (D). A qualidade do currículo formal revela o seu grau de aderência às expectativas das partes interessadas, aos cursos semelhantes, dentro e fora da instituição, e às pesquisas educacionais de ponta. O circulo que representa a implementação curricular é o momento de testar se as propostas presentes no **currículo formal** foram implementadas e se os resultados de aprendizagem foram alcançados, ou seja, de tentar apreender o **currículo real**. No alinhamento curricular, é preciso compreender o conjunto de conteúdos de forma sistêmica. Esses conteúdos se comunicam e se complementam. Além disso, a trajetória do estudante deve ser avaliada e o desenvolvimento deve ser progressivo. Por fim, pelo alinhamento de curso verificamos se os componentes de um curso são coerentes e consistentes uns com os outros.

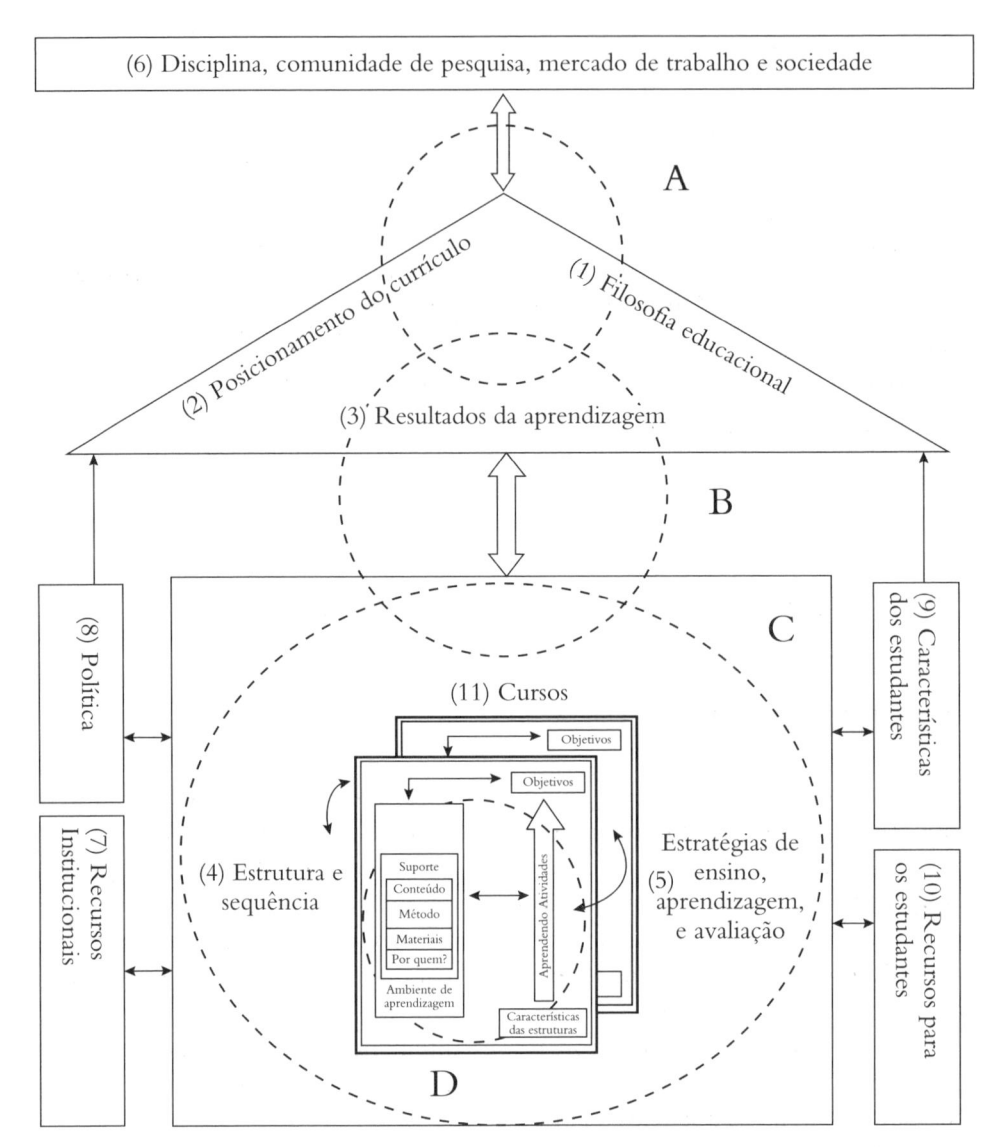

**Fonte:** Huyghe, Totté e Verhagen (2013).[55]

**Figura 5. Esquema conceitual para desenvolvimento curricular**

Em síntese, podemos considerar como etapas de desenvolvimento de um currículo etapas que estão representadas na Figura 6, etapas do desenvolvimento de uma proposta curricular, de um Projeto Pedagógico de Curso.

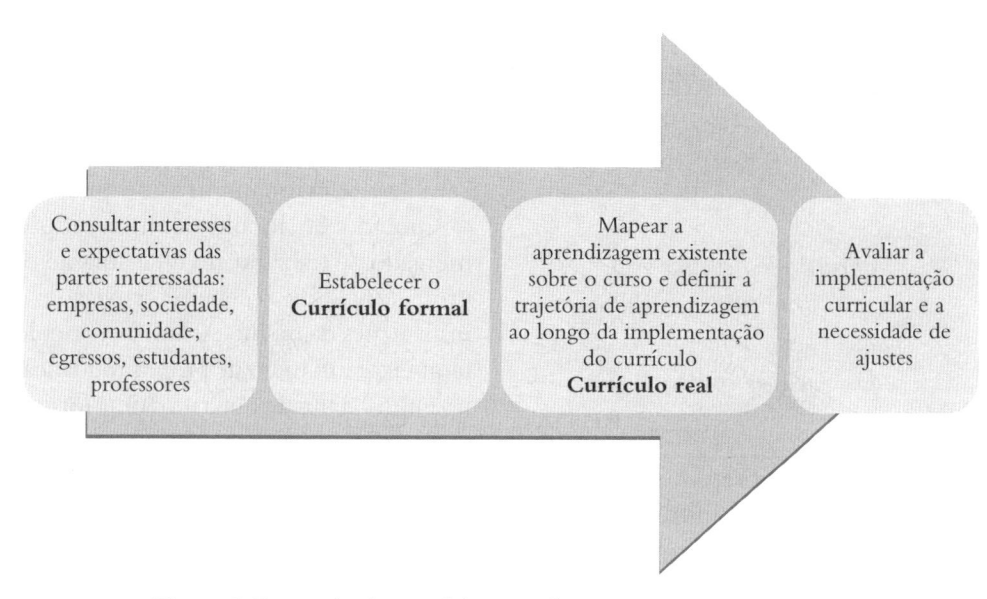

**Figura 6. Etapas do desenvolvimento de uma proposta curricular**

# 8. Considerações finais

Conforme a discussão que apresentamos, os objetivos do currículo podem ser definidos como: (1) a **construção de conteúdos** que estejam adequados e coerentes com o contexto de ensino e finalidades educacionais definidas; (2) a **reflexão sobre a sequência lógica** de apresentação dos conteúdos, considerando o tempo, os recursos e os métodos empregados; (3) o **desenvolvimento das competências e habilidades necessárias aos discentes** para que eles sejam sujeitos ativos e transformadores da sociedade.

Nesse sentido, devemos questionar constantemente se os currículos de cursos como Administração, Ciências Contábeis, Direito, Economia e outros afins têm conseguido atingir tais objetivos e, ainda, se os professores estão conseguindo, em suas práticas didático-pedagógicas, apoiados pela estrutura curricular, colaborar para a formação de profissionais ativos e dinâmicos para que possam ser agentes de mudança, para que construamos uma sociedade melhor.

> *O currículo deve ser visto como instrumento essencial no planejamento e na consecução dos objetivos educacionais.*

É preciso afastar a inadequada compreensão do currículo como um documento burocrático que visa organizar o conhecimento e a forma como será realizado.

Portanto, é imprescindível que ocorram mudanças que possibilitem que o currículo seja mais abrangente, inserindo uma visão sociocultural em seu processo de construção.

O currículo deve ser visto como instrumento essencial no planejamento e na consecução dos objetivos educacionais. As transformações contínuas apenas reforçam seu relacionamento íntimo com o ambiente sociocultural, incluindo o mercado de trabalho, no qual atuarão os profissionais que recebem formação nas instituições de ensino. Assim, o currículo também é um meio de propor mudanças no ensino, a fim de obtermos uma formação cada vez mais adequada à realidade.

> *O currículo deve ser visto como instrumento essencial no planejamento e na consecução dos objetivos educacionais.*

A discussão sobre o currículo é importante. Entretanto, além de estruturar o currículo para ser um instrumento ou caminho para o desenvolvimento de conhecimentos, habilidades e atitudes, é preciso criar mecanismos para seu acompanhamento e atualização, de modo que a evolução científica, as mudanças sociais, culturais, econômicas e políticas estejam adequadas à formação pretendida.

> *O aprimoramento da estrutura curricular, bem como sua adequação para uma implementação efetiva, embora de grande relevância e utilidade, ainda é um constante desafio no ambiente de ensino.*

Por fim, o aprimoramento da estrutura curricular, bem como sua adequação para uma implementação efetiva, embora de grande relevância e utilidade, ainda é um constante desafio no ambiente de ensino. Para começar a mudar isso precisamos, como professores, dar dois importantes passos: [1] conhecer, compreender e se apropriar dos Projetos Pedagógicos dos Cursos nos quais atuamos; [2] aproximar as discussões curriculares do nosso fazer docente cotidiano. Um currículo bem organizado em uma perspectiva coletiva produz conhecimento. No entanto, é necessária a construção do aprendizado por meio de ações no dia a dia da sala de aula para que exista a efetiva relação ensino-aprendizagem.

# 3 Avaliação discente

NEIRILAINE SILVA DE ALMEIDA
CAMILA LIMA COIMBRA

— Eu estava trabalhando em um artigo quando minha colega Mônica, professora de Contabilidade Introdutória, entrou na sala de professores. Ela me cumprimentou com um breve sorriso nos lábios, mas com olhar preocupado.

— Já terminou de realizar a vista de prova? — resolvi sondá-la.

— Sim — respondeu concentrada em retirar alguns papéis do envelope.

Senti que Mônica não queria falar sobre o assunto, mas minha curiosidade me impeliu a insistir.

— Aconteceu algo que a aborreceu? — perguntei novamente.

— Não — respondeu Mônica com um suspiro.

Aguardei que ela continuasse, enquanto a olhava calmamente, com as mãos apoiadas lado a lado na mesa. Depois de algum tempo, ela meneou a cabeça e continuou:

— Quer dizer, sim, aconteceu algo que me aborreceu. Tive um conflito com um estudante diante de toda a turma. Acredita que ele pedirá uma revisão da nota da minha prova na coordenação?

Mônica balançou a cabeça, parecendo não acreditar naquilo. Parecia inconformada enquanto falava, quase como para si mesma:

— Mas eu tenho certeza de que ele não conseguirá nada com essa insubordinação! — ela concluiu indignada, como se aquilo estivesse entalado em sua garganta.

– O que houve? – questionei.

– Eu dei nota zero nesta questão! – Mônica disse apontando para a questão, sentando-se na cadeira ao meu lado.

– Mas o estudante julga que a sua nota deveria ser maior. Isso é um absurdo! Como eu poderia lhe atribuir alguma nota se ele não evidenciou que compreendeu o conceito?

Com calma, passei a ler a questão. No enunciado a pergunta era: "O que é passivo?". Logo, na linha abaixo, o estudante tinha respondido: "é uma obrigação".

Refleti, por alguns momentos, e concluí que a resposta do estudante não estava completa. Todavia, também não estava errada. Por outro lado, nada na questão indicava de que havia uma expectativa por uma resposta mais completa do que a dada. Devolvi a prova e procurei pensar em uma forma de dar a minha opinião sem chateá-la. Iniciei minha fala de maneira hesitante. Eu estava testando o terreno.

– Creio que o estudante tem essa percepção porque, na visão dele, ele disse o que era passivo. É claro que ele não colocou todos os pontos da definição, de acordo com a literatura sobre o assunto. Mas ele respondeu o que lhe foi perguntado.

Mônica me olhou surpresa e contrariada. Construí outro argumento para deixar claro o meu pensamento.

– Veja, Mônica, se você pergunta o que é um tucano e um estudante responde que é um animal, ele está correto. Então, se você pretende que os estudantes respondam com mais características sobre um determinado conceito, você deve formular as perguntas de outra forma.

Concluí a minha fala e esperei algum comentário. Mas ela não pronunciou nenhuma palavra.

– Talvez você queira ler alguns materiais que evidenciam como professores podem realizar o processo de avaliação de aprendizagem. O que acha?

Fiz a sugestão, porém quase me arrependi assim que vi a expressão em seu rosto.

Após aquele momento, houve um longo silêncio, um silêncio que me deixou desconfortável. Como eu não sabia o que falar, desculpei-me pela ousadia das minhas palavras, desliguei o computador, peguei os meus pertences e apressei-me em sair da sala. Porém, antes que eu abrisse a porta, Mônica resolveu quebrar o silêncio:

– Envie para o meu e-mail, por favor – sussurrou por fim. – E obrigada!

# 1. Introdução

Em um cenário repleto de constantes mudanças sociais, culturais, tecnológicas e econômicas, nota-se que as instituições de ensino superior são impelidas a rever seus modelos, conceitos e práticas de ensino e aprendizagem para que tenham condições de atender às mudanças no perfil dos estudantes, da sociedade, do mercado de trabalho, das próprias profissões e ocupações, assim como de melhorar a qualidade da educação no País.[1]

Sendo assim, a promoção de tais mudanças requer o aprofundamento das reflexões e discussões sobre o planejamento do curso e das disciplinas, a preparação da aula e os instrumentos e processos de avaliação da aprendizagem no contexto educacional.

A avaliação, por exemplo, é um tema que provoca angústias em professores, coordenadores e gestores que, rotineiramente, defendem diferentes pontos de vista a respeito do assunto e enfrentam dificuldades para compreender, efetivamente, como realizar o processo de avaliação da aprendizagem de estudantes.[2]

O fato é que, em determinados campos do conhecimento, como a área de negócios, não há o enfoque em disciplinas didático-pedagógicas nos currículos dos cursos de pós-graduação, como discutido no Capítulo 6 "Formação docente para o ensino superior". Portanto, muitos professores ingressam em suas carreiras acadêmicas e adotam os mesmos procedimentos e instrumentos de avaliação que seus professores empregavam em sala de aula.[3]

A situação-problema revelada nessa conduta é que até os professores mais experientes podem estar confundindo os conceitos de avaliação e de exame e, consequentemente, empregando um modelo que não contribui efetivamente para a aprendizagem do estudante.[4] Por isso, evidencia-se a importância de clarear esses conceitos que, muitas vezes, são reproduzidos sem uma análise crítica de seus efeitos e do princípio de formação que o norteia.

Portanto, este capítulo tem por objetivo trazer reflexões sobre os equívocos no momento da realização da avaliação da aprendizagem e as suas consequências para o processo de ensino-aprendizagem. Além disso, aborda os motivos pelos quais a avaliação pode ser útil para a formação dos estudantes no contexto do ensino superior. Por fim, versa sobre algumas sugestões de métodos possíveis de avaliação, pertinentes ao conceito de avaliar para obter os melhores resultados possíveis no processo de formação dos estudantes.

# 2. A diferença entre avaliar e examinar

O ato de avaliar requer que os professores efetuem o diagnóstico das experiências de aprendizado dos estudantes com o intuito de orientá-los e auxiliá-los na obtenção dos melhores resultados possíveis, de forma a tomar decisões sobre o processo

> *Avaliar é uma tarefa necessária e permanente do professor, que pode auxiliar tanto o acompanhamento contínuo do processo de ensino--aprendizagem quanto a constatação de dificuldades para a reorientação dos estudantes.*

de ensino-aprendizagem.[5] Dessa forma, avaliar é uma tarefa necessária e permanente do professor, que pode auxiliar tanto o acompanhamento contínuo do processo de ensino-aprendizagem quanto a constatação de dificuldades para a reorientação dos estudantes.[6]

Nota-se que nessa ação não há uma preocupação com a classificação ou com a seleção dos melhores desempenhos, nem com decisões sobre aprovar ou não o estudante na disciplina ou promovê-lo para uma próxima etapa. Afinal, a avaliação deve ser considerada mais uma oportunidade para a aprendizagem, o que faz que o processo de ensino-aprendizagem seja indissociável das etapas de ensino, de aprendizagem e, também, de avaliação, que retroalimentaria o processo, para que as mudanças necessárias pudessem ser implementadas.[7] Em outras palavras, não há momentos estanques ou fragmentados: a ideia é aprender o tempo todo, ou seja, em todas as três etapas do processo.

Em contrapartida, examinar ou testar é uma ação diferente de avaliar, pois os exames e os testes têm, principalmente, o intuito de identificar a absorção do conteúdo ministrado e de promover a classificação, a seleção e o julgamento dos estudantes entre aprovados ou reprovados.[8]

> *Examinar ou testar é uma ação diferente de avaliar, pois os exames e os testes têm, principalmente, o intuito de identificar a absorção do conteúdo ministrado e de promover a classificação, a seleção e o julgamento dos estudantes entre aprovados ou reprovados.*

Nesse contexto, como os estudantes buscam a aprovação, eles podem passar a ser movidos exclusivamente pela prova (teste). Ou seja, só estudam se tiverem prova (teste), só estudam especificamente para aquela determinada prova (teste) e só estudam o conteúdo que vai cair na prova (teste).[9]

Por isso, o professor que adota o exame, predominantemente, para aprovar os estudantes que absorveram o conteúdo ou para reprovar aqueles que não assimilaram o conteúdo, pode estar usando a prova de maneira bastante restrita.[10] Essa forma de examinar e testar os conhecimentos adquiridos pelos estudantes cumpre o papel de fotografar a realidade. Entretanto, a prova utilizada dessa maneira não indica o caminho para a aprendizagem. Em muitos testes e exames, os professores apenas quantificam os erros e atribuem um valor aos acertos. A nota só compreende o "certo" como válido. Some-se a isso o fato de a prova poder ser empregada para assegurar a disciplina e para punir, em vez de informar e ensinar.

É fato que alguns podem argumentar que o exame (teste) também efetua o diagnóstico do conteúdo aprendido. Todavia, o foco do exame são tão somente as notas obtidas pelos estudantes. Examinar é uma ação que mantém o objeto da mesma forma como ele estava anteriormente ao exame. Por sua vez, avaliar é uma ação que auxilia o objeto a atingir uma direção planejada, a alcançar o objetivo de aprendizagem ou a promover mudanças que possibilitem consegui-lo.[11]

Se uma pessoa está cozinhando um alimento em sua casa, por exemplo, ela consegue avaliá-lo quando prova o seu sabor. Se a pessoa identifica que o alimento está sem tempero, não se espera que ela termine o cozimento e o sirva com um gosto ruim. Pelo contrário, acredita-se que ela providencie o acréscimo de sal e de pimenta, ou de molho e de ervas, que verifique novamente se o alimento atingiu o gosto desejado, ou repita o processo até que tenha o sabor que se espera, que se quer.

Na avaliação da aprendizagem, o processo ocorre da mesma forma. Ao examinar (testar), o professor atribui notas ao grau de absorção de conteúdos ministrados e aprova ou reprova os seus estudantes sem nenhuma intervenção. Ao avaliar, por outro lado, o professor identifica o que o estudante precisa melhorar e fornece subsídios para que ele consiga alcançar os resultados de aprendizagem esperados.[12]

> *Ao examinar (testar), o professor atribui notas ao grau de absorção de conteúdos ministrados e aprova ou reprova os seus estudantes sem nenhuma intervenção. Ao avaliar, por outro lado, o professor identifica o que o estudante precisa melhorar e fornece subsídios para que ele consiga alcançar os resultados de aprendizagem esperados.*

A avaliação da aprendizagem, nesse sentido, pode fornecer subsídios para que o professor seja parceiro de seu estudante e o auxilie a construir o seu caminho e a sua aprendizagem, que o ajude a ser autônomo em seu processo de aprendizagem, adotando estratégias e acompanhando o desenvolvimento de cada um. O objetivo do trabalho docente é a aprendizagem, o conhecimento, e não a nota em si. Por isso, o erro torna-se, nesse processo, uma virtude, uma possibilidade de diagnóstico, uma pista, pois apresenta as evidências para que professores e estudantes possam redirecionar o processo de ensino-aprendizagem.[13]

Por conseguinte, percebe-se que avaliar e examinar são atos bastante distintos. Todavia, ainda existem professores que não compreendem a diferença entre esses dois conceitos e realizam exames, imaginando que estão praticando um processo de avaliação.[14] Há ainda outros que estão restritos por regras e procedimentos adotados em suas instituições, ou por seu conhecimento de como se dá o processo avaliativo de forma mais abrangente, ou ainda por uma rotina que não lhes permite dedicar tempo e esforço para planejamento adequado do processo.

# 3. A avaliação como sinônimo de prova

Nessa perspectiva da avaliação das aprendizagens, é fundamental a diversificação dos procedimentos e instrumentos de avaliação para que os professores possam ser mais eficazes nas avaliações da aprendizagem dos estudantes.

Os procedimentos e instrumentos, tais como realização de testes e provas, apresentação de seminários, elaboração de redações, resumos de leituras e resenhas críticas, entre outros, são recursos de coletas de dados que possibilitam que os professores executem o processo de avaliação da aprendizagem. Entretanto, na experiência no ensino superior, observa-se que a prova, que deveria ser uma das possibilidades de coleta de dados ou de exame, tem sido tratada como se fosse um único e poderoso instrumento de avaliação.[15]

Isso fica claro em uma observação do contexto educacional do País, em que a sociedade valoriza as instituições de ensino com altos percentuais de estudantes aprovados em exames, os pais desejam que os seus filhos tenham boas notas para que não sejam represados em determinado ano ou semestre e os estudantes almejam executar somente o que precisa ser realizado para obter notas que sejam suficientes para a aprovação na disciplina e, finalmente, no curso.[16]

Tais concepções estão enraizadas nas premissas do taylorismo, que superaram os contextos empresariais e alcançaram os sistemas educacionais, fazendo que a avaliação fosse realizada de modo descontextualizado e com foco em resultados quantitativos e na classificação, na seleção e na certificação dos estudantes.[17]

A consequência desse contexto é que as instituições de ensino, os professores e os estudantes se preocupam demasiadamente com a nota final e com a classificação em aprovado ou reprovado. Dessa forma, o importante é a memorização de conteúdos e o treinamento para a resolução de provas (*train to test*), e não o processo de construção de conhecimentos. Afinal, sob essa ótica, o aprendizado não é o mais relevante. O que realmente importa, nesse cenário, são as notas obtidas, os resultados "objetivos".[18]

> *A consequência desse contexto é que as instituições de ensino, os professores e os estudantes se preocupam demasiadamente com a nota final e com a classificação em aprovado ou reprovado. Dessa forma, o importante é a memorização de conteúdos e o treinamento para a resolução de provas (train to test), e não o processo de construção de conhecimentos.*

Essa realidade realça o poder que as provas exercem sobre os estudantes. Por isso, comumente, elas são empregadas como um instrumento para ameaças, para punição e, mesmo, para torturas.[19] Se os professores sentem que os estudantes estão dispersos, desatentos ou displicentes, eles avisam que o conteúdo é difícil e que as notas das provas não serão boas. Se os estudantes estão conversando e atrapalhando o andamento das aulas, os professores pedem silêncio, mas fazem questão de lembrá-los que a data da prova está chegando e que a dificuldade das questões dependerá do comportamento da turma. Por conseguinte, as provas são utilizadas como um instrumento disciplinador, e não como subsídio para planejar e ajustar, quando necessário, o processo de ensino-aprendizagem.[20]

Além disso, as provas são empregadas como ferramenta de opressão e de poder para garantir a manutenção de uma distância entre professor e estudante, para colocar o seu estudante "em seu lugar", ou em um "não lugar". Essa concepção, em que o professor é o sujeito que sabe e o estudante é o ser que recebe o conhecimento transmitido, denomina-se **tendência tradicional**.[21] Nesse cenário, alguns professores testam os seus estudantes por meio de questões que englobam conteúdos que não foram abordados em sala de aula ou que possuem um grau de complexidade ou uma linguagem para a qual os estudantes não foram preparados para compreender.[22]

Muitos desses professores elevam o grau de dificuldade de suas provas para que os estudantes tirem notas baixas e concluam que eles são exigentes e que não é fácil obter notas boas em suas avaliações. Outros impõem uma grande quantidade de atividades, mas não se preocupam com a qualidade dos trabalhos ou com a relação entre o que está sendo exigido e o que foi planejado. O importante é fazer com que os estudantes trabalhem arduamente para conseguirem entregar uma imensidão de atividades e obter as notas desejadas.[23]

Encontrar o equilíbrio não é tarefa fácil para o docente, pois é necessário levar em consideração as características de cada turma e as expectativas e as realidades diversas dos estudantes. Todavia, é pertinente que os professores reflitam sobre as reais contribuições dessas cobranças equivocadas no processo de aprendizagem dos estudantes.

Ainda há de considerar a existência de professores que, por diversos motivos, realizam suas atividades sob uma concepção tecnicista e não se preocupam em contribuir para o aprendizado e para o desenvolvimento dos seus estudantes como profissionais e como cidadãos. Assim, eles ministram as suas aulas e, se os estudantes não compreendem o conteúdo transmitido, simplesmente atribuem uma nota baixa nas avaliações e os reprovam.[24] Evidencia-se, dessa forma, o enfoque no ensino, com a célebre frase comumente utilizada: "Eu ensinei, e, se os estudantes não aprenderam, foi porque não estudaram". Em outras palavras, nenhuma intervenção é feita para melhorar o processo de ensino-aprendizagem, fato que não é condizente com os propósitos de um efetivo processo de avaliação, na concepção com que este capítulo trabalha.[25]

Nesse cenário, ainda existem aqueles professores que prezam pela classificação e pela comparação das notas dos estudantes, o que pode fazer com que estes pensem que o principal objetivo do processo de ensino-aprendizagem é a competição por melhores desempenhos e não a construção, que deveria ser conjunta, de conhecimentos.[26]

O fato é que todas essas atitudes, abordadas anteriormente, contribuem para que alguns estudantes se sintam obrigados a estudar os conteúdos não por considerarem e por entenderem que estes são importantes para a sua formação, mas sim porque estão sendo ameaçados por provas.[27]

E os gargalos no processo de avaliação não param por aqui. Ainda há outros pontos críticos no contexto da aplicação de provas. A princípio, nota-se a primazia da memorização mecânica em detrimento da retenção crítica e reflexiva, a opção por cobranças fragmentadas dos conteúdos nas questões e, ainda, a falta de conexão direta entre o conteúdo ensinado e o que efetivamente foi cobrado nas provas, como discutido anteriormente.[28]

Percebe-se, também, que as correções e as classificações das notas das provas fornecem poucas orientações e contribuições para que os estudantes corrijam as suas defasagens de aprendizado e aprimorem os seus processos de aprendizagem.[29]

Outro ponto é que as notas das provas implicam julgamento, consequentemente, exclusão, uma vez que incluem os estudantes que obtiveram os melhores desempenhos e excluem os demais, não lhes dando a oportunidade de corrigir as suas deficiências.[30]

Além disso, como a nota é o aspecto determinante nessa ótica, há professores que oferecem pontos para o comparecimento dos estudantes em eventos, para a impressão de materiais da disciplina ou, até mesmo, para a simples presença do estudante em uma determinada aula.[31] Entretanto, é plausível afirmar que essas ações dos estudantes têm alguma relação com a efetiva aprendizagem do conteúdo ministrado? É possível supor que é contraditório utilizar apenas a nota como um padrão para a avaliação da aprendizagem dos estudantes?

Essas reflexões indicam que a elaboração e a aplicação de provas e a atribuição de notas estão ocorrendo de modo independente do processo de ensino-aprendizagem e sendo realizadas conforme o desejo do professor ou do sistema de ensino.[32]

> *A elaboração e a aplicação de provas e a atribuição de notas estão ocorrendo de modo independente do processo de ensino-aprendizagem e sendo realizadas conforme o desejo do professor ou do sistema de ensino.*

Do ponto de vista pedagógico, essa situação, classificada como **pedagogia do exame**, não auxilia a aprendizagem dos estudantes e não subsidia a identificação e a decisão sobre possíveis ações para a melhoria do processo de ensino-aprendizagem. Ademais, do ponto de vista psicológico, tais ações só contribuem para a disseminação do medo, do estresse e do desenvolvimento de personalidades submissas, capazes apenas de reproduzir o conteúdo ministrado pelo professor em sala.[33]

Portanto, ao contrário do que tem ocorrido nas instituições de ensino, a nota de avaliação não deveria ser um motivador para o empenho dos estudantes ou um instrumento para puni-los ou para evidenciar o "poder" dos professores. Pelo contrário, o professor poderia se preocupar menos com a atribuição de notas e dar maior ênfase ao processo de aprendizagem.[34]

Nesse contexto, o momento da avaliação pode ser uma oportunidade para os professores identificarem os avanços e as dificuldades de seus estudantes, assim como ser um sinalizador de ações que possam melhorar a aprendizagem da turma. Por conseguinte, é importante que os professores fiquem atentos para não utilizarem as avaliações como atos de autoritarismo ou de punição, mas, sim, como uma atividade que favoreça o crescimento pessoal e intelectual dos estudantes.[35]

Diante do exposto, percebe-se que os professores que simplesmente aplicam exames, de forma consciente ou inconsciente, estão apenas auferindo a absorção do conteúdo em um determinado momento e esperando alcançar resultados significativos, mesmo sem acompanhar ou intervir no processo de ensino-aprendizagem.[36]

Por seu turno, os professores que avaliam a aprendizagem dos estudantes têm a oportunidade de realizar o diagnóstico dos conhecimentos construídos e das defasagens e buscar soluções para as possíveis dificuldades detectadas no decorrer do processo de ensino-aprendizagem.[37]

# 4. A avaliação da aprendizagem

O uso do conceito de avaliação da aprendizagem pode ter iniciado em 1930, com Ralph Tyler, que defendia que a avaliação não era um simples exame, mas, sim, um meio para subsidiar o processo de construção de conhecimentos dos estudantes.[38] Desse modo, a avaliação da aprendizagem, assim denominada por Cipriano Carlos Luckesi, compreende o interior da avaliação formativa, que carrega como princípio a ação de aprender como parte do ato pedagógico. Então, denominar esse processo de avaliação da aprendizagem carrega a ideia de que a avaliação não é do conhecimento em si, mas sim da aprendizagem individual de cada pessoa.[39]

No entanto, apesar de essa mudança de conceito ter ocorrido há várias décadas, ainda há uma prática que se perpetua, com o tradicional predomínio de provas, de testes e de exames para a seleção ou para a classificação dos estudantes.[40] Isso ocorre pois a avaliação, muitas vezes, é tratada como um ato isolado, ou seja, como uma ação separada do ato pedagógico. Por conseguinte, é necessário refletir sobre as consequências dessa separação. Afinal, o ato pedagógico é composto por três componentes, planejamento, execução e avaliação, e só é eficaz com a integração entre eles.[41]

Em outras palavras, a avaliação é essencial para que o professor possa compreender se as ações efetuadas estão sendo úteis para o alcance dos resultados planejados. Portanto, para que a avaliação seja realizada, é necessária prática de ações planejadas, sendo requerida a integração entre planejamento, execução e avaliação.[42]

> *A avaliação da aprendizagem, que recebe influências teóricas da pedagogia, da psicologia, da sociologia, da antropologia e da ética, não consiste apenas na aplicação de provas e de exames para a atribuição de notas, mas, sim, em um processo dimensionado por concepções de educação e traduzido em práticas pedagógicas.*

Diante desse cenário, há professores que defendem a necessidade de mudanças no processo tradicional de avaliação. Entretanto, há outros que afirmam que as práticas tradicionais (provas, testes e exames) devem continuar sendo utilizadas, pois estão funcionando bem no contexto atual e os estudantes as aceitam sem reclamações.[43]

Ratifica-se que o problema é que a avaliação da aprendizagem, que recebe influências teóricas da pedagogia, da psicologia, da sociologia, da antropologia e da ética, não consiste apenas na aplicação de provas e de exames para a atribuição de notas, mas, sim, em um processo dimensionado por concepções de educação e traduzido em práticas pedagógicas.[44]

Assim, o propósito da avaliação da aprendizagem é ser um meio disponível para que os professores verifiquem os progressos e as deficiências dos estudantes, monitorem o aprendizado e planejem as intervenções que serão necessárias no processo de ensino-aprendizagem.[45]

Outrossim, a avaliação possibilita a qualificação da aprendizagem do estudante. Nota-se que a palavra utilizada é qualificação, e não classificação. É fato que o diagnóstico da avaliação da aprendizagem de determinado estudante pode ser evidenciado em uma nota, todavia a nota em si não pode ser considerada uma avaliação de aprendizagem. As notas são oriundas de julgamentos sobre os aprendizados dos estudantes. A avaliação, por sua vez, é um ato rigoroso e amoroso que possibilita que o estudante sinta que o mais importante é aprender.[46]

Além desses benefícios, a avaliação pode motivar o desenvolvimento dos estudantes, pois o estudante que é acolhido pelo professor se sente bem e tem vontade de obter um desempenho mais satisfatório. Ademais, ela pode tanto propiciar o aprofundamento da aprendizagem para aqueles estudantes que já possuem melhor desempenho como possibilitar a recuperação daqueles que possuem defasagem de aprendizado.[47]

> *Embora possa existir uma compreensão de que a avaliação é um resultado oriundo do fim do processo de ensino-aprendizagem, nota-se que a avaliação só faz sentido se tiver o propósito de ajudar o estudante a aprender e a se desenvolver.*

Portanto, embora possa existir uma compreensão de que a avaliação é um resultado oriundo do fim do processo de ensino-aprendizagem, nota-se que a avaliação só faz sentido se tiver o propósito de ajudar o estudante a aprender e a se desenvolver. E isso não ocorre no final, e, sim, durante todo o processo de ensino-aprendizagem.[48]

Por fim, a avaliação pode ser útil para que os professores possam verificar se o seu trabalho, sua proposta consolidada no plano de disciplina, com os objetivos, os conteúdos, os métodos de ensino e as atividades de aprendizagem planejadas, estão contribuindo para que os estudantes alcancem os objetivos pretendidos.[49] Ou seja, a avaliação também serve para um diagnóstico da prática docente, e não somente dos estudantes. Nesse processo, é relevante que os professores compreendam quem são os seus estudantes e como eles se expressam, pois isso fornece melhores condições para que eles planejem como ajudá-los em seus processos de ensino-aprendizagem.[50]

Por conseguinte, é pertinente que o professor compreenda a premissa de que a avaliação é um momento de aprendizado para que procure exercer um papel de mediador do processo, que orienta, estimula e cuida da aprendizagem do estudante,[51-52] e para que possa, em contrapartida, refletir sobre a sua prática, pois a prova que reprova o estudante também reprova o professor. Para tanto, é relevante que ele busque: desencadear comportamentos a analisar; interpretar os comportamentos observados; divulgar os resultados da análise e remediar os erros e as dificuldades encontradas.[53]

Diante do exposto, percebe-se que, para o processo de ensino-aprendizagem, é importante que a avaliação seja uma ação que consiga ressignificar as atividades de ensino, tornando-as um sistema integrado que vise à progressão contínua do estudante, ao aperfeiçoamento e melhoria da prática reflexiva do professor, à mudança do *status quo* e à construção do novo.[54]

Nesse cenário, a avaliação seria um meio de transformação, em que seriam abandonadas as características de atividades classificatórias, oriundas do papel disciplinador e da manutenção da autoridade do professor com relação ao estudante.[55]

É fato que há diversos desafios para que o processo de avaliação possa ser efetivamente transformado. Por exemplo, os relacionados ao sistema social, à formação acadêmica inadequada, à tradição de autoritarismo, às condições de trabalho, à falta de um direcionamento para mudança e à falta de convencimento quanto à real necessidade de mudar o processo de avaliação da aprendizagem [56]

Entretanto, é pertinente que os professores reflitam sobre a necessidade dessa mudança e compreendam que, longe de ser apenas um instrumento para classificação de estudantes em aprovados e reprovados, a avaliação da aprendizagem pode ser útil para que docentes e gestores das instituições de ensino identifiquem pontos fortes e fracos e aprimorem os seus projetos educacionais, para que os professores monitorem os progressos dos estudantes e promovam as melhorias necessárias em seu processo de ensino e no processo de aprendizagem de seus estudantes e para que estudantes, egressos, pais e mães, empregadores, representantes de órgãos profissionais, entre outros, identifiquem o trabalho realizado pelas instituições de ensino.[57]

*A mudança de um tradicional ato de aplicação de exames e de classificação de estudantes para um efetivo processo de avaliação de aprendizagem é algo que deve ser discutido para a melhoria do processo educacional no País*

Portanto, a mudança de um tradicional ato de aplicação de exames e de classificação de estudantes para um efetivo processo de avaliação de aprendizagem é algo que deve ser discutido para a melhoria do processo educacional no País, especialmente no ensino superior.

# 5. Caminhos para a avaliação da aprendizagem

A partir dessa concepção, vários são os caminhos que podem ser trilhados em uma prática docente comprometida com o aprender. Uma das questões importantes nesse cenário é a forma como o professor corrige, devolve e analisa os resultados dos procedimentos e instrumentos que aplica em sala de aula.

De acordo com um autor português, Domingos Fernandes,[58] o *feedback*, que é composto pelas orientações e direcionamentos do professor para o estudante, é um elemento essencial em uma avaliação da aprendizagem, pois é o processo que vai permitir ao estudante ativar, entre outros, os processos cognitivos que vão lhe possibilitar vencer as dificuldades e para o professor reexaminar sua prática e implementar mudanças para aperfeiçoá-la. Ademais, a autoestima e a motivação intelectual dos estudantes também são ativadas pelo *feedback* do professor.

Assim, sugestões de como o professor pode contribuir para que a avaliação atinja os seus propósitos estão consolidadas no Quadro 1.[59]

**Quadro 1. Ações do professor para uma avaliação efetiva**

✓ organizar o processo de ensino;
✓ propor tarefas apropriadas aos estudantes;
✓ definir prévia e claramente os propósitos e a natureza do processo de ensino e de avaliação;
✓ diferenciar suas estratégias de ensino;
✓ utilizar um sistema permanente e inteligente de *feedback* que apoie os estudantes na regulação de suas aprendizagens;
✓ ajustar sistematicamente o ensino de acordo com as necessidades;
✓ criar um adequado clima de comunicação interativa entre professores e estudantes.

O estudante, por sua vez, também pode contribuir para o processo de ensino-aprendizagem, adotando os comportamentos propostos no Quadro 2.[60]

**Quadro 2. Ações do estudante para uma avaliação efetiva**

> ✓ participar ativamente nos processos de aprendizagem e de avaliação;
> ✓ desenvolver as tarefas que lhes são propostas pelos professores;
> ✓ utilizar o *feedback* que lhes é fornecido pelos professores para regularem suas aprendizagens; e
> ✓ analisar seu próprio trabalho mediante seus processos metacognitivos e da autoavaliação.

Portanto, o processo de avaliação da aprendizagem pode ser entendido como um momento em que professores e estudantes desempenham os seus papéis e compartilham o diálogo, o respeito e as responsabilidades pela construção dos conhecimentos, a formação de cidadãos e futuros profissionais.[61]

Diante do exposto, observa-se que o processo de avaliação da aprendizagem é bem mais amplo que a simples aplicação de provas. É fato que esse instrumento pode ser utilizado nesse processo. Contudo, é pertinente que, em vez de apenas refletir sobre as consequências negativas do uso das provas, mostrando os erros e acertos e divulgando as notas, os professores também compreendam que é possível elaborar esses instrumentos com qualidade para que eles subsidiem o alcance dos reais objetivos de aprendizagem, apresentados anteriormente. Ademais, é sempre importante realçar que a prova é um momento privilegiado para diagnósticos, estudos e aprendizagem, e não um ato mecânico, classificatório ou um acerto de contas.[62]

> *O processo de avaliação da aprendizagem pode ser entendido como um momento em que professores e estudantes desempenham os seus papéis e compartilham o diálogo, o respeito e as responsabilidades pela construção dos conhecimentos, a formação de cidadãos e futuros profissionais.*

# 6. Um exemplo: a prova operatória

Infelizmente, muitas vezes, a aplicação de provas parece ser o único recurso que o professor tem para estimular, e até mesmo obrigar, os estudantes a estudar os conteúdos ministrados.[63] A questão é que a aplicação de exames que, comumente, é operacionalizada em instituições de ensino não contribui significativamente para o aprendizado dos estudantes. Uma alternativa para esse cenário seria a substituição dos exames (testes) por uma avaliação diagnóstica, comprometida com a concepção pedagógica do processo de ensino-aprendizagem.[64]

Tal mudança é pertinente, pois a avaliação diagnóstica possibilita que o professor compreenda o estágio de aprendizagem em que se encontra o estudante e possa tomar decisões suficientes para que ele aprenda.[65]

Em outras palavras, a avaliação diagnóstica não tem a premissa de ser utilizada como um instrumento para aprovação ou reprovação dos estudantes, mas sim como uma ferramenta para o diagnóstico de suas situações. Afinal, se um estudante não consegue ter um bom desempenho, não se espera que o professor o reprove e o deixe nessa mesma situação. Pelo contrário, a expectativa é que o professor planeje e desenvolva ações para ajudá-lo a melhorar o seu aprendizado.[66]

Nota-se, então, que não se trata de uma defesa do abandono do uso da prova (teste), mas sim da conscientização de que é possível que haja uma ressignificação desse instrumento de coleta de dados por meio da compreensão de que a aplicação da prova é um momento para verificar se os estudantes, após o estudo do conteúdo ministrado, têm condições de refletir, de interpretar, de compreender, de pensar, de argumentar, de deduzir, de sintetizar e de contrapor pontos aprendidos.[67]

Para tanto, é relevante que as questões das provas solicitem que os estudantes desenvolvam atividades que contemplem análise, classificação, comparação, crítica, dedução, criatividade, observação, resumo, solução de problemas e outras operações abstratas. Tal premissa, denominada **prova operatória**, proporciona mais uma oportunidade para que os estudantes construam os conceitos durante o processo de aprendizagem.[68]

> *Tal premissa, denominada **prova operatória**, proporciona mais uma oportunidade para que os estudantes construam os conceitos durante o processo de aprendizagem.*

Inspirada na Teoria Desenvolvimentista de Jean Piaget, a prova operatória considera a possibilidade de realização de operações mentais em sua construção e em sua resolução. A criação desse termo e a definição de um caminho para a sua elaboração foram propostas por Paulo Afonso Caruso Ronca e Cleide do Amaral Terzi, em 1994, defendendo uma pedagogia construtivista em contraposição a uma pedagogia tradicional.[69]

A prova operatória, assim, compreende a aprendizagem como um momento de compreensão da realidade, de manipulação, de observação questionadora e de argumentação que venham a estimular a capacidade criadora. Fundamenta-se em uma formação de pessoas que pensem, participem, argumentem. É o momento de verificar se o estudante, a partir dos conhecimentos trabalhados, sabe pensar, argumentar, contrapor e se ele tem condições de operar o conhecimento, a partir da leitura, compreensão e interpretação de questões.[70]

> *A prova operatória, assim, compreende a aprendizagem como um momento de compreensão da realidade, de manipulação, de observação questionadora e de argumentação que venham a estimular a capacidade criadora.*

Longe de ser composta por mecânicos questionários, testes ou exercícios, a prova operatória pode se tornar um momento a mais para o estudante viver a construção ou a reconstrução de conhecimentos ao longo do caminho da aprendizagem.[71] Ou seja, ela pode ser compreendida como um momento de aprendizagem.

Existem algumas dimensões importantes da prova operatória, conforme apresentado na Figura 1.

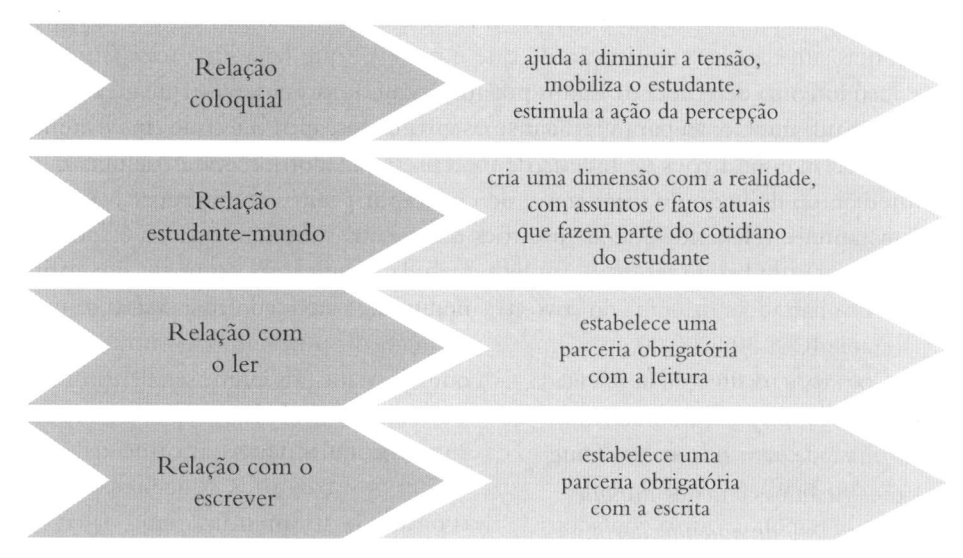

**Fonte:** Adaptado de Ronca e Terzi (1994).[72]

**Figura 1. Dimensões da prova operatória**

A prova operatória pode ser dividida em três partes. A primeira parte é mais ampla e aberta, abarcando um tema que exigirá a expressividade escrita em forma de redação. A segunda parte contempla a proposição de perguntas simples e pequenas para evidenciar ao estudante a importância dada pelo professor ao conteúdo de sua ciência e à necessidade de compreendê-lo. A terceira parte é constituída de problemas.[73]

Um exemplo para a forma de elaboração de uma prova operatória, encontramos nas questões do Enade 2015:

> Pelas características qualitativas da informação contábil-financeira útil, são identificados os tipos de informação que muito provavelmente são reputados como os mais úteis para investidores, credores por empréstimos e outros credores, existentes e em potencial, para a tomada de decisões acerca da entidade que reporta com base na informação de seus relatórios contábil-financeiros (informação contábil-financeira). As demonstrações contábeis retratam os efeitos patrimoniais e financeiros das transações e outros eventos, por meio de seu grupamento em classes amplas de acordo

com as características econômicas. Essas classes são denominadas elementos das demonstrações contábeis. Os elementos diretamente relacionados à mensuração da posição patrimonial e financeira no Balanço Patrimonial são os ativos, os passivos e o patrimônio líquido.

COMITÊ DE PRONUNCIAMENTOS CONTÁBEIS. **Estrutura Conceitual para Elaboração e Divulgação de Relatório Contábil-Financeiro**: CPC 00 (R1). Brasília, 2011 (adaptado).

Tendo como referência o exposto, suponha que uma indústria de alta tecnologia tenha descontinuado a produção de um componente eletrônico que era vendido a outras indústrias para a fabricação de microcomputadores e que a máquina instalada nessa linha de produção tenha sido concebida especialmente para fabricar esse componente. Considere, ainda, que, dada a impossibilidade do uso desse componente em outras linhas de produção ou de sua venda no mercado de usados, o contador tenha baixado a máquina do ativo da empresa, cujo valor contábil na data da baixa era de R$ 1.300.000,00.

Com base na situação apresentada, faça o que se pede nos itens a seguir:

a) Justifique a decisão do contador de baixar a máquina do ativo da empresa, fundamentando-se na definição de ativo segundo as normas contábeis adotadas no Brasil. (valor: 5,0 pontos)

b) Supondo que o contador não tivesse baixado a máquina do ativo, descreva a consequência para a utilidade e a qualidade das informações contábeis repostadas pela empresa. Embase sua reposta nas Características Qualitativas Fundamentais. (valor: 5,0 pontos)

Nessa perspectiva, a função do professor está muito mais para ensinar a operar o conhecimento do que para transmiti-lo. Nota-se ainda que, para que ocorra a avaliação da aprendizagem, é necessário o planejamento adequado dos instrumentos de avaliação, a elaboração clara e objetiva das questões e a preocupação com a não utilização de recursos que dificultem a compreensão do que é solicitado aos estudantes.[74]

Em contrapartida, a avaliação da forma proposta neste capítulo pode ser entendida como um momento de coleta de dados para analisar a efetividade do processo de ensino-aprendizagem. Pensando dessa maneira, pode-se dizer que os instrumentos de avaliação da aprendizagem são também instrumentos de coleta de dados sobre o processo de ensino-aprendizagem. De modo específico, os seguintes os pontos que podem ser levados em consideração durante o processo de elaboração dos instrumentos de coleta de dados estão detalhados no Quadro 3.[75]

> *Pode-se dizer que os instrumentos de avaliação da aprendizagem são também instrumentos de coleta de dados sobre o processo de ensino-aprendizagem.*

**Quadro 3. Ações do professor para uma avaliação efetiva**

✓ articulação do instrumento com os conteúdos planejados, ensinados e aprendidos no decorrer do período avaliado;

✓ abordagem de uma amostra significativa do conteúdo ministrado e aprendido;

✓ compatibilização das habilidades motoras, mentais e criativas do instrumento de avaliação com as habilidades trabalhadas no período;

✓ uso de linguagem clara e compreensível;

✓ manutenção do mesmo nível de dificuldade entre o que está sendo avaliado e o que foi ensinado;

✓ construção de instrumentos que auxiliem a aprendizagem dos estudantes.

Para assegurar a existência de instrumentos de avaliação que contemplem uma amostra significativa do conteúdo ministrado e que estejam relacionados com os objetivos de aprendizagem pretendidos, pode-se adotar como procedimento uma tabela como a proposta por Krasilchik,[76] que relacione conteúdos com os objetivos de aprendizagem. Um exemplo do uso dessa tabela é apresentado no Quadro 5, utilizando os conteúdos contidos no Capítulo 1 "Planejamento no ensino superior", para o curso de Análise das Demonstrações Contábeis. Os conteúdos foram reproduzidos no Quadro 4 para facilitar o entendimento do exemplo.

**Quadro 4. Conteúdos do curso Análise das Demonstrações Contábeis**

**Conteúdos**

**1. Introdução: o contexto da análise**

    1.1 O que é a Contabilidade

    1.2 O que faz o analista das demonstrações contábeis

    1.3 Quais os atributos necessários à análise das demonstrações contábeis

**2. Preparação dos balanços para fins de análise**

    2.1 A Estrutura Conceitual Básica da Contabilidade

    2.2 O Balanço Patrimonial (BP)

    2.3 As Demonstrações de Resultados (DRE e DRA)

    2.4 A Demonstração das Mutações do Patrimônio Líquido (DMPL)

    2.5 A Demonstração dos Fluxos de Caixa (DFC)

    2.6 A Demonstração do Valor Adicionado (DVA)

    2.7 As Notas Explicativas

    2.8 A Análise Horizontal e Análise Vertical

**3. Análise da situação financeira**

    3.1 Índices de Liquidez

(continua)

(continuação)

| |
|---|
| 3.2 Índices da Estrutura Patrimonial<br>3.3 Capital Circulante Líquido e Necessidade de Capital de Giro<br>3.4 Índices de Prazos Médios<br><br>**4. Análise do desempenho econômico**<br>4.1 Retorno sobre o Investimento<br>4.2 Giro do Ativo<br>4.3 Margem Líquida<br>4.4 Decomposição do ROI<br>4.5 Retorno sobre Patrimônio Líquido<br><br>**5. Análise da gestão financeira da empresa**<br>5.1 Grau de Alavancagem Financeira<br>5.2 EBITDA – *Earnings Before Interest, Taxes, Depreciation and Amortization*<br>5.3 EVA – *Economic Value Added*<br><br>**6. Relatório de Análise** |

No Quadro 5, é indicado com "x" o número de questões que deverão ser elaboradas e incluídas na avaliação de aprendizagem para cada tópico, considerando cada objetivo de aprendizagem. Assim, para o conteúdo de "Notas explicativas", pertencente ao tópico "Preparação dos balanços para fins de análise", serão preparadas duas questões, uma delas com o objetivo de verificar a aquisição de informações e outra com o propósito de demonstrar a capacidade de compreensão.

**Quadro 5. Tabela de especificações para prova de Análise de Balanços**

| Plano de ensino | | Objetivos de aprendizagem | | | | |
|---|---|---|---|---|---|---|
| Tópico | Conteúdo | Aquisição de informação | Capacidade de compreensão | Capacidade de resolver problemas | Síntese e avaliação | Total |
| Introdução | Contabilidade: o que é, o que faz o analista, atributos | x | x | | | 2 |
| Preparação | Estrutura conceitual básica da contabilidade | x | x | | | 2 |
| | Relatórios contábeis | x | x | | | 2 |

(continua)

(continuação)

| Preparação | Notas Explicativas | x | x | | | 2 |
|---|---|---|---|---|---|---|
| | Análise horizontal e vertical | x | x | | | 2 |
| Situação financeira | Índices de liquidez | x | x | x | | 3 |
| | Índices da estrutura patrimonial | x | x | x | | 3 |
| | CCL e NCG | x | x | x | xx | 5 |
| | Índices de prazos médios | x | x | x | | 3 |
| Desempenho econômico | Retorno sobre o Investimento | x | x | x | xx | 5 |
| | Giro do Ativo | x | x | x | | 3 |
| | Margem Líquida | x | x | x | | 3 |
| | Decomposição do ROI | x | x | x | xx | 5 |
| | Retorno sobre Patrimônio Líquido | x | x | x | xx | 5 |
| Gestão financeira | Grau de Alavancagem Financeira | x | x | x | xx | 5 |
| | EBITDA | x | x | x | xxx | 6 |
| | EVA | x | x | x | xxx | 6 |
| Relatório de Análise | | | | | xxx | 3 |
| Total | | 17 | 17 | 12 | 19 | 65 |

**Fonte:** Adaptado de Krasilchik (1999).

Como se vê, pela análise do Quadro 5, têm-se 17 questões com o objetivo de verificar a aquisição de informação, 17 questões para identificar a capacidade de compreensão, 12 para que o estudante demonstre a capacidade de resolver problemas e, finalmente, 19 para que estudante exercite a sua capacidade de síntese e de avaliação.

Depois de ter preparado uma tabela como essa, o professor se certifica de que abrangeu os conteúdos relevantes e que atendeu à verificação do atingimento dos objetivos de aprendizagem propostos. Poderá decidir, então, que tipo de questão utilizar no instrumento de avaliação. Entre os tipos de questões que pode incluir estão: (1) questões de resposta estruturada, como as questões de múltipla escolha, de associação, ou de verdadeiro ou falso; (2) questões de resposta livre; ou, ainda, (3) questões que verificam diferentes tipos de conhecimento.

Cabe ainda ressaltar, como apresentado no Capítulo 1 "Planejamento no ensino superior", que há várias formas de avaliação de aprendizagem que podem ser utilizadas para atender aos objetivos diferentes, em diversos momentos do curso. Entre elas estão: provas discursivas, testes, trabalhos e pesquisas, resolução de casos, relatórios, debates, apresentação de seminários, exercícios, entre outros.

Para apresentações de trabalhos, debates e de seminários, é importante que o professor prepare e apresente aos estudantes um guia de observação com os critérios que adotará para avaliar. Uma sugestão, considerando uma exposição da análise de desempenho de uma empresa, novamente na disciplina de Análise de Demonstrações Financeiras, encontra-se na Figura 2.

Além disso, há outros cuidados relevantes no processo de avaliação da aprendizagem. Destaca-se, por exemplo, o diferencial proporcionado pela atitude do professor ao devolver pessoalmente os instrumentos de avaliação de aprendizagem de seus estudantes (*feedback*) e ao tomar o cuidado de comentar as questões detalhadamente para que esses estudantes possam compreender os seus pontos fortes e fracos e assumir com autonomia a liderança de seus processos de aprendizagem e de desenvolvimento.[77]

Realça-se ainda a importância da compreensão desses procedimentos e instrumentos de coleta, da análise e da síntese das manifestações dos estudantes para que o professor consiga identificar o que efetivamente foi aprendido, qualificar esse estágio de aprendizagem, utilizando o padrão estabelecido no planejamento e, a partir dessa qualificação, planejar ações para reorientar a aprendizagem diante de uma posição insatisfatória dos estudantes ou para direcionar os estudantes para passos subsequentes da aprendizagem diante da identificação de uma posição satisfatória.[78]

## Avaliação do Grupo Apresentador

Essa apresentação contemplou: _____/50

Pontos do grupo: _____/35

**1. Contexto**     5   4   3   2   1

Um começo claro que serviu para contextualizar o objetivo da apresentação e o contexto geral da empresa.

**2. Análises**     5   4   3   2   1

Um meio que relacionou os principais pontos de análise da empresa considerando o objetivo da análise. Essa parte deve ser apresentada por outro membro do grupo.

**3. Mensagem**     5   4   3   2   1

Uma mensagem clara ao concluir a análise. Uma conclusão clara que serviu para completar a análise e embasou a conclusão apresentada de maneira satisfatória, sendo o impacto da decisão identificado e detalhado (não somente mencionado). Outro membro do grupo deve ser responsável por essa parte da apresentação.

**4. Costura**     5   4   3   2   1

Em geral uma apresentação harmoniosa. Por exemplo, vocês vocês decidiram como grupo se deveriam sentar ou permanecer de pé e como um(a) apresentador(a) passaria a vez para o(a) próximo(a) – terminado a sua parte da apresentação e preparando uma ligação para o(a) próximo(a) apresentador(a) – durante a apresentação. Prepararam comentários e complementações e tomaram cuidado para não interromper um ao outro durante a fala.

**5. Administração do tempo**     5   4   3   2   1

Utilização do tempo de apresentação (20 minutos). O grupo utilizou adequadamente o tempo de apresentação, respeitando o limite dado.

**6. Recursos audiovisuais**     5   4   3   2   1

Elaboração da apresentação. O grupo observou as orientações quanto à elaboração da apresentação (*slides*) adequadamente.

**7. Interação com a audiência**     5   4   3   2   1

Elaboração de estratégia para interagir com a audiência. O grupo se esforçou para interagir com a audiência.

Pontos individuais: _____/15

7. Oralidade

| 5 | 4 | 3 | 2 | 1 | |
|---|---|---|---|---|---|

| 5 | 4 | 3 | 2 | 1 | |
|---|---|---|---|---|---|

| 5 | 4 | 3 | 2 | 1 | |
|---|---|---|---|---|---|

| 5 | 4 | 3 | 2 | 1 | |
|---|---|---|---|---|---|

| 5 | 4 | 3 | 2 | 1 | |
|---|---|---|---|---|---|

**Pronúncia e tom de voz** a fala estava clara, efetiva e demonstrou um uso apropriado da entonação (tom) de voz. Evitou pausas e hesitações.

8. Gramática e vocabulário

| 5 | 4 | 3 | 2 | 1 | |
|---|---|---|---|---|---|

| 5 | 4 | 3 | 2 | 1 | |
|---|---|---|---|---|---|

| 5 | 4 | 3 | 2 | 1 | |
|---|---|---|---|---|---|

| 5 | 4 | 3 | 2 | 1 | |
|---|---|---|---|---|---|

| 5 | 4 | 3 | 2 | 1 | |
|---|---|---|---|---|---|

**Gramática falada e vocabulário** utilizou adequadamente termos e conceitos e atendeu a uma correção no uso da língua falada.

9. Linguagem não verbal

| 5 | 4 | 3 | 2 | 1 | |
|---|---|---|---|---|---|

| 5 | 4 | 3 | 2 | 1 | |
|---|---|---|---|---|---|

| 5 | 4 | 3 | 2 | 1 | |
|---|---|---|---|---|---|

| 5 | 4 | 3 | 2 | 1 | |
|---|---|---|---|---|---|

| 5 | 4 | 3 | 2 | 1 | |
|---|---|---|---|---|---|

Uso efetivo da linguagem não verbal (corporal). Contato visual, gestos e postura. Teve cuidado com a linguagem não verbal.

| Legenda das avaliações |
|---|
| 5 = Ótimo   4 = Muito bom   3 = Bom   2 = Regular   1 = Insuficiente |

**Figura 2. Sugestão de ficha de observação para avaliação das apresentações**

# 7. Considerações finais

A avaliação da aprendizagem pode ser compreendida como uma atividade significativa, com o intuito de contribuir para o aprendizado, para o desenvolvimento intelectual e pessoal dos estudantes.[79]

Para tanto, é relevante que o professor se comporte como uma figura parceira, que transmita uma relação de reciprocidade, mas que, ainda assim, consiga ter rigor nas dimensões de sua prática pedagógica: planejamento, execução e avaliação. O professor, nessa perspectiva, pode contribuir com o processo de ensino-aprendizagem ao se comprometer com o desenvolvimento dos estudantes e ao se conscientizar das ações que devem ser realizadas para o alcance de determinado objetivo educacional, tendo sempre em mente que os estudantes são diferentes entre si e que o processo de aprendizagem reflete essa diferença.[80]

> *O professor, nessa perspectiva, pode contribuir com o processo de ensino--aprendizagem ao se comprometer com o desenvolvimento dos estudantes e ao se conscientizar das ações que devem ser realizadas para o alcance de determinado objetivo educacional.*

Isso quer dizer que, ao realizar o planejamento, é pertinente que o professor considere que não existe estudante que não aprende, mas, sim, estudantes que aprendem e se desenvolvem em tempos e de maneiras distintas. Por isso, cabe aos professores a identificação dessas diferenças para que o projeto educacional contemple a diversidade existente na sala de aula.

Outro ponto é a relevância de os professores diversificarem os procedimentos e instrumentos avaliativos, adaptando-os ao contexto em que são utilizados, sempre cuidando para manter um sistema de avaliação objetivo e transparente para aquele que está sendo avaliado, ou seja, para o estudante.[81]

Para cumprir essas funções, é importante que os instrumentos de avaliação de aprendizagem utilizados solicitem que o estudante manifeste a sua intimidade (seu modo de aprender, de entender, de viver etc.). Além disso, é pertinente que o professor compreenda a importância de respeitar e de cuidar dessa relação com respeito, dando suporte, orientando, participando e aprendendo a partir de seu desenvolvimento.[82]

Por fim, destaca-se que, durante a atuação na carreira do magistério no ensino superior, é relevante que o professor se preocupe em definir sua concepção como docente: se espera participar de uma instituição de ensino que privilegie a transmissão de conhecimentos prontos, acabados e inquestionáveis que serão cobrados em provas; ou se quer auxiliar em um processo de mudança que priorize a construção e a sistematização de conhecimentos.[83]

Outrossim, é pertinente que cada professor reflita se concorda que a aprendizagem é um mero ato de memorização de conteúdos dados e não contextualizados ou se almeja contribuir para que a aprendizagem seja um momento de observação, de compreensão e de questionamento da realidade. Tais reflexões são fundamentais para que esses profissionais definam as formas como planejarão, executarão e avaliarão o aprendizado de seus estudantes em seus cursos e disciplinas.[84]

A partir do momento que os professores compreenderem que a transmissão de conhecimentos, a memorização de conteúdos e a aplicação de exames classificatórios não contribuem significativamente para o processo de ensino-aprendizagem, o movimento de transformação na avaliação da aprendizagem ganhará força. E, então, será comum a avaliação como um ato rigoroso, amoroso e acolhedor, que promova o diagnóstico das dificuldades e o planejamento de ações para a melhoria do processo de construção de conhecimentos, tendo em vista a aprendizagem do estudante.

Esses instrumentos e procedimentos de avaliação considerados mais eficazes demandam sempre mais trabalho do docente. É necessário que ele tenha disposição para desenvolvê-los e colocá-los em prática. No início, será dificultoso, mas, com o tempo, o docente encontrará as melhores formas de fazê-lo, sem se sobrecarregar. Até a chegada desse momento, é importante que cada professor comece a perceber e a cumprir o seu papel de mediador, mesmo diante dos desafios. Afinal, a caminhada pode ser longa, mas ela sempre começa com um pequeno passo.

# 4 Tecnologias educacionais

TAÍS DUARTE SILVA
EDVALDA ARAÚJO LEAL

***A tecnologia bate à porta da sala de aula...***

– *Do corredor da universidade, ouviam-se as vozes, que vinham daquela sala de professores, conversavam sobre um e-mail que haviam recebido da coordenação do curso:*

– *Curso sobre tecnologias na educação!? Para que isso? – questionava Marcos.*

– *Acho uma boa iniciativa, precisamos repensar nossa atuação na sala de aula, afinal a tecnologia avança cada dia mais e temos de saber a melhor forma de utilizá-la para ensinar! – dizia Ana.*

– *Ah! Não sei... depois vejo isso, agora tenho de ir.*

*Marcos saiu da sua sala e ia seguindo pelo corredor quando foi abordado por um aluno:*

– *Professor, tudo bem? Bom que te encontrei, queria tirar uma dúvida sobre o trabalho de gestão de empresas.*

– *Sim! – respondeu Marcos.*

– *Então, eu estava conversando com meus colegas e queríamos fazer algo diferente, para ter uma maior interação com a turma, daí encontramos um aplicativo na internet que pode simular uma empresa e ... o senhor deve conhecer, né?!*

*Marcos ficou surpreso, não esperava ouvir isso. Então, disse:*

*— Bom, acho melhor conversamos amanhã durante a aula.*

*Em seguida, despediu-se do aluno e seguiu andando. Ainda que Marcos não entendesse, a tecnologia estava mesmo ocupando um papel importante na sua sala de aula e ele, realmente, não parecia estar preparado para lidar com tudo isso.*

# 1. Introdução

Não há dúvidas: estamos cada vez mais na Era da Tecnologia e da Informação. A qualquer hora e em qualquer lugar, as pessoas estão conectadas a um mundo virtual. Estão o tempo todo *on-line*. Nesse mundo, a velocidade com que as informações circulam e as diferentes formas de se comunicar ganham cada vez mais destaque, principalmente entre os jovens.

São diversas ferramentas de comunicação surgidas nos últimos anos, tanto de redes sociais, como Facebook®, Twitter®, Instagram®, Snapchat®, quanto de comunicação, como WhatsApp®, Skype®, GoogleTalk® ou Zoom®, que ganham espaço crescente no cotidiano profissional e familiar das pessoas. Esses recursos, utilizados cada vez mais intensamente, promovem aproximação entre seus usuários. Assim, se estar longe já foi um problema para muitos, agora não parece ser mais. É possível conversar, se informar e compartilhar os mais diversos momentos, mesmo estando em lugares fisicamente distantes. No entanto, como desvantagem, hoje o distante pode estar mais presente que o próximo e é comum que as pessoas que estejam naquele momento dividindo o mesmo espaço não interajam.

A percepção sobre o tempo também parece ter mudado; se antes era normal esperar uma notícia que vinha por meio de uma carta, que demorava dias ou meses, hoje o que acontece em um lado do mundo torna-se conhecido do outro lado imediatamente. Tal instantaneidade acaba por provocar um grande volume de informações que pairam sobre o ar, causando, assim, reações imediatas sobre os mais diversos acontecimentos.

Outro reflexo da tecnologia pode ser observado no comportamento das pessoas: a conexão com esse mundo virtual é tão intensa que as deixa totalmente "ligadas" aos seus aparelhos tecnológicos, não conseguem abandoná-los. *Notebooks, tablets* e *smartphones* se tornaram para muitos algo imprescindível, tanto quanto a "roupa do corpo". Ou seja, não se vai a lugar nenhum sem estar levando tais objetos. Atualmente, há inclusive tecnologias de vestir, como óculos, relógio e jaqueta (parceria Google® e Levi's®), incorporando cada vez mais o aparato tecnológico ao uso cotidiano. No entanto, as pessoas estão o tempo todo conectadas, o que muitas vezes representa um desafio para focar o "aqui e agora" ou para diferenciar as dimensões da vida, como trabalho, estudo e lazer, ou mesmo o ócio.

Basta olhar para o lado, com um pouco mais de atenção, e observar as mudanças causadas pelo avanço da tecnologia e ver como elas têm afetado as relações humanas e os mais diversos aspectos da vida. Nota-se, assim, que muitas pessoas buscam se adaptar a esse novo meio. Logo, questiona-se: Como essas tecnologias têm conquistado tanto espaço? Como reagir diante dessa "nova" realidade? Essas transformações são mesmo inevitáveis? Há impactos a que estamos sujeitos inadvertidamente e que deveríamos minimizar ou mesmo evitar?

Para tentar entender esse processo, é importante destacar que todas essas modificações percebidas no cotidiano das pessoas ocorreram, principalmente, após o avanço da Tecnologia da Informação e da Comunicação (TIC), que está associada à tecnologia da informática e das telecomunicações, dispondo da internet como seu atributo principal.[1] E, se até um tempo atrás, a internet era para poucos, hoje em dia está literalmente na "mão" da maioria das pessoas de forma bem mais acessível que antes.

Com o *boom* da internet, as mudanças foram ainda mais intensas. Tudo que acontece pode ser noticiado instantaneamente. A informação é mais acessível, é compartilhada com facilidade, advém de diferentes fontes, oficiais ou independentes, e gera efeitos imediatos. Da mesma forma, além das transformações nas relações humanas, a TIC transformou a realidade, tornando-se fundamental para o desenvolvimento de inúmeras atividades.

Ao pensar nos impactos desse processo na realização do trabalho, se em um determinado período no passado a inserção de máquinas, de robôs e de diversos equipamentos mudou por completo a realidade de muitas fábricas e empresas, atualmente, com a introdução da TIC nas empresas, as transformações são ainda maiores. Na área de negócios, por exemplo, muitas atividades manuais foram substituídas por sistemas informatizados, o que possibilitou a integração com os diversos setores e atividades da empresa. Consequentemente, o papel do gestor também mudou. É necessário que ele saiba lidar com a tecnologia, utilizar *softwares* de gestão, que podem inclusive auxiliá-lo no processo de tomada de decisões.

Portanto, verifica-se que o próprio desenvolvimento da economia e dos negócios é afetado pela expansão da TIC, pois esta contribui com o setor produtivo, com o público e com o de serviços. Em virtude disso, a TIC tem se tornado um recurso que auxilia o processo econômico, ressaltando o valor da informação, alvo de interesse de agentes econômicos.[2]

Se, no meio profissional, há diversos reflexos do avanço da tecnologia, é natural pensar que os profissionais, que estão atuando e que atuarão futuramente nesse meio, necessitam de uma formação diferenciada, novos conhecimentos e novas habilidades. Por isso, é preciso questionar sobre tais reflexos no âmbito educacional: Essas novas demandas devem ser objeto de análise e desenvolvimento por meio do ensino? Como a TIC é inserida no contexto acadêmico e que impactos traz?

Diante desse contexto, a educação pode ser entendida como base para ampliação do uso da TIC.[3] Deve-se pensar em sua utilização nas instituições de ensino ao longo de todo o processo educacional, da escola básica à formação superior e à pós-graduação. Entretanto, de que forma integrar tecnologia e ensino? É preciso ensinar de outro modo? Muda apenas a forma de entrega, sem impactos estruturais? Como selecionar as tecnologias? O que deve ser utilizado e ensinado? Os docentes estão preparados ou precisarão de um processo de capacitação? E as instituições de ensino, estão preparadas? Tais questões evidenciam o direcionamento deste capítulo que pretende abordar a inserção das tecnologias educacionais no ensino superior.

## 2. Mudanças na educação: um olhar sobre a inserção da tecnologia

Perceber algumas mudanças ocorridas na esfera educacional requer uma volta ao tempo. Quando se retorna ao passado, identificam-se fatos marcantes como o surgimento do papel e do livro. Tais invenções revolucionaram as salas de aulas, ainda que contassem com limitações como tempo de publicação, de tradução e de disponibilização. Pode-se talvez argumentar que essa tenha sido a primeira forma de educação a distância, em que o professor e o aluno tinham sua relação intermediada pelo livro. No presente, vê-se outra revolução, a da tecnologia, adentrando nas salas de aula, ou se transformando em salas de aulas, e provocando diversas alterações no cotidiano de alunos, de professores e de instituições de ensino.

Atualmente, é fácil perceber que os estudantes estão permanentemente conectados à internet, seja por meio de *notebooks,* de *tablets* ou de *smartphones.* Qualquer dúvida que surge na sala de aula pode ser rapidamente respondida, com um simples acesso: É só "googlar". Por um lado, esse acesso instantâneo à informação é positivo, visto que o professor pode dar uma resposta imediata sobre determinada questão, mesmo que não a saiba previamente, e que a turma tem condições de seguir o conteúdo sem dúvidas sobre o que foi questionado, podendo eles mesmos, os estudantes, trazer questionamentos e acessar outras fontes de informações, comparando-as.

> *É fácil perceber que os estudantes estão permanentemente conectados à internet, seja por meio de notebooks, de tablets ou de smartphones. Qualquer dúvida que surge na sala de aula pode ser rapidamente respondida, com um simples acesso.*

De outro lado, o acesso à internet na sala de aula pode resultar em situações complexas, pois o professor pode se sentir pressionado ao saber que os alunos podem "conferir" o que está sendo dito em tempo real. Ou que se divida a atenção e, portanto, perca-se o foco. Ou ainda que se corra o risco de não construir relações entre as informações, consolidando-se conhecimentos. De forma complementar, alguns docentes também criticam o uso excessivo de redes sociais durante as aulas por parte dos estudantes, o que pode prejudicar em alguns momentos a participação na aula. Por isso, alguns docentes podem argumentar que essa conexão permanente traz uma concorrência que

> *Alguns docentes também criticam o uso excessivo de redes sociais durante as aulas por parte dos estudantes, o que pode prejudicar em alguns momentos a participação na aula.*

é ruim para o processo de ensino-aprendizagem. No entanto, acredita-se que essa possibilidade não deva ser vista como algo negativo. Afinal, os alunos podem ser beneficiados com professores que se preparam mais para ministrar as aulas.

Divergências à parte, é impossível negar a evolução tecnológica e a mudança que ela tem causado na vida social, na vida familiar, na vida produtiva e na vida acadêmica, atingindo, portanto, as instituições de ensino. A grande questão que paira no ar é: Como utilizar a tecnologia de modo favorável para facilitar o processo de ensino-aprendizagem?

> *Como utilizar a tecnologia de modo favorável para facilitar o processo de ensino-aprendizagem?*

Uma breve análise sobre o atual contexto educacional permite constatar que é imprescindível discutir a inserção da tecnologia nesse meio, pois é nesse espaço que ocorre a construção do conhecimento. Ademais, a educação exerce papel relevante para a sociedade, sendo responsável por promover inúmeras mudanças.[4] Mesmo com toda essa rápida evolução do mundo, é cada vez mais necessário rever as metodologias utilizadas para a condução do ensino.

Ao discorrer, especialmente, sobre o ensino superior, deve-se considerar que este concede não somente o conhecimento, mas também uma formação profissional, o que justifica ainda mais o uso da TIC nesse espaço. No que tange à profissão, os alunos têm apresentado novas exigências.[5] E, quanto ao conhecimento, sabe-se que, atualmente, este tem sido acessado com maior facilidade. Por isso, a inserção de tecnologias na sala de aula pode ser útil para atrair os alunos a buscarem o próprio aprendizado.

Outras características que podem ser destacadas no ensino superior referem-se às especificidades das novas gerações de discentes e a necessidade de introduzir o aluno como sujeito ativo do processo. Esses aspectos são aprofundados no Capítulo 11, que trata dos "Estudantes universitários na perspectiva das gerações". Tais aspectos fazem que a utilização das ferramentas tecnológicas seja um diferencial no ambiente educacional.

Contudo, é relevante evidenciar que "não são as tecnologias que vão revolucionar o ensino e, por extensão, a educação, mas a maneira como essa tecnologia é utilizada para a mediação entre professores, alunos e a informação".[6] Deve-se, assim, discutir sobre como integrar a tecnologia ao currículo, no projeto político-pedagógico do curso.[7]

> *Deve-se, assim, discutir sobre como integrar a tecnologia ao currículo, no projeto político-pedagógico do curso.*

Diante disso, entende-se que a aplicação efetiva da tecnologia na educação não ocorre sem um planejamento, sendo necessário considerar os mais diversos aspectos que permeiam o processo educacional,[8] conforme evidenciado na Figura 1, que apresenta a estrutura do ensino com tecnologia.

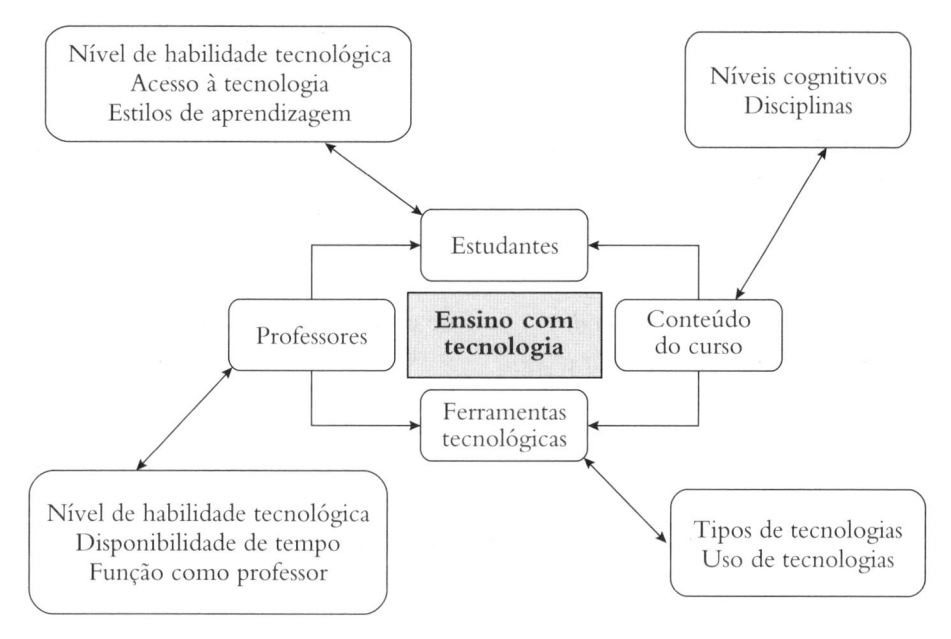

**Fonte:** Adaptado de Zhu e Kaplan (2006).

**Figura 1. Estrutura do ensino com tecnologia**

Tendo em vista a abordagem estruturada na Figura 1, torna-se evidente a relevância de compreender o "ensino com tecnologia" como um processo que abrange a integração entre estudantes, professor, ferramentas tecnológicas e conteúdo do curso.[9]

O conteúdo do curso deve ser analisado com cuidado pelo docente. É importante avaliar o que os alunos devem aprender com o curso, quais competências e habilidades são pretendidas, ou seja, quais os objetivos de aprendizagem e quais estratégias podem auxiliar, ou seja, os métodos de ensino. Deve-se pensar nas características da disciplina e quais seus objetivos. Assim, será possível escolher as tecnologias mais adequadas, que possam melhor contribuir para o aprendizado dos alunos.[10]

Quanto ao professor, é necessário que avalie quais suas habilidades e experiências usando tecnologia, quanto tempo tem para planejar as atividades acadêmicas com adoção de tecnologias e qual será seu papel na realização dessas atividades. Se tiver pouca experiência, é aconselhável começar utilizando ferramentas mais simples e procurar cursos preparatórios ou o suporte de outros professores que tenham mais experiência.[11]

É essencial também que o professor se preocupe com o tempo e que esteja disposto a realizar mudanças em suas aulas, lidando inclusive com a possibilidade de os alunos terem mais conhecimento sobre o uso de diversas ferramentas tecnológicas do que ele próprio. Se for esse o caso, poderá avaliar a possibilidade de ter esses alunos como monitores na disciplina e aproveitar para, como professor, aprender!

Com relação aos estudantes, é preciso identificar a experiência e o acesso que eles têm à tecnologia e, também, considerar que estilos de aprendizagem apresentam e se deverão adotar estratégias compensatórias e quais. Pode haver também alunos que sejam portadores de deficiências auditivas, visuais ou de outra natureza, sendo necessário pensar em sua inclusão para que também sejam beneficiados com o uso das tecnologias. Por fim, é necessário esclarecer para os alunos como determinada tecnologia será utilizada, quais os motivos desse uso e quais responsabilidades deverão assumir para que a aplicação seja eficaz.[12]

*Após examinar o contexto e ponderar o papel do aluno e o do professor, será possível analisar com mais precisão a ferramenta tecnológica a ser adotada.*

Após examinar o contexto e ponderar o papel do aluno e o do professor, será possível analisar com mais precisão a ferramenta tecnológica a ser adotada. Para tanto, é importante averiguar a função de cada ferramenta. Algumas podem, por exemplo, proporcionar maior interação entre os alunos. Outras podem servir para suporte ao professor. Todos esses aspectos devem ser pensados antes da escolha de qual tecnologia utilizar.[13]

Dessarte, destaca-se que "o uso de tecnologia pode auxiliar na mudança dos métodos de ensino e das abordagens de aprendizagem, bem como das atitudes, da motivação e do interesse no processo de ensino-aprendizagem por parte do aluno".[14] Mesmo assim, são necessárias discussões sobre a inserção de tecnologias educacionais de forma pedagógica nesse processo, inclusive respeitando e incentivando as capacidades do aluno e do professor.

Em suma, é preciso preparação e comprometimento por parte do docente, do discente, dos gestores e da instituição de ensino para que a tecnologia possa contribuir com resultados positivos no processo de ensino e de aprendizagem.[15]

É importante destacar que a tecnologia é um recurso didático, mas o conteúdo e a estratégia de ensino devem ser definidos anteriormente pelo professor, ao questionar-se: Qual o objetivo com a aula? Ao final da aula, qual conteúdo, competência e atitude deveria ter trabalhado? Depois de respondidas essas perguntas, entra, então, a tecnologia, como um recurso que auxilia o processo de ensino e de aprendizagem.

*É importante destacar que a tecnologia é um recurso didático, mas o conteúdo e a estratégia de ensino devem ser definidos anteriormente pelo professor.*

Ao pensar dessa maneira, o uso de ferramentas tecnológicas pode expandir as fronteiras da sala de aula, tentando aliar teoria e prática, auxiliar a condução do conhecimento e a aproximação entre professores e estudantes de diferentes gerações.

A tecnologia pode aproximar as diferentes gerações, constituindo-se em uma ponte, ou pode aumentar o fosso que as separa. Para que sirva como ponte, os professores precisam estar abertos a aprender e a tentar, dando espaço aos estudantes para trazerem e explorarem possibilidades em sala de aula e fora dela.

Assim, a aplicação da TIC na sala de aula pode contribuir não só para o aprendizado do aluno, como também para o desenvolvimento de habilidades que são cada vez mais exigidas na sociedade, tais como a cooperação e a comunicação, pois possibilita que os alunos trabalhem em equipe de forma colaborativa, participando mais ativamente do próprio aprendizado,[16] podendo ser benéfica para o desenvolvimento pessoal e profissional dos estudantes.

No tocante à avaliação do impacto do uso da tecnologia nas aulas, é preciso pensar em sua contribuição no ensino. O professor pode, por exemplo, verificar se os alunos apresentaram mudanças no nível de conhecimento, aplicando testes antes e depois de realizar alguma atividade.

Podem, inclusive, utilizar o celular dos estudantes para tornar o processo mais dinâmico e interativo, com o uso dos Sistemas de Resposta do Estudante (SRE), como o Clicker, disponíveis na internet em *sites* como o Kahoot®[17] e o Socrative®,[18] entre outros.[19] No entanto, caso apenas o docente tenha acesso a celular e internet, pode-se acessar o Plicker®. Com esse recurso, os discentes respondem com placas de papel, que mostram as alternativas A, B, C ou D, e o docente usa a câmera de seu celular ou *smartphone* para captar as respostas, permitindo, assim, ao professor verificar a frequência de erros e acertos da turma e dar um *feedback* imediato sobre a aprendizagem do conteúdo, podendo reforçar conceitos em que os estudantes ainda demonstrem dificuldade.

Podem, ainda, analisar se os alunos demonstraram maior envolvimento nos estudos dentro e fora da sala, se participaram mais das aulas com a introdução de certas tecnologias, e se tiveram uma aprendizagem mais significativa. Podem, também, solicitar aos alunos um relatório com *feedback* sobre a inserção das tecnologias nas aulas.[20] Tais medidas ajudarão a entender o que foi positivo e o que pode ser mudado para se obterem melhores resultados.

Ainda que haja muitas dúvidas sobre os impactos da introdução das tecnologias no ensino, é notório que a forma de ensinar precisa ser repensada, pois a utilização das tecnologias como forma de aprimorar o processo de ensino e de aprendizagem apresenta inúmeras vantagens, as quais podem favorecer desde o processo de ensino-aprendizagem durante as aulas até o momento de avaliação da disciplina.[21] E um dos principais desafios está na

> *Ainda que haja muitas dúvidas sobre os impactos da introdução das tecnologias no ensino, é notório que a forma de ensinar precisa ser repensada, pois a utilização das tecnologias como forma de aprimorar o processo de ensino e de aprendizagem apresenta inúmeras vantagens.*

formação docente, pois o professor é, ainda, considerado protagonista nesse cenário. Por isso, precisa estar preparado para lidar com as inúmeras mudanças no exercício de sua profissão trazidas pela tecnologia. São desses desafios para a formação docente que trataremos no próximo tópico.

## 3. O desafio da formação docente para o uso da tecnologia na sala de aula: como preparar o professor?

A intensidade com que a tecnologia tem avançado no meio acadêmico gera inúmeros reflexos na atuação docente. O professor precisa estar "antenado" sobre as novidades tecnológicas para poder utilizá-las, conhecer não somente para si, mas, também, saber como usar esses recursos em benefício do processo de ensino e aprendizagem.

Contudo, a realidade no espaço universitário é marcada pela diversidade. Basta observar o ambiente que temos hoje nas universidades para que vejamos as diferenças. É preciso considerar que há professores experientes, que se formaram em outros tempos, mas há também professores iniciantes, sem experiência alguma. Todos com suas características individuais, com formações distintas, lidando com alunos de gerações que nasceram "conectadas" às inovações tecnológicas, imersas em um contexto de total disponibilidade da informação.

Assim sendo, a inserção da tecnologia no processo educacional provoca, naturalmente, uma série de desafios aos docentes no ensino superior. Apesar disso, acredita-se que dificuldades poderiam ser evitadas e problemas amenizados se houvesse uma preparação adequada para o exercício da profissão, o que nem sempre acontece. Como discutimos anteriormente, muitas vezes o professor dorme profissional e acorda professor. Ou, apesar de ter tido formação acadêmica, está mais voltado e focado na pesquisa do que no ensino.

> *A inserção da tecnologia no processo educacional provoca, naturalmente, uma série de desafios aos docentes no ensino superior. Apesar disso, acredita-se que dificuldades poderiam ser evitadas e problemas amenizados se houvesse uma preparação adequada para o exercício da profissão, o que nem sempre acontece.*

De qualquer modo, com ou sem preparação, é evidente que a tecnologia já começou a ser usada no âmbito educacional, conforme apontado pela literatura.[22] Ela tem mostrado seu benefício e diversos aspectos positivos.[23] No entanto, em muitos casos, verifica-se que não está sendo utilizada da forma mais adequada.[24]

Diante dessa realidade, deve-se debater sobre o papel dos agentes envolvidos na inserção da tecnologia em sala de aula, especialmente do professor que norteará todo o processo. Consequentemente, algumas questões surgem: Os professores estão aptos e dispostos a utilizar a tecnologia? Os que já a utilizam estão fazendo de forma adequada?

As instituições têm recursos tecnológicos suficientes? As instituições oferecem aos docentes suporte e apoio para que adotem a tecnologia disponível? Como instituições, gestores e docentes podem se preparar para aplicação da tecnologia no ensino?

Inicialmente, ao pensar na integração da TIC em sala de aula, destacam-se dois aspectos principais: a atitude dos professores e a qualificação deles para o uso da tecnologia.[25] Quanto à atitude, deve-se enfatizar que é uma característica individual, pois há pessoas mais avessas ou mais inclinadas para a adoção da tecnologia. Entretanto, entende-se que a atitude poderá ser positiva principalmente se o docente tiver o conhecimento dos benefícios proporcionados pela utilização da TIC. É importante destacar as vantagens aos docentes, uma vez que, ao conhecerem os benefícios da tecnologia, terão maior probabilidade de adotá-la.[26]

Nesse sentido, identifica-se, no âmbito do ensino, que o grau de abertura do professor é um fator essencial para adoção da tecnologia: professores mais receptivos tendem a utilizar as tecnologias mais facilmente, contribuindo com o aprendizado dos alunos.[27] Alguns autores[28] também mencionam a respeito do processo de aceitação dos recursos tecnológicos na educação, que se contrapõem às resistências encontradas por parte dos docentes, confirmando a importância de compreender o contexto cultural do uso das tecnologias de informação, bem como as diferenças individuais dos docentes.

Quando o assunto é qualificação, a complexidade parece ser maior ainda, pois ela não depende somente do professor, envolve diversos elementos. Além do mais, verifica-se que é escasso o conhecimento sobre os atributos necessários para um professor poder inovar em suas aulas com o uso da tecnologia.[29]

Considerando a escassez de estudos que poderiam contribuir para a formação e para a eficácia do uso da tecnologia na sala de aula, surgiu no contexto internacional a estrutura conceitual *Technological Pedagogical Content Knowledge* (TPACK).[30] Tal estrutura, também conhecida como componentes, evidencia a necessidade dos conhecimentos de conteúdo, pedagógico e tecnológico, e de todas suas possíveis relações, buscando demonstrar algumas das características fundamentais para atuação do docente com a utilização da tecnologia na sala de aula.[31]

> *Considerando a escassez de estudos que poderiam contribuir para a formaçao e para a eficácia do uso da tecnologia na sala de aula, surgiu no contexto internacional a estrutura conceitual Technological Pedagogical Content Knowledge (TPACK).*

O conteúdo, a metodologia (estratégia pedagógica) e as tecnologias devem ter clara relação e coerência com os objetivos pedagógicos e com as caraterísticas do corpo discente, e entre si, como componentes que se interagem e formam o curso.[32]

O componente "conteúdo" é o conhecimento que deve ser transferido, compartilhado, adquirido, construído colaborativamente e apropriado pelos alunos na forma mais adequada, permitindo que o processo de ensino e aprendizagem ocorra. Esse componente tem de ser constantemente revisado e atualizado para que possa contribuir de fato com o aprendizado.[33]

O componente "estratégia pedagógica" refere-se às estratégias de ensino que permitem que o conteúdo seja transferido, compartilhado, adquirido, construído e apropriado pelos alunos, garantindo, assim, os resultados do processo de ensino-aprendizagem. Esse componente enfatiza a importância da estratégia pedagógica planejada e efetivamente implementada pelos professores.[34]

O "componente tecnológico" relaciona-se às mais diversas tecnologias, desde o livro até a internet.[35] Assim, a infraestrutura inclui as tecnologias de informação e de comunicação necessárias para a prática das estratégias de ensino e para o acesso ao conteúdo em suas formas e em localizações diversas, bem como a interação entre os participantes do processo de ensino-aprendizagem.

Esses componentes mantêm uma relação de exigência e de restrição entre si. Assim, o conteúdo exige determinadas metodologias de ensino, bem como certas tecnologias para sua discussão em sala da aula e, portanto, para a realização do curso. Ao mesmo tempo, esse conteúdo pode ser restringido pelas metodologias utilizadas e pelas tecnologias aplicadas, se houver incoerência no tratamento dos componentes curriculares. De forma similar, a metodologia exige específicas tecnologias para poder ser aplicada com sucesso, sob pena de elas restringirem-na.[36]

Acredita-se que tal estrutura possa auxiliar o docente a compreender a forma como a tecnologia deve ser adotada no âmbito educacional, concedendo, assim, base para que o professor desenvolva estratégias que permitam construir o conhecimento com o uso de recursos tecnológicos.[37]

> *Acredita-se que tal estrutura possa auxiliar o docente a compreender a forma como a tecnologia deve ser adotada no âmbito educacional, concedendo, assim, base para que o professor desenvolva estratégias que permitam construir o conhecimento com o uso de recursos tecnológicos.*

Todavia, ao lidar com a preparação docente para uso da tecnologia, é preciso ressaltar que bons resultados não só são alcançados com uma formação inicial, como também é preciso que essa formação seja contínua.[38] Ainda, essa formação deve considerar os diferentes níveis de iniciação e de experiência dos docentes no que tange ao uso das tecnologias na sala de aula.[39] Acredita-se que esses cuidados são essenciais para que o professor sinta interesse em se qualificar e se atualizar, adotando a tecnologia de forma efetiva.

A formação contínua, inerente à atuação docente, torna-se cada vez mais relevante com a expansão das TICs. Desse modo, tanto a formação quanto a atualização dos docentes requerem a compreensão a respeito da dimensão das tecnologias e demandam, também, a constituição de políticas públicas que contribuam para a democratização de acesso a essas tecnologias.[40]

Nesse cenário, ressalta-se que a aplicação das TICs nas atividades acadêmicas requer investimentos, inclusive na infraestrutura das instituições, dedicação por parte dos docentes e políticas frequentes e sustentáveis que vigorem por longo prazo.[41] Evidencia-se, ainda, a necessidade de verificar as demandas e o contexto das instituições, pois a formação adequada não será suficiente, se não houver estrutura para praticá-la adequadamente.[42]

Diante do exposto, pode-se concluir que exercer a docência em meio a tantas transformações é desafiador. Afinal, são muitas as exigências e a necessidade de atualização é constante. Acredita-se, porém, que os desafios serão superados à medida que a percepção sobre o uso da tecnologia na sala de aula deixe de ser assustadora e passe a ser atrativa, influenciando positivamente a prática pedagógica do docente e a experiência de aprendizagem do discente. Para tanto, é preciso que o docente entenda que a tecnologia pode ser utilizada a favor do seu trabalho. Assim, os benefícios não serão somente para o aluno, mas também para o próprio docente.

## 4. Tecnologias educacionais na prática

De modo formal ou não, planejado ou não, das mais diversas maneiras, a incorporação da tecnologia na sala de aula é uma realidade. O uso do *smartphone*, por exemplo, ganhou força e tornou-se algo corriqueiro. Nesse sentido, tanto o professor quanto o aluno devem estar preparados para lidar com isso. E por que não fazer com que esse uso se torne um aliado, em vez de ser um obstáculo?

Para tanto, basta analisar o cotidiano de instituições de ensino para identificar alguns benefícios advindos do uso da tecnologia, principalmente no que se refere às formas de comunicação entre alunos, professores e coordenação. Se antes as informações vinham pelo correio, agora chegam instantaneamente por WhatsApp® ou por e-mail. As redes sociais ganharam relevância. Secretarias de programas de pós-graduação e de graduaçao, grupos de pesquisas, faculdades, universidades e seus diretórios acadêmicos possuem uma página no Facebook®, no Instagram®, no Twitter® ou no LinkedIn® para divulgação de comunicados, atividades e projetos.

O ensino superior, especificamente, tem sido marcado por diversas transformações. A própria expansão do ensino para incluir programas na modalidade de educação a distância (EaD) é um

> *O ensino superior, especificamente, tem sido marcado por diversas transformações A própria expansão do ensino para incluir programas na modalidade de educação a distância (EaD) é um acontecimento das últimas décadas, que pode ser explicado pelo avanço da tecnologia, pela maior facilidade de acesso à internet e aos equipamentos tecnológicos.*

acontecimento das últimas décadas, que pode ser explicado pelo avanço da tecnologia, pela maior facilidade de acesso à internet e aos equipamentos tecnológicos. Contudo, é importante destacar que a inserção das tecnologias educacionais vai muito além e abrange o ensino a distância, o ensino presencial, ou a sala de aula, existindo inúmeras formas de ser utilizadas e incorporadas na prática docente e discente.

Nesse sentido, destacam-se os ambientes virtuais de aprendizagem (AVA), que podem ser vistos como uma forma de inovação no âmbito educacional, proporcionada pela tecnologia.[43] Um ambiente virtual de aprendizagem pode ser compreendido como um espaço para se disponibilizar informações, promover interações educativas, atividades de ensino, aliando tecnologia com abordagens pedagógicas. Assim, não se limitando apenas à EaD, mas podendo também ser desenvolvida no ensino presencial.[44]

Além disso, diversas formas de utilização das tecnologias de informação no ensino também têm sido citadas na literatura, por exemplo: para organização e para elaboração de apresentação de trabalhos, há programas como PowerPoint®, Prezi®, Flash e mapas conceituais interativos; tecnologias de áudio e vídeos como os Podcasts e os canais do YouTube®; busca de informações a partir de bases eletrônicas de dados e de diretórios de teses e dissertações, a exemplo da Biblioteca Digital de Teses e Dissertações da USP,[45] SPELL, Research Gate, Portal de Periódicos da Capes; simulação de jogos com tecnologia interativa, os chamados *serious games*, como o desenvolvido pelo Getec para ensino de história da contabilidade, chamado *Deborah – Double Entry Bookkeeping or Accounting History Game*®;[46] manipulação de dados e de gráficos com o uso de sistemas de pacotes estatísticos avançados ou de formas inovadoras de apresentar estatísticas oficionais, como o Gapminder®.[47]

| Apresentação de trabalhos | Áudio, vídeo, texto e outros | Bases de dados | Jogos e simulações | Manipulação de dados |
|---|---|---|---|---|
| • PowerPoint®<br>• Prezi®<br>• Flash<br>• Mapas conceituais interativos | • *Podcasts*<br>• Canais do YouTube®<br>• *Blogs*<br>• Moodle<br>• Clicker<br>• Plicker<br>• TED-Ed | • Teses e dissertações da USP<br>• SPELL<br>• Research Gate<br>• Portal de periódicos da Capes | • *Serious games* (Deborah)<br>• Contábil Quiz (app *smartphone* em Português)<br>• Accounting Challenge (app para *smartphone*) | • Gapminder |

**Figura 2. Tecnologias para sala de aula**

Pode-se perceber a numerosa quantidade de recursos tecnológicos disponíveis, mas qual utilizar? Para tanto, é preciso considerar as distintas funções desses instrumentos, visto que alguns são destinados a áreas específicas e outros podem ser usados em um contexto mais geral. Estes últimos podem ser para comunicação, organização e apresentação, busca de informações e gerenciamento de recursos e sistemas de gerenciamento de cursos.[48] Devem-se conhecer tais características para identificar qual será a ferramenta mais indicada, conforme o uso pretendido, considerando ainda o conteúdo a ser explorado, a metodologia de ensino a ser adotada e o perfil dos estudantes, além dos recursos disponíveis na instituição.[49]

Diante do exposto, ressalta-se que toda essa disponibilidade de recursos tecnológicos por si só não fará diferença no ensino. São necessárias metodologias apropriadas, que possam integrar a tecnologia na sala de aula ou na disciplina, e a eficácia dessa integração é que resultará na melhoria da aprendizagem e no desenvolvimento de habilidades nos estudantes que têm sido exigidas na atualidade.[50]

> *São necessárias metodologias apropriadas, que possam integrar a tecnologia na sala de aula ou na disciplina, e a eficácia dessa integração é que resultará na melhoria da aprendizagem e no desenvolvimento de habilidades nos estudantes que têm sido exigidas na atualidade.*

Portanto, é relevante esclarecer que "os processos de interação e de comunicação no ensino sempre dependeram muito mais das pessoas envolvidas no processo do que das tecnologias utilizadas, sejam o livro, o giz ou o computador e as redes".[51] Entende-se que essas tecnologias educacionais devem ser trabalhadas como um processo de inclusão, as quais valorizem a bagagem trazida pelos alunos, como também desenvolvam, potencializem e capacitem o professor e o estudante para a construção do conhecimento a partir do uso desses recursos.

# 5. Considerações finais

O uso de tecnologias valoriza a curiosidade, incentiva a investigação e pode auxiliar a construção, a problematização e a dinamização dos conceitos necessários às disciplinas estudadas em ambientes inovadores e interativos. Por conseguinte, como não é possível pensar na atividade docente no século XXI sem considerar a tecnologia, compete a todos nós encará-la como uma oportunidade de expandir as possibilidades do ensino, e não como uma ameaça.

Alguns desafios inerentes ao uso da tecnologia no processo educacional consistem, principalmente, na forma de inseri-la de modo que o processo de ensino-aprendizagem seja beneficiado; na gestão, que precisa ser bem-feita, havendo uma interação entre universidades, faculdades e unidades acadêmicas, que devem adotar e implementar a tecnologia gradualmente, e considerando a necessidade da capacitação e atualização constante dos usuários.

Destaca-se, também, a resistência de alguns docentes em adotar de fato a tecnologia em benefício do aprimoramento do processo educacional. O que evidencia a necessidade de preparação para que esses docentes possam se adequar aos novos modelos educacionais, pois é fato que as transformações estão ocorrendo. Por isso, será cada vez mais necessário que o docente saiba fazer uso adequado e coerente da tecnologia, utilizando-a de forma a estimular os estudantes a participar mais efetivamente do processo de busca de seu aprendizado e construção de seu conhecimento.

Outro aspecto a ser refletido é sobre a preparação das universidades, das faculdades, se elas estão prontas para receber, para adotar e para propiciar novas tecnologias, pois há necessidade de investimentos, por vezes vultosos, tanto em infraestrutura quanto em qualificação do pessoal.

Ademais, a diversidade presente em sala de aula impõe que, para se obter um maior alcance, é imprescindível a diversificação tanto das técnicas de ensino como das ferramentas tecnológicas disponíveis. Assim, os ambientes virtuais podem ser mais interativos e inovadores, aproximando as diferentes gerações.

Destaca-se, ainda, que as pesquisas empíricas têm focado suas análises sobre o uso de tecnologias na perspectiva docente, mas também é preciso estudar a visão dos alunos das tecnologias utilizadas nas aulas para assim encontrar o equilíbrio, para que haja o favorecimento efetivo ao processo de ensino-aprendizagem.

De modo geral, percebe-se que a tecnologia educacional se apresenta como uma ferramenta indispensável para o desenvolvimento educacional no País, no qual professor e aluno construam um processo reflexivo que leve a um melhor entendimento e, consequentemente, a um melhor aprendizado.

Portanto, é preciso conhecer melhor as tecnologias disponíveis, pois só assim será possível identificar a sua aplicabilidade em sala de aula. Também é essencial estabelecer uma rede de contatos entre professores, corpo administrativo e gestores de faculdades e de universidades para que sejam compartilhadas ideias e práticas bem e malsucedidas, a fim de não se repetirem os mesmos erros e aprimorarem o uso das tecnologias educacionais.

> *É preciso conhecer melhor as tecnologias disponíveis, pois só assim será possível identificar a sua aplicabilidade em sala de aula.*

Por fim, é preciso estar aberto a novos saberes. Não basta ter acesso, competência, conhecimento e aplicabilidade, se não tiver disposição para mudar. O mundo está diferente. A forma de se relacionar, de se comunicar e de se viver também mudou. As instituições de ensino precisam acompanhar essa evolução para que os estudantes, professores e gestores se identifiquem também nesse universo.

# Parte II
## Formação docente

# 5 Fases da vida profissional docente

## CAMILA LIMA BAZANI
## GILBERTO JOSÉ MIRANDA

Iniciava-se o mês de fevereiro e com ele aquela turbulência de início das aulas. Para mim, embora houvesse muito entusiasmo, junto havia muito nervosismo e certa insegurança. Afinal era o dia em que eu iniciaria minha carreira como docente do ensino superior. E o que eu levava comigo? Apenas a minha experiência prática do mercado como contadora e os muitos anos como aluna.

A primeira aula foi no curso de Administração e mal tinha iniciado a apresentação do plano de curso, eis que sou pega de surpresa! Um aluno, daqueles que sentam lá no fundo da sala e que eu ainda não sabia nem seu nome, me fez a seguinte pergunta:

– Professora, você vai utilizar quais metodologias para o desenvolvimento de nossas aulas?

Meu primeiro choque! Como assim, quais metodologias? Não é só dar aula? Respirei fundo, e respondi que na próxima aula daria uma resposta com o detalhamento das metodologias a serem utilizadas.

Corri atrás de ajuda e pesquisei bastante sobre algumas metodologias ativas para me preparar. Pois bem, os meus primeiros anos na docência foram assim, envolvidos em grandes questionamentos, enfrentando inúmeros desafios e novidades, angústia, em alguns momentos, um leve desespero, em outros, explorando essa minha nova realidade.

Hoje, cinco anos após esse início, sinto que estou mais preparada, satisfeita e mais segura com a escolha pela profissão como docente. Entretanto, já aprendi quão dinâmica é essa realidade e, assim, vivo pensativa e me perguntando: O que mais enfrentarei até o fim de minha carreira, já que a cada ano, a cada início de novas propostas e de novos desafios na minha vida profissional, vejo que estou sempre aprendendo algo novo?

À medida que contribuo para a construção do conhecimento dos meus alunos, percebo que, concomitantemente, o meu também é ampliado, reinventado, aprimorado. Por isso, reafirmo minha pergunta. Se com cinco anos de experiência percebo essas mudanças: "O que mais enfrentarei até o fim de minha carreira?"

# 1. Introdução

Estudos sobre o ciclo da vida humana são relativamente recentes na academia. Na década de 1950, eles tinham um caráter normativo, na busca de um padrão geral de vida. Já na década de 1960, os estudos buscavam, na história oral, uma interpretação de dados biográficos. A partir de então, os pesquisadores passaram a estudar os determinantes da carreira profissional com foco na formação inicial e nos seus primeiros anos de carreira.[1]

Nesse contexto, na década de 1970, emergiram estudos que buscavam compreender os aspectos da carreira docente, especialmente, nos Estados Unidos da América, na Inglaterra, nos Países Baixos, na França e no Canadá.[2] Com o amadurecimento dessas pesquisas, os estudos tornaram-se mais amplos e passaram a abarcar não apenas os anos iniciais da docência, mas também as variáveis que determinavam o destino de toda a carreira profissional, considerando que o desenvolvimento do "eu profissional docente" é um processo longo e sistemático, no qual se integram diferentes fatores.[3]

Dentre os estudos expoentes, destaca-se o de Huberman,[4] que investigou eventos comuns nas diversas fases da vida do professor, que ficou conhecido por "Ciclo de Vida Docente". Tal ciclo relaciona-se com uma série de acontecimentos que envolvem aspectos pessoais como: trajetória, experiências, objetivos, vocação, personalidade, entre outros, além de aspectos acadêmicos e profissionais, como o desenvolvimento de conhecimento científico, de saberes e de competências didático-pedagógicas.[5]

Por contemplar diversas variáveis, no princípio da carreira, a prática docente pode se apresentar de forma conflituosa. Assim, com o intuito de gerir esse ciclo de vida profissional, o modelo do processo de ensino e de aprendizagem presente no contexto atual deve buscar a valorização e o reconhecimento do saber docente, levando em consideração as etapas da vida profissional e os aspectos psicológicos e sociológicos que permeiam a vida dos professores.[6]

Portanto, a construção de estudos focados em compreender a realidade e as peculiaridades da profissão docente tem ganhado relevância no contexto da formação de educadores do ensino superior, principalmente, a partir da compreensão da importância dos professores no processo de ensino e de aprendizagem e das marcas que lhes são agregadas durante o percurso de desenvolvimento profissional.

Nota-se, ainda, que a carreira docente no ensino superior apresenta diferenças pontuais, se comparada às carreiras no ensino básico ou fundamental e, mesmo, no ensino médio. Percebe-se, também, que, dentro das faculdades e das universidades, há diferenças expressivas na prática docente, conforme a realidade de cada curso, de cada instituição.

O que acontece no ensino superior* é que diversos profissionais ainda recém-formados começam a atuar como docentes sem ter qualquer preparação pedagógica, nem qualificação para atuação docente, mesmo estando preparados para atuar na área de formação específica.[7]

Nesse cenário, destacam-se os cursos com formação de bacharéis, especialmente, da área de negócios (Administração, Ciências Contábeis, Economia, Direito). Esses cursos possuem foco na formação de profissionais para o mercado de trabalho e têm sido responsáveis por uma quantidade expressiva dos estudantes do ensino superior no Brasil, quer seja entre ingressantes, matriculados ou concluintes. Os cursos de graduação em Administração, Direito e Ciências Contábeis estão entre os quatro cursos com maior número de matrículas no Brasil, conforme pode ser percebido pelos dados do Censo da Educação Superior. Assim, fica evidente a necessidade de contarem com docentes preparados para atuar nos cursos superiores da área.

Conforme evidencia Nóvoa,[8] as pesquisas que focalizam a trajetória profissional docente são importantes e contribuem para o conhecimento da identidade docente, do "ser professor". Dessa forma, este capítulo objetiva colaborar para a compreensão da carreira de docentes na área de negócios, tendo em vista o aumento significativo no número de discentes nessa área e, por conseguinte, de docentes para subsidiarem e comportarem a formação desses alunos.

## 2. A frágil formação docente na área de negócios

No início da estruturação das universidades no Brasil, o ingresso na carreira de professor tinha relação com sucesso e com a experiência profissional na sua área de atuação, pois era esperado que os docentes ensinassem aos alunos a ser tão bons profissionais quanto eles próprios. Essa é ainda uma realidade bem presente na maior parte das instituições particulares. Nas instituições públicas, no Brasil e no exterior, predomina a formação acadêmica, é necessário ter a titulação de doutorado e prestar o concurso de ingresso, composto por várias provas, perante uma banca, composta por professores doutores.

A identidade do docente vai se formando gradualmente a partir de modelos e com grande influência em aspectos emocionais. Os docentes vão desenvolvendo padrões mentais e crenças sobre o ensino a partir da etapa de observação que experimentam como discentes. Normalmente, assumem como referência para sua prática uma projeção da experiência passiva em sala de aula.[9]

Os docentes ingressantes internalizam, ainda que de forma inconsciente, os exemplos de professores que, na sua perspectiva pessoal, desempenharam bem o papel

---

* Esta discussão é vista com maior profundidade no Capítulo 6 "Formação docente para o ensino superior".

de professor demonstrando, entre outros atributos, capacidade de auxiliar os alunos a construírem seus conhecimentos, métodos diversificados de ensino. Contudo, a experiência passiva, na condição de aluno, é insuficiente para permitir ao discente conhecer os "bastidores" da profissão. Mas, ainda, quando essa realidade é acessada na condição de docente, pode causar um choque com o ambiente pedagógico. A literatura refere-se a essa situação como um "choque de realidade", que, de acordo com Jesus e Santos,[10] consiste na "discrepância entre as expectativas que os novos profissionais possuem e a realidade do trabalho que realizam". Nesse sentido, questionam-se: como se prepara um profissional da área de negócios para ser professor? Existe alguma forma de amenizar o "choque de realidade"? Qual conhecimento necessário para o exercício da docência?

A esse respeito, na Figura 1 são apresentadas as competências dos professores segundo Duarte e Assis com base em Perrenoud. Essas competências são apresentadas como degraus de uma escada que se deve subir para atingir a formação profissional docente.

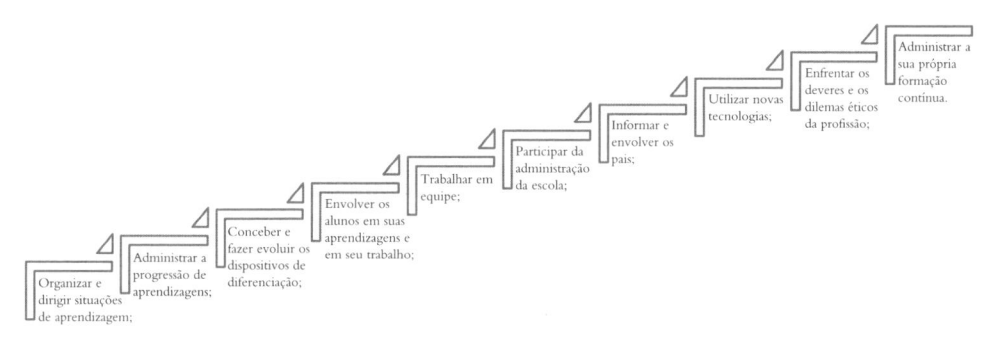

**Fonte:** Duarte e Assis (2017) com base em Perrenoud (1999)[11]

**Figura 1. Competências dos professores conforme Perrenoud**

A frágil formação de professores* gera impactos diretos e indiretos no processo de ensino e de aprendizagem. Além disso, as nuances do mundo moderno, como as novas tecnologias de comunicação e de informação, a resistência dos estudantes aos métodos tradicionais de ensino e a ausência de conhecimentos básicos por parte dos estudantes, dentre outros desafios enfrentados, intimidam o docente, que passa a ter um sentimento de "solidão pedagógica".[12]

Dessa análise, deriva-se uma sugestão. Considerando que profissionais de diversas áreas profissionais e campo do conhecimento lidarão com pessoas, sejam clientes, colaboradores em suas equipes ou seus pares e, eventualmente, terão que ensinar algo a alguém, por que não considerar a inclusão de uma disciplina optativa de

---

* Ver Capítulo 6 "Formação docente para o ensino superior".

> *Fica claro, portanto, como o processo de formação docente e as características peculiares de cada área de conhecimento podem influenciar o ciclo de vida dos professores, direcionando-os para caminhos diferentes.*

didática nos cursos de bacharelado? Além de desenvolver habilidades interpessoais que os ajude, como profissionais, a lidar melhor com as pessoas com quem convivem profissionalmente, poderá ainda despertar o talento e o desejo, por vezes adormecido nos discentes, de considerar uma carreira acadêmica, incentivando-os a buscar os cursos de pós-graduação.

Fica claro, portanto, como o processo de formação docente e as características peculiares de cada área de conhecimento podem influenciar o ciclo de vida dos professores, direcionando-os para caminhos diferentes. O que, por conseguinte, pode refletir no processo de ensino daqueles que estão em busca de uma formação profissional.

## 3. As fases do ciclo de vida docente

As fases de desenvolvimento pessoal e profissional compõem-se pela multiplicidade de gerações que contribuem para a produção do mundo, cada qual com seu papel nessa trajetória.[13] A ideia de desenvolvimento está intrinsicamente relacionada ao conceito de ciclos de vida, em que os "processos de transformação ocorrem ao longo de toda a vida do sujeito e estão relacionados a um conjunto complexo de fatores", tais como genética, circunstâncias culturais, históricas e sociais ou, ainda, as experiências particulares, conforme evidencia Oliveira.[14]

A trajetória profissional e pessoal compreende porções de tempo vividas e demarcadas em cinco fases que são denominadas **idades do ser humano**, quando ocorrerão as interações entre as diferentes gerações, desde o resgate de parâmetros anteriores até o desenvolvimento de uma nova geração.[15]

Em linhas gerais, o ciclo de vida humano e suas fases são marcados pelas mudanças no desenvolvimento físico, cognitivo e psicossocial, compreendendo, em suma, a infância, a adolescência, a fase adulta e a velhice. Entretanto, diversos autores buscam apresentar as etapas do ciclo de vida humana de forma mais sistemática e sequencial, ressaltando que é no ciclo adulto que se inserem as perspectivas profissionais. Nessa perspectiva, Isaia[16] apresenta os trabalhos de Riegel,[17] Erikson[18] e Levinson.[19]

Para Riegel,[20] o ciclo adulto consiste na inter-relação de fatores biológicos, psíquicos, socioculturais e físicos, conforme a Figura 2. O início da vida adulta se dá a partir dos 20 anos de idade. Parte-se, assim, do nível I e chegando ao nível VI, no qual se encontram aqueles com mais de 65 anos de idade e que, provavelmente, já foram acometidos por deficiências, incapacitação e perda do companheiro ou da companheira.

| Níveis (anos) | Modificações graduais | | | | Modificações súbitas |
|---|---|---|---|---|---|
| | Homens | | Mulheres | | |
| | Psicossocial | Biofísica | Psicossocial | Biofísica | |
| I (20 – 25) | Colégio/ 1º trabalho Casamento 1º filho | | 1º trabalho/ Colégio/Casamento | 1º filho | |
| II (25 – 30) | 2º trabalho Outro filho Crianças na pré-escola | | Perda do trabalho Crianças na pré-escola | Outro filho | |
| III (30 – 35) | Mudanças Promoção Filhos na escola | | Mudanças Ausência de trabalho Filhos na escola | | |
| IV (35 – 50) | Segundo lar Promoção Partida dos filhos | | Segundo lar Segunda carreira Partida dos filhos | | |
| V (50 – 65) | Desemprego Isolamento Avô Chefe de família | Incapacitação | Desemprego Avó Chefe de família | Menopausa | Perda do trabalho Perda dos pais Perda de amigos Doença |
| VI (65 +) | Privação | Deficiências sensório-motoras | Viuvez Incapacitação | | Aposentadoria Perda do companheiro Morte |

**Fonte:** Riegel (1979).[21]

**Figura 2. Níveis e eventos da vida adulta**

Pela perspectiva de Riegel,[22] a fonte de influência para o desenvolvimento será a relação entre os fatores biológico, psíquico, sociocultural e físico, havendo uma tensão constante entre eles. Logo, a força motriz para o desenvolvimento e a constante transformação da vida adulta deve ser considerada pela interação entre aspectos internos e externos. Os níveis da vida adulta considerados pela abordagem rigeliana serão impactados pelos eventos considerados em cada estrato.

Sob o ponto de vista de Erikson,[23] o ciclo de vida é composto por oito etapas, percorrendo desde a infância até a velhice. Nessa abordagem, a trajetória profissional encontra-se entre a juventude e a "adultez", ou seja, as sexta e sétima etapas, respectivamente, sendo todas explicadas pelo fator psicossocial e caracterizadas por determinada qualidade ou virtude que estão indicadas na Figura 3. A Figura apresenta ainda, em uma palavra indicada em caixa alta, a característica que marca cada fase, sendo a Velhice, por exemplo, caracterizada pela SABEDORIA.

| | | 1 | 2 | 3 | 4 | 5 | 6 | 7 | 8 |
|---|---|---|---|---|---|---|---|---|---|
| Velhice | V I I I | | | | | | | | Integridade × desesperança, desgosto SABEDORIA |
| Adultez | V I I | | | | | | | Geratividade × estagnação CUIDADO | |
| Juventude | V I | | | | | | Intimidade × isolamento AMOR | | |
| Adolescência | V | | | | | Identidade × confusão de identidade FIDELIDADE | | | |
| Idade escolar | I V | | | | Indústria × inferioridade COMPETÊNCIA | | | | |
| Idade do jogo | I I I | | | Iniciativa × culpa FINALIDADE | | | | | |
| Infância inicial | V I I | | Autonomia × vergonha dúvida VONTADE | | | | | | |
| Infância | I | Confiança básica × desconfiança básica ESPERANÇA | | | | | | | |

**Fonte:** Erikson (1985).[24]

**Figura 3. Crises psicossociais segundo Erikson**

A teoria de desenvolvimento humano proposta por Erikson[25] baseia-se no desenvolvimento da personalidade e apresenta a passagem do indivíduo, durante sua trajetória, por estágios, que vão desde a infância até a velhice e são marcados por conflitos ou por crises psicossociais específicas. Segundo essa teoria, as pessoas terão seu amadurecimentos durante essas fases de acordo com as circunstâncias que enfrentem ao longo da vida.

Levinson[26] apresenta a vida adulta em quatro fases, indicando uma sequência evolutiva em que são demarcadas eras. Essas fases representam o curso de vida caracterizado por componentes centrais e por suas relações, como descrito na Figura 4.

Pela perspectiva de Levinson,[27] a vida adulta será marcada por períodos de estabilidade e de transição, em que ocorrem mudanças relacionadas ao casamento, à constituição da família e ao nascimento dos filhos. Há a interação entre componentes internos e externos. Além disso, as expectativas sociais acerca dessas mudanças também assumem importância nesse ciclo.

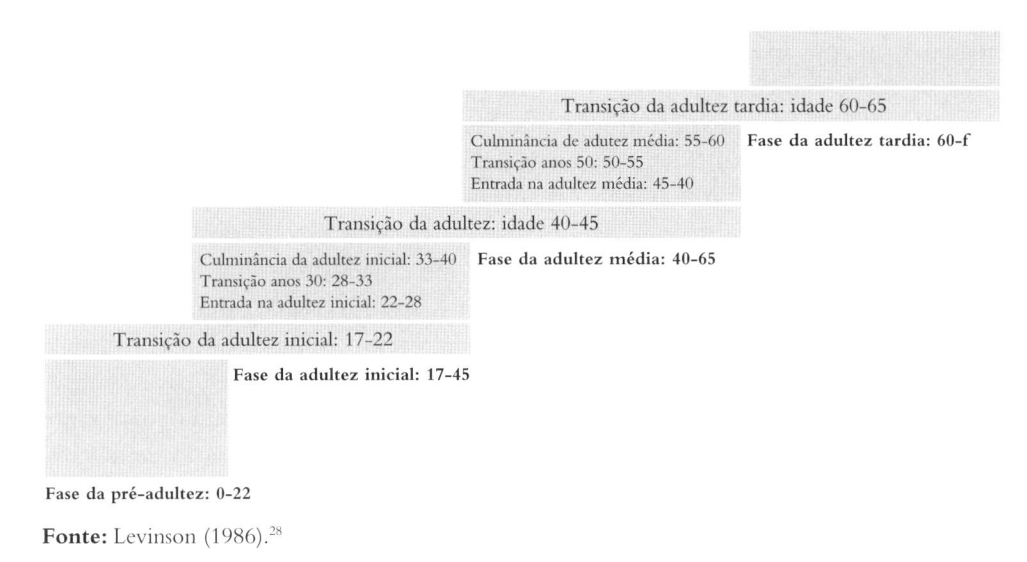

**Fonte:** Levinson (1986).[28]

**Figura 4. Fases da vida adulta conforme Levinson**

Erikson[29] e Levinson[30] convergem ao evidenciar que a trajetória profissional se situa em eventos da fase adulta. Desse modo, compreendê-la em sua profundidade é inerente ao processo de desenvolvimento profissional.

A Figura 5, elaborada por Duarte e Assis, resume e compara aspectos dos estudos de Riegel, Erikson e Levinson, relacionando o número de fases e, quando possível, sua duração em anos.

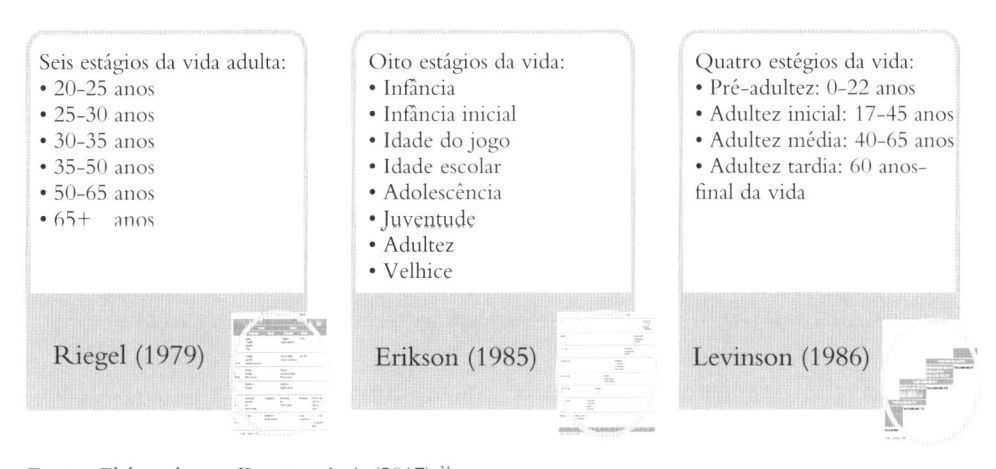

**Fonte:** Elaborado por Duarte e Assis (2017).[31]

**Figura 5. Resumo comparativo dos estudos**

Convém, ao analisar as propostas apresentadas pelos autores, ponderar que, atualmente, não se pode generalizar acontecimentos relacionados ao gênero ou à idade. Assim, por exemplo, era esperado que a mulher tivesse filhos entre 20 e 25 anos de idade. Hoje, o adiamento da primeira gravidez, por questões profissionais, é comum. Ou ainda, a expectativa de que homens e mulheres fossem promovidos quando tivessem aproximadamente de 30 a 35 anos. No contexto atual, as carreiras são muito dinâmicas, profissionais organizam-se em torno de projetos e não de empresas, e existe uma urgência em obter-se o reconhecimento profissional.

Riverin-Simard[32] estudou a trajetória da vida profissional dos adultos tendo como base os ciclos de vida. De acordo com o autor, o adulto, durante sua vida profissional, vive constantemente momentos de questionamentos. A partir disso, o referido autor elucida que a vida profissional é demarcada por nove etapas dinâmicas que estão compreendidas em três períodos. O primeiro período, que ocorre entre 20 e 35 anos, refere-se ao ingresso na vida profissional e à exploração dessa nova realidade. Nesse primeiro momento, o indivíduo se dá conta da distância existente entre o que foi aprendido com o que realmente é requerido para o exercício da profissão. Num segundo período, entre 35 e 50 anos, há um processo reflexivo do indivíduo acerca de sua trajetória profissional. E, no terceiro período, a partir dos 50 anos, o indivíduo busca condições satisfatórias para se afastar de sua realidade profissional, se aposentar.[33]

A trajetória profissional encontra-se na da vida adulta, naturalmente. Assim, para compreender o ciclo de vida docente, torna-se salutar a compreensão das etapas que a permeiam. Inicialmente, destaca-se o processo histórico da inserção do professor no contexto social, pois, para Nóvoa,[34] a crise de identidade do profissional docente ocorre em paralelo com a evolução da separação entre o "eu pessoal" e o "eu profissional", em que os sistemas educativos foram reduzidos às dimensões racionais. Para o autor, é essa separação que favoreceu o processo de desprofissionalização. Esse processo é representado na Figura 6.

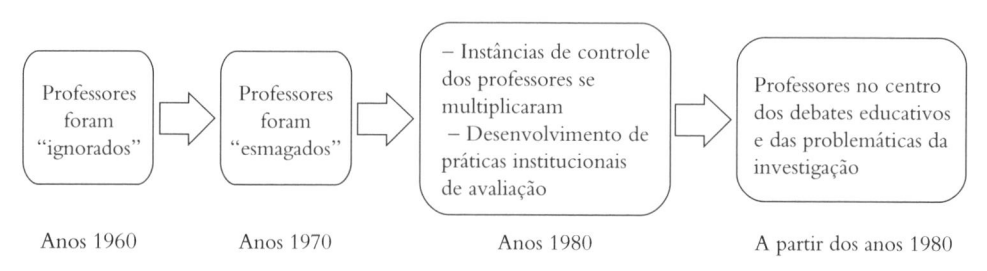

| Professores foram "ignorados" | Professores foram "esmagados" | – Instâncias de controle dos professores se multiplicaram<br>– Desenvolvimento de práticas institucionais de avaliação | Professores no centro dos debates educativos e das problemáticas da investigação |
|---|---|---|---|
| Anos 1960 | Anos 1970 | Anos 1980 | A partir dos anos 1980 |

**Fonte:** Elaborado pelos autores a partir de Nóvoa (2000).[35]

**Figura 6. Histórico dos professores**

Historicamente, nos anos 1960, os professores eram figuras inexistentes, isto é, não eram considerados como fatores na dinâmica educativa. Nos anos 1970, a situação era pior, pois os professores tinham visibilidade, entretanto negativa, já que eram considerados fatores responsáveis pela reprodução da desigualdade social. Nos anos 1980, as questões técnicas da educação foram se desenvolvendo e, a partir desse mesmo ano, as discussões e as evidenciações acerca do profissional docente e todas as questões que o permeavam são retomadas.[36]

A carreira docente no ensino superior é uma escolha profissional de muitos desafios para aqueles que optam por segui-la, especialmente quando se tem pouco incentivo à docência. Essa é uma realidade que pode ser vista em cursos da área de negócios, em que se tem uma

> *A carreira docente no ensino superior é uma escolha profissional de muitos desafios para aqueles que optam por segui-la, especialmente quando se tem pouco incentivo à docência.*

pecha de que "quem não sabe fazer, ensina". Por isso, torna-se ainda mais relevante investigar as fases pelas quais passam esses profissionais que escolhem a vida acadêmica.

## 3.1 Fases do ciclo de vida docente e novas possibilidades de ações

Apesar dos poucos estudos específicos dessa área na literatura, identificam-se alguns trabalhos que se dedicam à análise das fases profissionais dos professores na área de negócios, os quais predominantemente encontram correspondência com as fases propostas pela literatura. Principalmente, as elencadas por Huberman[37] que, seguindo uma abordagem sob a perspectiva do desenvolvimento humano, destaca que podem existir diferentes trajetórias na carreira do professor, a depender do desenvolvimento ocorrido em cada etapa, conforme detalha a Figura 7.

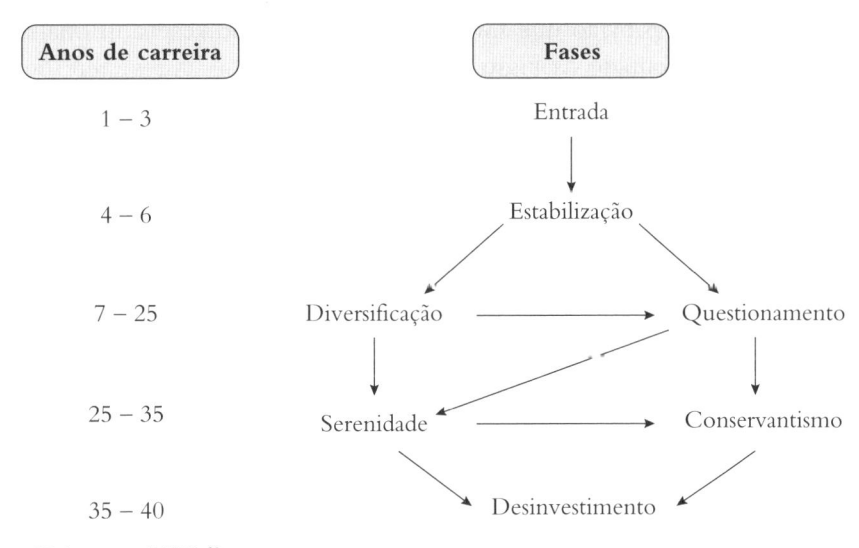

**Fonte:** Huberman (2000).[38]

**Figura 7. Fases do ciclo de vida docente**

A fase inicial (entrada na carreira) ocorre durante os primeiros três anos, podendo ainda ser denominada "exploração". É nessa etapa que o profissional descobrirá a nova realidade de vida na qual está inserido e em que passará por novas experiências. Essa etapa poderá resultar em três situações:

1. sobrevivência, situação em que o profissional se confronta com o processo de transição aluno-professor – um período conturbado em que há grande incidência de desmotivação e a possibilidade de ocorrência do supramencionado choque com a realidade, que pode até fazer com que o profissional abandone a docência;
2. descoberta, situação que tende a ser a oposta à anterior, na qual o profissional se encontra satisfeito e entusiasmado com a nova realidade; e
3. indiferença, situação que, segundo Jesus e Santos,[39] ocorre quando o professor escolhe a profissão docente por não ter outras opções profissionais.

Diversos fatores são responsáveis por guiar o ciclo de vida docente. É nessa primeira fase que os caminhos já serão demarcados. Nesse sentido, identificar o contexto em que o professor está imerso já nessa fase inicial poderá ajudar a compreender as fases seguintes e, por conseguinte, a trajetória profissional.

> *Diversos fatores são responsáveis por guiar o ciclo de vida docente.*

Em uma amostra de 84 professores do curso de Ciências Contábeis no Brasil, Lima et al.[40] buscaram identificar os principais problemas enfrentados pelos docentes nos três primeiros anos de carreira. O estudo indicou que, dentre outros, os principais problemas são desmotivação dos discentes, heterogeneidade das classes, salas lotadas e falta de tempo, que consistem em obstáculos que poderão fazer com que o docente enfrente o choque de realidade, conforme denominado inicialmente por Kramer,[41] e que convergem para as causas apontadas por Veenman.[42] O Quadro 1 resume os problemas enfrentados pelos docentes, conforme Veenman.

É de conhecimento comum que a fase inicial de qualquer carreira é marcada por situações inesperadas. Na trajetória profissional docente não seria diferente. A literatura ressalta que o problema ocorre também quando se analisam docentes da área de negócios, tendo em vista a falta de formação pedagógica para o exercício da profissão docente por esses profissionais.

A ideia de "de repente" se tornar professor faz com que essa transição estudante-professor os amedronte de modo a tornar mais difícil a sua entrada na profissão. Por isso, a fase inicial do exercício docente é agravada, possibilitando a emersão da situação do choque com a realidade.

## Quadro 1. Problemas enfrentados pelos docentes

| Disciplina em sala de aula | Políticas escolares (regras) |
|---|---|
| Motivação dos alunos | Determinação do nível de aprendizagem dos alunos |
| Lidar com diferenças individuais | Domínio sobre o conhecimento |
| Avaliação do trabalho dos alunos | Grande carga de trabalho |
| Relações com os pais e mães | Relações com a diretoria |
| Organização dos trabalhos em classe | Estrutura escolar inadequada |
| Materiais insuficientes | Lidar com alunos lentos |
| Lidar com os problemas individuais dos alunos | Lidar com alunos diferentes (cultura) |
| Carga de ensino pesada, tempo insuficiente | O uso do material didático |
| Relações com os colegas | Falta de tempo livre |
| Planejamento das aulas | Orientação inadequada |
| Uso de métodos diferentes | Tamanho grande da classe |

**Fonte:** Adaptado de Veenman (1984).[43]

Na fase 2, a "estabilização", que ocorre entre o 4º e o 6º anos da carreira, o profissional já acredita em sua competência e assume sua identidade profissional, o que lhe traz segurança e confiança. Nessa fase, há maior domínio na sala de aula, a prática pedagógica começa a se consolidar, o professor passa a ter maior clareza quanto ao seu posicionamento em sala de aula.[44]

A terceira fase, que compreende o período do 7º ao 25º ano da carreira, denomina-se "diversificação". O profissional sente-se ainda mais seguro, com elevada motivação, e passa a fazer uso de novas metodologias para a sua prática docente, engajando-se também nas práticas administrativas como, por exemplo, participação nos conselhos universitários, colegiados de curso, comissões avaliativas, grupos de pesquisa, ou, ainda, assumindo responsabilidades como coordenadores de curso ou diretores de unidades acadêmicas. Essa fase também pode ser denominada como "questionamento", pois é o momento em que o profissional reduz suas práticas docentes e começa a se perguntar quais alternativas ele possui.[45] Essa fase, portanto, pode ser um estágio de diversificação, de experimentação e de motivação para o docente, que estará em busca de novos desafios e se tornando mais crítico. Por outro lado, pode ser uma fase de crise devido aos questionamentos advindos, principalmente, da insatisfação de suas atividades. Ele se torna mais reflexivo acerca de seu exercício profissional diário e isso poderá resultar em mudanças que refletirão nas fases subsequentes.[46]

Ainda de acordo com Huberman,[47] tais fases não são regra. Logo, a depender do contexto profissional, elas podem até mesmo não existir. Considerando os diferentes meios profissionais e a dinamicidade do cenário, acredita-se que, na área de negócios, a fase 3 pode ser diferente do que propõe o autor. Certamente, as questões de inovação que cercam tal área e a ânsia pelo desenvolvimento profissional fazem com que essa fase seja um pouco mais curta. No entanto, ainda não foram localizados estudos que tenham feito um mapeamento das fases na área de negócios no Brasil. Nessa área, também é comum perceber que docentes ingressantes já participam de grupos de pesquisa e assumem alguma responsabilidade administrativa.

Já a penúltima fase, que ocorre entre os 25 e 35 anos de carreira, depende de como o profissional vivenciou a terceira fase. Pois, se foi via "diversificação", ele entrará na fase de "serenidade" ou do "distanciamento afetivo", em que ocorre o início do afastamento de suas atividades e dos alunos de forma serena e natural. O professor passa a não se preocupar com as avaliações dos colegas, não há ambição como no início da carreira e ele considera que não tem mais nada a provar. Assim, é mais seletivo nas atividades a desempenhar. Por outro lado, se a fase anterior foi considerada um "questionamento", nessa quarta fase ele passará pelo "conservantismo", fase em que o docente cultiva lamentações e rigidez, não pensa em evoluções no futuro e não se preocupa em adaptar-se às mudanças necessárias.[48]

Por fim, a quinta fase é conhecida como "desinvestimento". É nessa fase, entre os 35 e 40 anos de experiência na docência, que os professores começam a sair de sua profissão e a pensar mais em si próprios. Essa saída da carreira pode ser serena ou amarga, dependendo de como foram suas experiências nas fases anteriores. Se houve "serenidade" na fase precedente, a saída se dará de forma equilibrada. Já se o profissional passou pela fase de "conservantismo", a saída poderá ser amarga e ele se sentirá frustrado pela vida profissional que levou, assim como ocorre na penúltima fase.[49]

Huberman[50] propõe tais etapas, contudo afirma que esse ciclo de vida profissional é fortemente afetado pela motivação do docente. Além disso, destaca que cada etapa, que compõe os anos de experiência da prática docente, é marcada por acontecimentos e por situações que irão delimitar o seu início e o seu fim.

Ainda assim, as variáveis "tempo de carreira" e "fases do ciclo de vida docente" podem não ser totalmente correspondentes, pois outros fatores, tais como a inserção em atividades de ensino, pesquisa e extensão no decorrer da graduação, podem interferir na cronologia dos anos de cada fase. Ou seja, o quanto o professor se envolve em outras atividades além da sala de aula, quer por vontade própria ou não, pode provocar impactos no seu ciclo profissional.

Com relação aos problemas enfrentados no início e no decorrer da carreira docente, a desmotivação do corpo discente tende a ser um dos mais citados. Outros como o tamanho e a heterogeneidade das turmas, a insegurança, o domínio do conteúdo ministrado e o tempo para preparar aulas também podem ser mencionados. Nesse aspecto, os problemas elencados pela literatura e os encontrados nas pesquisas são correspondentes, com poucas diversificações de intensidade e de roupagem em cada experiência e em cada fase do ciclo de vida docente.[51]

> *Os problemas elencados pela literatura e os encontrados nas pesquisas são correspondentes, com poucas diversificações de intensidade e de roupagem em cada experiência e em cada fase do ciclo de vida docente.*

Destaca-se, ainda, que muitos problemas são sentidos especialmente por professores que estão no início da carreira,[52] o que pode ocasionar diversas situações, como desistência ou desmotivação da trajetória profissional. Porém, acredita-se que muitas dificuldades no início da carreira possam ser superadas com o tempo, por exemplo, com a formação contínua dos docentes.

Araújo et al.[53] analisaram as trajetórias profissionais de docentes aposentados de uma instituição de ensino superior pública brasileira, visando compreender como o envelhecimento do professor é construído e experienciado nos itinerários percorridos. O estudo utilizou como referência os postulados de Huberman sobre o ciclo de vida profissional. Foram mapeados sentimentos, expectativas e dificuldades expressas por esses profissionais. A análise realizada evidencia como o envelhecimento é construído e experienciado ao longo do ciclo de vida profissional, pelos professores entrevistados. O estudo conclui que a construção do envelhecimento no campo do trabalho não está ligada somente à idade cronológica, mas são vários elementos e critérios que estão inter-relacionados e refletem em uma identidade etária estabelecida profissionalmente.

Nas entrelinhas das reflexões propostas acima, outros temas se mesclam, como: as experiências traumáticas e a repercussão que elas têm na vida profissional do docente; o papel do professor na motivação dos alunos; as habilidades e experiências exigidas para o exercício da docência; a dedicação exclusiva dos docentes das universidades federais e o distanciamento da realidade dos mercados; o questionamento sobre a eficácia da titulação acadêmica na preparação para o exercício da docência; e a identificação de quais instrumentos podem auxiliar os docentes a diagnosticar o perfil e as necessidades dos alunos.

Com o intuito de minimizar os efeitos de um possível choque de realidade, algumas dicas para os docentes são destacadas: realizar um adequado planejamento de cada aula;*

---

* As etapas a serem percorridas para a elaboração de um efetivo planejamento educacional podem ser vistas com profundidade no Capítulo 1: "Planejamento no ensino superior".

não assumir muitas aulas no início da carreira para que não haja sobrecarga; buscar a formação inicial e continuada; buscar se envolver nas atividades de extensão, como monitoria e iniciação científica, quando ainda aluno de graduação; exercer com afinco as atividades previstas no estágio da docência, quando aluno de pós-graduação; manter bom relacionamento e diálogo constante com a coordenação do curso e com os outros professores, principalmente os mais experientes, pois estes poderão ajudá-lo no enfrentamento de determinadas situações, dentre outras.

É importante ressaltar, ainda, que a cooperação entre os docentes também é um fator que pode colaborar para que esse processo ocorra de forma mais agradável. A instabilidade e a insegurança predominantes no início da carreira podem ser amenizadas se professores em ciclos posteriores se dispuserem a compartilhar suas experiências com os docentes iniciantes. Compreender cada fase – seus êxitos e dissabores, as dificuldades e transformar em possibilidade a colaboração – pode transformar o ciclo em uma estratégia de superação para todos os que passam por cada ciclo da vida docente.

> *Compreender cada fase – seus êxitos e dissabores, as dificuldades e transformar em possibilidade a colaboração – pode transformar o ciclo em uma estratégia de superação para todos os que passam por cada ciclo da vida docente.*

Para Cavaco[54], a felicidade profissional dentro do processo desenvolvido em ciclos advém da disponibilidade desses novos professores de aceitar aventuras, correr riscos, enfrentar desafios, traçar metas, reconhecer o valor dos acertos e dos erros, a partir da análise da própria experiência, além de escutar e reconhecer os outros.

# 4. Considerações finais

É sabido que o exercício da docência exige um conjunto de saberes técnicos, didáticos e pedagógicos, dentre outros, como bem ilustrou Barlow[55] na passagem a seguir.

> O ensino é uma profissão tão paradoxal que quem a exerce deveria possuir, ao mesmo tempo, as qualidades de estrategista e de tático de um general do exército; as qualidades de planejador e líder de um dirigente de empresa; a habilidade e a delicadeza de um artesão; a destreza e a imaginação de um artista; a astúcia de um político; o profissionalismo de um clínico geral; a imparcialidade de um juiz; a engenhosidade de um publicitário; os talentos, a ousadia e os artifícios de um ator; o senso de observação de um etnólogo; a erudição de um hermeneuta; o charme de um sedutor; a destreza de um mágico e muitas outras qualidades cuja lista seria praticamente ilimitada.[56]

As qualidades inerentes à prática docente evidenciam a multiplicidade de habilidades de que os professores devem dispor em seu cotidiano.[57] Tendo em vista as capacidades requeridas, não só é fundamental que haja equilíbrio, uma vez que é preciso uma base teórica sólida, mas também é necessária a utilização de exemplos próximos aos alunos, para que o aprendizado tenha significado e esteja alinhado com as práticas de mercado. Por isso, é o conjunto que propicia a reflexão da ciência e a transformação da realidade.

Entende-se que a docência no ensino superior exige o conhecimento da área profissional em que se está atuando. Contudo, somente esse conhecimento não é suficiente. Por isso, é preciso debater sobre a forma como está sendo oferecido o ensino superior para que esse seja realmente o agente que possa provocar transformações nos indivíduos e na sociedade.[58]

É preciso uma mudança nos moldes do ensino superior brasileiro, que substitua a mera transmissão de conhecimentos por uma orientação direcionada ao pensamento autônomo. Para tanto, é necessária a utilização de metodologias que priorizem a pesquisa acadêmica e que auxiliem na formação de sujeitos críticos, reflexivos e ativos que sejam capazes de propor soluções para a sociedade.

Para que o professor alcance esses objetivos, ele precisa saber como fazer. O que se tem presenciado é que, nos anos iniciais da carreira, falta formação docente capaz de subsidiar o trabalho do professor quanto ao processo de ensino e de aprendizagem, de avaliação, de planejamento das atividades acadêmicas e, até mesmo, da própria condução das aulas. Em suma, falta-lhe conhecimento didático-pedagógico.

Essa situação contribui para um começo difícil, em que o professor não se sente preparado para lidar com a realidade das salas de aula, o que contribui para a desmotivação de muitos profissionais e a reprodução de um modelo de ensino arcaico, que não traz contribuições significantes para a formação dos alunos. Dessa forma, além das dificuldades enfrentadas pelo professor, tem-se o risco de afetar o aprendizado e o desempenho do aluno que está buscando sua formação.[59]

Portanto, realça-se a necessidade da busca pela suavização dessa transição aluno-professor, com vistas a minimizar o choque de realidade, para que seja possível que o docente avance nas etapas de seu ciclo e termine sua vida profissional de forma serena. Nesse contexto, a inserção de atividades concernentes à docência, antes mesmo do início da carreira profissional do professor, se apresenta como uma boa alternativa para que os estudantes, enquanto professores em formação, possam conhecer a realidade em que pretendem ingressar profissionalmente.

> *A inserção de atividades concernentes à docência, antes mesmo do início da carreira profissional do professor, se apresenta como uma boa alternativa para que os estudantes, enquanto professores em formação, possam conhecer a realidade em que pretendem ingressar profissionalmente.*

É importante destacar que o envolvimento dos alunos da graduação em atividades de extensão, de monitoria e de pesquisa pode amenizar algumas dificuldades, como o processo de "dormir profissional e acordar professor". Além disso, outras medidas também devem ser adotadas em relação ao preparo de profissionais voltados à docência, principalmente considerando o desafio formado pela ampliação do acesso ao ensino superior e pela necessidade de alinhamento desse movimento à qualidade do ensino ofertado e à formação de docentes preparados para lidar com um ambiente novo e dinâmico.

Por fim, destaca-se a importância de que a reflexão acerca da carreira docente e das nuances que a envolve sejam permanentes, compreendendo além dos aspectos racionais, também os emocionais e os cognitivos, uma vez que a academia precisa ampliar os estudos que englobam os ciclos de vida do docente, principalmente daqueles que exercem suas atividades em algumas áreas específicas, como a dos cursos de Negócios, em função das especificidades da formação dos profissionais docentes dessa área. Conhecer a trajetória de vida dos professores tem sido foco de alguns estudiosos na área educacional. Examinar o trajeto da carreira do docente possibilita várias discussões, principalmente investigar se o percurso vivido por um indivíduo interfere na sua vida adulta e na sua profissão.

# 6 Formação docente para o ensino superior

**IZAEL OLIVEIRA SANTOS**
**GILBERTO JOSÉ MIRANDA**

### Quem ensina a ser professor?

Era semana do "saco cheio" nas escolas de ensino fundamental. As crianças, sem aula, ficavam em casa. Eu estava na sala de professores da universidade, que compartilho com minha colega Ed, quando chegaram ela e um casal de sobrinhos, uma menina de uns sete anos, a Rafinha, e um menino de uns nove anos, o Tavinho.

Logo em seguida, chegou Dara, a estagiária que acompanha Ed nas aulas. Cumprimentei todos e fiquei observando.

– Dinda, quem é essa moça? Perguntou Rafinha.

– Esta é a Dara. Ela me acompanha nas aulas, pois está aprendendo a ser professora comigo, Ed respondeu de forma bem clara e pausada.

– Mas, Dinda, você ensina a ser contador! Para ela aprender a ser professora, ela deveria estudar com quem ensina ser professor...

Ed ficou em silêncio, pensativa... Não respondeu à observação da sobrinha, que já estava envolvida com os brinquedos novamente. Parecia ser complicado explicar a uma criança que não há formação específica para o exercício da docência no ensino superior.

# 1. Introdução

Qual a formação suficiente e necessária para atuar como professor de ensino superior? Como obter essa formação ou capacitação inicialmente? Como manter-se atualizado em sua prática pedagógica? Esse são dilemas constantemente enfrentados por professores de ensino superior, em diversas áreas de conhecimento, em diferentes tipos de instituições de ensino superior e, podemos dizer, em todo o mundo. Em geral, a preparação para atuação no ensino superior acontece na prática, por meio dos Estágio Docência, no Brasil, ou pelo *Graduate Teaching Assistantship*, no exterior. Essas são atividades vinculadas aos programas de pós-graduação.

Além disso, a Lei de Diretrizes e Bases da Educação Nacional (LDB) indica que, para atuar como professor nos cursos de graduação do ensino superior, a formação deve ser realizada prioritariamente nos cursos de pós-graduação *stricto sensu*, ou seja, nos programas de mestrado e doutorado.[1]

No entanto, ao se analisar a estrutura de disciplinas dos programas de pós-graduação, em geral, verifica-se que as disciplinas de metodologia de ensino, quando oferecidas, não são obrigatórias e que o Estágio Docência é uma das poucas atividades voltadas para a formação didática dos futuros professores universitários.[2] Porém, como política de formação docente, mesmo o Estágio Docência tem limitações, uma vez que a Comissão de Aperfeiçoamento de Pessoal do Nível Superior (Capes) apenas prevê sua obrigatoriedade para bolsistas. Ou seja, mesmo o Estágio Docência não é um requisito de formação para todos os pós-graduandos.

Outro ponto importante a ser considerado é que os professores com formação acadêmica de mestrado e doutorado estão, sobretudo, nas instituições públicas e nas instituições particulares voltadas à pesquisa. Esses são professores profissionais, que se dedicam, geralmente em regime de tempo integral, ao ensino, à pesquisa e à extensão. Por outro lado, as instituições particulares, dedicadas ao ensino, contratam os chamados profissionais professores, que são profissionais em sua área de formação em tempo integral e se dedicam ao ensino no período noturno, deslocando-se de seu trabalho para atender aos compromissos de ensino

> *Esses são professores profissionais, que se dedicam, geralmente em regime de tempo integral, ao ensino, à pesquisa e à extensão. Por outro lado, as instituições particulares, dedicadas ao ensino, contratam os chamados profissionais professores, que são profissionais em sua área de formação em tempo integral e se dedicam ao ensino no período noturno, deslocando-se de seu trabalho para atender aos compromissos de ensino e encontrando-se, nas salas de aula dessas instituições, com os estudantes, na maioria trabalhadores.*

e encontrando-se, nas salas de aula dessas instituições, com os estudantes, na maioria trabalhadores.

Diante desse quadro, o professor de ensino superior, em geral, chega à sala de aula sem formação pedagógica para o exercício docente. Essa formação didática frágil gera impactos diretos e indiretos em sua atuação no processo de ensino e de aprendizagem. Muitos docentes não desenvolvem as competências didático-pedagógicas necessárias para sua atuação em sala de aula e enfrentam desafios, principalmente no início da profissão. Além disso, as mudanças contemporâneas, como a inserção de novas tecnologias, a resistência dos estudantes aos métodos tradicionais de ensino, a deficiência de conhecimentos básicos por parte dos estudantes, dentre outros desafios enfrentados, limitam e intimidam os docentes, que passam a ter um sentimento de "solidão pedagógica".* [3-4]

A complexidade da docência no ensino superior, pautada pelas tensões e pelas mudanças sociais, políticas e econômicas, com reflexos na própria universidade e na socialização do conhecimento, exige para o exercício profissional diversos saberes e competências, enfatizando a importância do debate acerca da pedagogia universitária e da formação docente.

O professor, em sua prática pedagógica diária, dentro desse contexto dinâmico, precisa estabelecer relações entre elementos didáticos e pedagógicos, como planejamento escolar, curricular e de ensino, estruturação de conteúdos e de disciplinas, usos e alcances de estratégias didáticas, avaliação discente, objetivos educacionais e relação professor-aluno. Esse relacionamento exige dele uma formação científica e didática que, em geral, não esteve presente nos cursos de graduação e de pós-graduação.

Nesse sentido, o propósito deste capítulo é inserir os professores na discussão sobre a sua formação didático-pedagógica na academia. Com base nessas discussões e reflexões, tem-se como objetivos: (1) apresentar uma concepção didático-conceitual da pedagogia universitária; (2) compreender as dimensões da formação docente; (3) identificar as tensões e as perspectivas da docência universitária; e (4) propor alternativas para a formação didático-pedagógica inicial e continuada para os professores.

# 2. Pedagogia universitária

O termo **pedagogia** é de origem grega, formado pela junção de *paidós* (criança) com *agoge* (condução). *A priori*, pode-se observar que a própria construção da palavra remete à preocupação com a formação inicial dos indivíduos. Nesse sentido, "os conhecimentos pedagógicos se constituíram distantes do espaço universitário",[5] de forma que a sua cientificidade só foi reconhecida mais tardiamente, tendo como

---

* Essa expressão refere-se ao sentimento de desamparo do professor, que se vê privado dos conhecimentos pedagógicos necessários para a prática do ato educativo.

foco principal a criança, "honrando a origem da palavra grega que a constituiu e construindo uma imagem social muitas vezes distorcida da sua amplitude e complexidade".[6] Por isso, por muitos anos, as discussões e as pesquisas relacionadas à pedagogia focaram o processo de ensino e de aprendizagem de crianças e de adolescentes.

Desde a Grécia, foram delineadas duas concepções para a pedagogia:

1. a partir de uma reflexão filosófica, que remete à finalidade ética de guiar a atividade educativa;
2. como base em uma reflexão empírico-prática da formação da criança para a vida.

A segunda concepção fortalece o significado etimológico da palavra. A partir do século XVII, buscou-se a unificação dessas duas concepções, chegando-se a um sistema pelo qual a pedagogia passou a contemplar os fins da educação e os meios educacionais.[7]

Dessa forma, a pedagogia pode ser compreendida como a ciência que estuda o processo de ensino-aprendizagem, buscando meios para alcançar a formação integral do estudante. Constitui-se, ainda, como um campo de aplicação de conhecimentos pedagógicos no âmbito do ensino superior. A pedagogia universitária assume para si um público-alvo,

> *Dessa forma, a pedagogia pode ser compreendida como a ciência que estuda o processo de ensino-aprendizagem, buscando meios para alcançar a formação integral do estudante.*

formado por estudantes adultos no contexto de formação profissional. No caso do Brasil, mais apropriadamente, estudantes trabalhadores, em busca de uma qualificação profissional. Assim,

> a **pedagogia universitária** pode ser compreendida como um espaço em movimento, no qual podemos analisar e compreender os fenômenos de aprender e de ensinar as profissões, sobretudo, um espaço no qual a própria docência universitária em ação pode ser revisitada e constantemente reconstruída.[8]

Em outras palavras, a pedagogia universitária compõe-se de um conjunto de competências que devem ser trabalhadas no processo de formação de docentes, cujo objetivo é instrumentalizar* o saber aprender e o saber ensinar, como competências técnico-científicas, práticas e humanistas. Alguns autores[9] defendem a existência de

---

* Observe que o termo "instrumentalizar" é utilizado no sentido de viabilizar mecanismos para conectar conhecimentos, subjetividades e cultura, e não com o sentido de dar condição instrumental à pedagogia universitária por meio de prescrições e de normas.

"pedagogias universitárias". O plural é justificado como um contraponto à visão generalizadora de uma única dimensão das práticas de ensinar e de aprender. A partir da análise de estudos correlatos, chega-se à conclusão de que dentro do espaço acadêmico diversas relações permeiam e interferem na pedagogia. Duas são citadas:

1. a natureza do conhecimento, sua cultura e valores construídos historicamente, e como ela é percebida pelos professores, pelos estudantes e pela sociedade;
2. a regulação da relação de poder e do mundo do trabalho por uma macro estrutura social, a distribuição do conhecimento e como isso interfere nas opções pedagógicas das universidades.[10]

A formação docente se constitui de: **formação técnico-científica**, que se refere ao domínio do conteúdo, das teorias que sustentam a área de conhecimento e a profissão; **prática**, que é o conhecimento adquirido pela prática profissional do docente, que, na sala de aula, transforma-se em exemplos próximos aos alunos; **humana**, que envolve a compreensão de valores éticos e morais e do contexto social e político, além de habilidades de relacionamento interpessoal; e **pedagógica**, que se refere à compreensão de temas relacionados ao exercício da docência, de estratégias e procedimentos didáticos que auxiliam, que direcionam o como ensinar.[11]

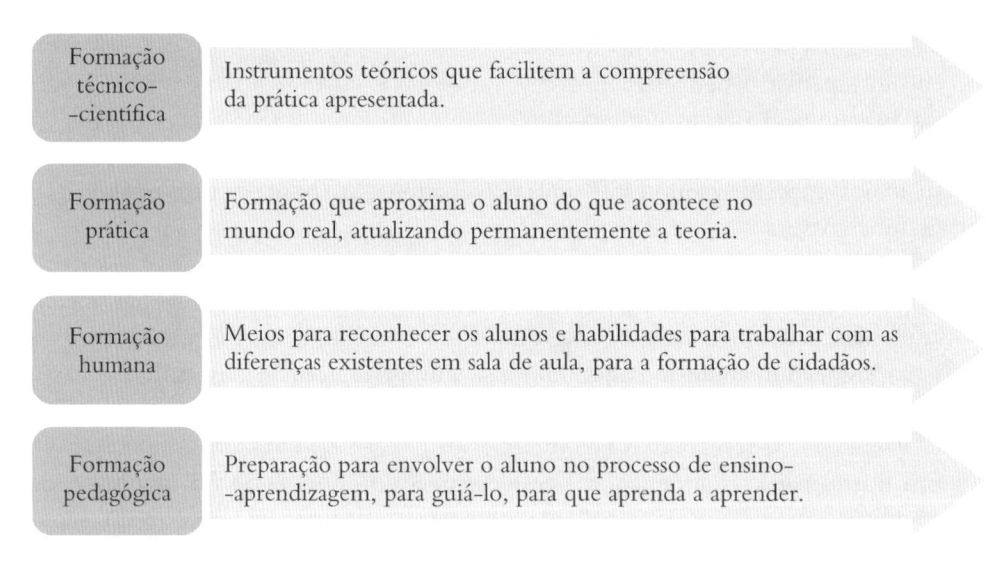

**Fonte:** Elaborada pelos autores com base em Cunha (2008).[12]

**Figura 1. Tipos de formação docente**

O professor universitário tem o papel de incluir no processo de ensino-aprendizagem a reflexão crítica de seu conteúdo, contextualizada pelos aspectos profissionais, sociais e políticos do ambiente em que está inserido. Ele só conseguirá fazer isso se a ele for propiciada uma formação didático-pedagógica adequada.[13-14]

A visão tradicional e míope, que considerava o professor a partir dos conteúdos por ele acessados em sua formação – por exemplo: o contador entende de contabilidade e o administrador, de administração, logo, eles podem ensinar tais conteúdos – não deve ter espaço na concepção profissional do docente na estrutura que existe hoje, pois apenas saber o conteúdo não é suficiente à docência. O desempenho profissional do professor tem relação direta e íntima com outros elementos da docência. Cabe salientar que o professor universitário foi historicamente construído como o indivíduo com profissão paralela no mercado de trabalho, cujo recrutamento partia da lógica de que "quem sabe fazer, sabe ensinar".[15]

Por isso, a pedagogia universitária deve compreender os processos de pensar e de fazer, a prática pedagógica, os saberes e as competências referentes às práticas docentes e ao currículo. O seu campo de aplicação é promissor, especialmente no tocante às reflexões acerca da construção de universidades pedagógicas,[16] ou seja, na qual a pedagogia esteja emaranhada no íntimo da estrutura da instituição e não circunscrita a iniciativas individuais e isoladas.

A formação docente é uma das preocupações essenciais da pedagogia universitária, pois é preciso preparar os professores para lidar com o ambiente da sala de aula e tratar as mudanças e a realidade desse nível de ensino.[17]

Por fim, a introdução e o desenvolvimento do conceito de pedagogia universitária traduz a necessidade de se reconhecer que os professores universitários precisam de uma série de competências e de saberes para o exercício da docência. O domínio da técnica científica e profissional é necessário, contudo, as formações pedagógica, social e política

> *A formação docente é uma das preocupações essenciais da pedagogia universitária, pois é preciso preparar os professores para lidar com o ambiente da sala de aula e tratar as mudanças e a realidade desse nível de ensino.*

são indispensáveis, porque o ensino superior deve propiciar a formação de cidadãos com capacidade crítico-reflexiva e de intervenção nas situações que são postas pela sociedade e pelo mercado, e não apenas de copiadores e replicadores de técnicas e de modelos.

A transformação e expansão intensa nas quais se insere, atualmente, o processo educacional trazem consigo a real necessidade de mudança nas práticas e nas funções dos professores. Isso é importante, pois o professor precisa assumir um papel de agente transformador, cuja responsabilidade é formar cidadãos que trarão, em um futuro próximo, retorno para a sociedade. Entretanto, cumprir essa responsabilidade não é tarefa fácil.

# 3. Professores e a formação docente

Quem é o professor universitário? Entendemos o professor universitário como o docente responsável pela formação profissional de indivíduos. Observe, no entanto, que, como expressado no tópico anterior, a responsabilidade do professor universitário não se restringe ao conteúdo técnico das disciplinas. Argumentamos que a formação deve ser plena, de forma a desenvolver no educando o senso crítico e a capacidade de análise. Para Libâneo,[18] existem dois problemas recorrentes no ensino universitário: [1] "desconhecimento ou a recusa das contribuições da pedagogia e da didática" e [2] "a segregação entre o conteúdo da disciplina ensinada, sua epistemologia e os métodos de investigação". Explica o autor que alguns professores são adeptos da didática tradicional, voltada para aspectos prescritivos e instrumentais do ensino. Já outros não se preocupam em auxiliar o estudante a vincular a própria aprendizagem ao domínio dos procedimentos lógicos e investigativos da disciplina.

Ora, na era da informação, a simples transferência do conhecimento teórico acumulado no curso da história não pode ser considerado a lógica do sistema de ensino. Afinal, todo esse conhecimento pode ser acessado por qualquer um, a qualquer momento. Portanto, o professor deve ser o profissional que faz a interlocução desse conhecimento com a realidade social encontrada, articula-o com o contexto do estudante e promove a compreensão, a construção conjunta do conhecimento e o desenvolvimento do processo de aprender com autonomia.

> *O professor deve ser o profissional que faz a interlocução desse conhecimento com a realidade social encontrada, articula-o com o contexto do estudante e promove a compreensão, a construção conjunta do conhecimento e o desenvolvimento do processo de aprender com autonomia.*

Nesse sentido, a educação não deve ser compreendida apenas sob os aspectos de métodos e de técnicas mas, também, pelo relacionamento entre conhecimento e sociedade. Além disso, é necessário considerar a conjuntura social em que o ensino ocorre.[19] A preocupação do professor com o que vai ensinar não é errada; é necessária. Todavia, é preciso que ele se atente também para aqueles que construirão o ensinamento, os "alunos".[20]

Com as mudanças no ensino superior, desde o século XX, o papel do docente se alterou,* sendo requeridas outras práticas como: o conhecimento sobre as tecnologias de informação e de comunicação; o domínio da investigação científica, entre outros. Nesse contexto, a docência universitária deve ser voltada à aprendizagem, sendo necessário que o professor estabeleça seu planejamento educacional de modo

---

* O vídeo do professor José Carlos Libâneo, disponível no link <https://www.youtube.com/watch?v=6kk__FXVwC0>, é bem esclarecedor nesse sentido.

a atingir os objetivos relacionados ao desenvolvimento cognitivo, afetivo-emocional, às habilidades e às atitudes dos alunos.[21]

Ainda é grande o espaço a ser coberto para que se alcance um cenário adequado de estrutura de ensino e de formação docente, especialmente o do ensino superior. No Quadro 1 são apresentados quatro características predominantes na docência universitária e pontos de intersecção para transformá-las.[22]

**Quadro 1. Características da docência universitária e pontos de interseção para transformá-las**

| | |
|---|---|
| **Predominância de aula conteudistas** | *O que é?* Característica do ensino tradicional, que vê o saber científico como única verdade. |
| | *Problema* – Despreza as dinamicidades do processo de ensino e de aprendizagem na realidade acadêmica. |
| | *Como mudar?* A partir da concepção de que o ensino é uma atividade continuada de construção do saber, sendo crítico em relação ao conhecimento existente e interligado às necessidades da sociedade. O professor deve assumir uma postura de sujeito que, ao mesmo tempo em que ensina, aprende e constrói aprendizagem. |
| **Valorização do conhecimento técnico em detrimento do conhecimento pedagógico** | *O que é?* Resquício da ideia historicamente construída no recrutamento para o professorado, daquele indivíduo que está no mercado e sabe fazer. |
| | *Problema* – Desvaloriza a segunda especialidade exigida do professor universitário, o saber ensinar. |
| | *Como mudar?* Compreendendo que o ensino supera a transmissão e a reprodução do conhecimento existente, e que, sendo uma atividade complexa, exige formação científica também no campo pedagógico. |
| **Docência superior como profissão complementar** | *O que é?* Em virtude de pouco prestígio e/ou baixo retorno financeiro, muitos professores assumem a docência apenas como uma atividade para complementar sua renda. |
| | *Problema* – Pode provocar baixos interesse e investimento na formação profissional necessária ao exercício da docência, tanto pelo professor quanto pela instituição de ensino. |
| | *Como mudar?* Por meio da valorização e da profissionalização da docência e de investimento em políticas de incentivo à formação necessária. |
| **Ausência de políticas públicas e institucionais para formação de professores** | *O que é?* Lacunas normativas e ausência de políticas públicas e institucionais para disciplinar a formação de professores universitários. |
| | *Problema* – Manutenção do quadro de professores formado por indivíduos que sabem fazer, mas que não acessaram nenhuma formação científica voltada para à carreira acadêmica. |
| | *Como mudar?* Transformando a estrutura do próprio sistema de ensino superior, criando políticas e regulamentando a formação adequada. |

**Fonte:** Estruturado a partir do trabalho de Torres (2014).[23]

O professor universitário está constantemente diante de desafios e de obstáculos que surgem em razão da própria dinâmica do conhecimento, da sociedade e do sistema de ensino, e de seus reflexos na estrutura das universidades.

Sabe-se que, segundo Almeida e Pimenta,

> a preparação de docentes para a vida acadêmica [...] ocorre em geral em programas de pós-graduação *stricto sensu*, nos quais o futuro docente desenvolve os conhecimentos teóricos e instrumentais da atividade de pesquisa e consolida as apropriações referentes ao seu campo científico de atuação.[24]

No entanto, é importante refletir sobre até que ponto tais disciplinas oferecidas na pós-graduação conseguem desenvolver tanto as habilidades relacionadas à pesquisa quanto as requeridas para as atividades de ensino. Os próprios autores reconhecem que esses programas não conseguem preparar pós-graduandos para o exercício da docência, pois o foco prioritário é a pesquisa, com poucas oportunidades para a formação pedagógica de futuros professores, como falamos anteriormente. Por isso, o que predomina nas instituições de ensino superior é o despreparo para lidar com os processos de ensino e de aprendizagem.

É amplamente aceita a ideia de que é preciso uma mudança nos moldes do ensino superior para que seja substituída a mera transmissão de conhecimentos pela orientação ao pensamento autônomo e crítico. Para que isso ocorra, é necessária a utilização de metodologias que priorizem a formação de sujeitos críticos, reflexivos e ativos, capazes de propor soluções para os problemas enfrentados pela sociedade. Ou seja, falta a formação docente capaz de subsidiar o trabalho do professor quanto aos processos de ensino-aprendizagem, de avaliação, de planejamento das atividades acadêmicas e, até mesmo, da própria condução das aulas. Podemos concluir que faltam os saberes pedagógicos.[25]

*Ou seja, falta a formação docente capaz de subsidiar o trabalho do professor quanto aos processos de ensino-aprendizagem, de avaliação, de planejamento das atividades acadêmicas e, até mesmo, da própria condução das aulas. Podemos concluir que faltam os saberes pedagógicos.*

E o que são os saberes pedagógicos? Configuram a identidade do professor universitário, consistindo em reflexões e em práticas sobre ensinar e aprender, em ampliação do diálogo epistemológico interdisciplinar e do trânsito entre as ciências.[26]

É importante chamar a atenção para a compreensão equivocada dos saberes pedagógicos a partir de uma visão simplista, de cunho empírico, que os relacionam com o "dom de ensinar", com "saber aplicar técnicas e métodos" ou com "transmitir conhecimento".[27] Assim, "a capacidade de articular o aparato teórico-prático, a capacidade de mobilizá-lo na condição presente, a capacidade de organizar novos saberes a partir da prática", em conjunto, estruturam os saberes pedagógicos,[28] ou seja, os saberes pedagógicos são o resultado da interação entre a prática docente universitária e a reflexão crítica dos fundamentos da ciência pedagógica, estruturada em um círculo de teoria e prática *versus* prática e teoria que transformam tanto as práticas como as próprias teorias.[29]

Acreditamos que a aplicação dos saberes pedagógicos está didaticamente inserida nos quatro verbos fundamentais da ação do professor, esquematizados por Machado.[30] O autor buscou caracterizar a natureza da ação docente, tendo o professor como "um mediador de relações, tecelão de significações, cartógrafo de relevâncias e, sobretudo, um contador de histórias, não quaisquer histórias, mas as de natureza fabulosa". Assim, para cada uma das ações que sustentam a prática docente, o autor apresenta propostas do que deve fazer o professor, conforme apresentado no Quadro 2.

**Quadro 2. Verbos da ação docente**

| Ação | | O que faz o professor? |
|---|---|---|
| I. | Tecer significações | Constrói o conhecimento a partir de uma teia de significações, cujos "nós" são os conceitos, os fundamentos e as ideias (os próprios significados) e os "fios" são as relações que estabelecemos entre algo e os significados. |
| II. | Mediar relações | Promove a interação entre o conhecimento detido pelo aluno com novas perspectivas e significados, bem como sugere e apresenta relações fundamentais não percebidas pelos alunos, buscando convencê-los e sensibilizá-los de sua importância. |
| III. | Mapear relevâncias | Seleciona e mapeia os significados mais relevantes para atingir os objetivos educacionais estabelecidos. É uma reponsabilidade exclusiva e uma competência didático-pedagógica do professor. |
| IV. | Construir narrações fabulosas | Apresenta o tema por meio de uma narrativa. A história deve ser significante, conter alguma mensagem, recado ou ensinamento. A narrativa é um suporte para a construção dos significados envolvidos, o conhecimento que é trabalhado. |

**Fonte:** Estruturado a partir do trabalho de Machado (2009).[31]

Entendemos que a mudança necessária para transformar a formação didático-pedagógica deve ser iniciada prioritariamente pelo próprio docente, que deve conhecer de forma pormenorizada todos os aspectos inerentes às melhores formas de ensinar, seja pelas estratégias inovadoras a serem adotadas sob um bom plano de ensino ou, ainda, pela compreensão das peculiaridades da interação professor-estudante.

A competência profissional docente desenvolve-se conforme a sua prática pedagógica é aprimorada e transformada, sendo indispensável uma ação consciente aliada a uma postura reflexiva constante.[32] Contudo, é preciso que isso seja incentivado pelas instituições de ensino e pelas instituições governamentais por meio de políticas públicas que deem condições de acesso a programas que propiciem a formação desse profissional.

> *As instituições de ensino superior devem colaborar com a formação continuada dos professores universitários, promover reflexões acerca da prática docente e, principalmente, articular a interação dos professores com os elementos relacionados ao processo educacional, auxiliando-os na construção dos saberes docentes e pedagógicos.*

As instituições de ensino superior devem colaborar com a formação continuada dos professores universitários, promover reflexões acerca da prática docente e, principalmente, articular a interação dos professores com os elementos relacionados ao processo educacional, auxiliando-os na construção dos saberes docentes e pedagógicos.

Pode-se evidenciar, também, a necessidade da reflexão coletiva pelos docentes, que possibilitará o conhecimento entre os pares e as instituições. São necessários o envolvimento e a disposição para a mudança das práticas docentes a fim de buscar conjuntamente o desenvolvimento "pessoal e institucional".[33]

# 4. Tensões e perspectivas da docência no ensino superior

A questão da (falta de) formação didático-pedagógica do professor universitário não é o único fator que tenciona o cenário do ensino superior. Na verdade, aquilo que apresentamos nos tópicos anteriores sobre a pedagogia universitária e a formação dos docentes são reflexões que precisam ser construídas em um ambiente extremamente desfavorável ao próprio docente.

> Na atualidade, a educação superior é afetada pelas crises econômicas, políticas e de sentidos e valores, em razão de sua responsabilidade de produzir e disseminar conhecimentos úteis ao desenvolvimento da economia global, impostas pelo sistema produtivo.[34]

Temos um retrato nada motivador sobre a carreira docente no Brasil, sendo os principais fatores inter-relacionados os baixos salários, o pequeno reconhecimento da sociedade e, consequentemente, o desprestígio docente. Tudo isso acaba enfraquecendo e desmotivando os profissionais que a cada dia lutam contra os dilemas da profissão.[35]

Esse cenário da carreira docente demonstra o quanto são necessárias a adoção de ações de mudança e a criação de políticas de valorização à profissão. A junção dos dilemas sociais com os dilemas profissionais reforça a necessidade de se rever e problematizar a formação dos docentes para o ensino superior.

Um profissional com apenas conhecimentos técnicos pode não ser um bom condutor do processo de ensino-aprendizagem, pois, certamente, é um profissional incompleto para enfrentar os desafios da sala de aula e da carreira docente. Por isso, é importante que os docentes tenham saberes além do conhecimento específico sobre a área em que atuam.[36]

> *É importante que os docentes tenham saberes além do conhecimento específico sobre a área em que atuam.*

Nesse sentido, apontamos a existência de quatro crises: a crise de conhecimentos profissionais, a crise de formação docente, a crise de confiança do público no profissional e a crise de ética profissional. Esse momento de crise, na concepção de Torres, está intimamente relacionado às exigências variadas e complexas experimentadas cotidianamente pelos professores, requerendo deles conhecimentos da prática educativa que, em regra, são acessados por poucos e, ao mesmo tempo, sendo uma profissão com fronteiras pouco definidas, cujo melhor desempenho requer tanto os saberes científicos como os pedagógicos. Apontamos como desafios: a "soberania do conhecimento" docente frente às tecnologias de comunicação; o contexto social atual e o perfil dos alunos; a falta de base mínima de competência de leitura e de conhecimentos matemáticos; e a ausência de poder e de meios institucionais para solucionar as carências dos estudantes.[37]

Nesse contexto, Torres[38] destaca quatro grandes tensões:

> a) expansão da educação superior; b) ampliação das funções docentes; c) crise da produtividade em decorrência das avaliações externas e financiamentos; d) influências das políticas estrangeiras na educação superior brasileira.

Todas essas crises e/ou tensões estão, de alguma forma, associadas ao produtivismo acadêmico, sendo esse uma "consequência das políticas mercantilistas que concebem a educação como mercadoria" e que criam um ambiente inóspito na docência universitária.[39]

Esses aspectos, por si sós, explicam a crescente necessidade de formação dos docentes do ensino universitário sob dois enfoques: mudanças nas práticas pedagógicas e institucionais e valorização e qualificação da profissão, ou seja, do trabalho docente e dos sentidos da formação.[40-41]

A descrição do cenário do ensino superior e dos fatores que o tornam complexo e desafiante é necessária para a compreensão do *status quo* e identificação dos caminhos que precisam ser trilhados. Trataremos de caminhos possíveis no próximo tópico.

# 5. Caminhos possíveis

A partir das reflexões e dos cenários apresentados, entendemos que fica clara a necessidade de mudanças e de aperfeiçoamento no modelo de ensino superior vigente. Provavelmente, o aspecto mais urgente está relacionado à formação didático-pedagógica do professor universitário.

*Fica clara a necessidade de mudanças e de aperfeiçoamento no modelo de ensino superior vigente.*

Essa urgência é comum nos cursos da área das Ciências Sociais Aplicadas, especialmente Ciências Contábeis, Direito, Ciências da Administração e Economia, pois essa tendência ocorre em virtude da oferta de disciplinas muito relacionadas ao mercado de trabalho. Também decorre do fato de que, em regra, esses cursos possuem um corpo de professores formado por pessoas que sabem fazer, mas que dificilmente tiveram acesso à formação pedagógica. Mesmo quando tais profissionais passam pela pós-graduação (mestrado e doutorado), a formação pedagógica continua sendo algo optativo e, às vezes, insuficiente.

Assim, para aqueles profissionais que desejam enveredar por uma carreira acadêmica, e ter uma formação plena como docentes, podemos sugerir algumas possibilidades de formação inicial e continuada:

- Cursos de docência no ensino superior. Muitas universidades públicas ofertam especializações lato sensu nessa área. São uma ótima alternativa para quem busca um conhecimento mais adensado desse campo.
- Congressos, seminários, fóruns de discussão e minicursos temáticos oferecidos por núcleos de pesquisa e/ou extensão universitária. A participação nesses eventos pode ser um mecanismo de introdução e de formação pedagógica continuada, pois propicia um ambiente adequado e amplo de discussão.
- Disciplinas "Metodologia do Ensino Superior". Cursar essas disciplinas nos programas de pós-graduação *stricto sensu* (mestrado e doutorados acadêmicos). Essa alternativa estará restrita aos professores que frequentam programas que ofereçam a disciplina. Atenção, ainda que seja uma disciplina, em regra, optativa, a participação pode ampliar a compreensão do ser docente e da própria estrutura do sistema de ensino.
- Estágio docência. Realizar o estágio docente nos programas de pós-graduação *stricto sensu*. Essa alternativa também está restrita aos professores que frequentam

cursos de mestrado e doutorado. Na maioria dos casos, já é uma atividade obrigatória, mas, em outros, é obrigatória apenas para bolsistas. Trata-se de uma oportunidade relevante de acompanhar um docente experiente para fazer "os primeiros ensaios" na docência.

- Pesquisas científicas. O desenvolvimento e a participação em pesquisas relacionadas com a educação, estratégias, e modelos de ensino na área em que atua como docente é um excelente caminho para formação didático-pedagógica, pois permite ao professor o acesso à discussão teórico-conceitual existente, ao mesmo tempo em que investiga as práticas da sua área de atuação. Funcionam, também, como uma oportunidade de reflexão sobre sua prática.

**Algumas oportunidades de formação**

✓ A Universidade Estadual de Montes Claros (Unimontes) oferece anualmente curso de especialização *lato sensu* gratuito na modalidade presencial.

✓ A FGV oferece curso gratuito, modalidade EaD, sobre docência no ensino de direito, veja no *link*: <http://www5.fgv.br/fgvonline/Cursos/Gratuitos/Formacao-Docente-Para-Professores-De-Direito/OCWFPDEAD-01slsh2012-1/OCWFPDEAD_00/SEM_TURNO/1050>.

✓ A Universidade Federal do Recôncavo da Bahia (UFRB) disponibiliza curso de formação continuada em Didática do Ensino Superior, modalidade EaD, confira o *link*: <http://ava.academico.ufrb.edu.br/>.

Para que essas poucas possibilidades sejam ampliadas, Coimbra[42] apresenta dois desafios para a formação docente no ensino superior, que são criar, no âmbito das Instituições de Ensino Superior, cursos e possibilidades formativas para a docência, e reconhecer, sob a forma de regulamentação, a necessidade da formação inicial para docentes universitários.

No tocante às possibilidades de formação docente, Coimbra[43] apresenta as seguintes: desenvolvimento do conceito de docência para reconhecimento da profissão professor universitário; substituição do ensino, que se limita à transmissão de conteúdos e informações, por ensino que se constitui em processo de investigação do conhecimento; desenvolvimento de processos de ensino e aprendizagem interativos e participativos, utilizando as diversas mídias interativas e tecnológicas no processo formativo; criação de espaços para a reflexão docente sobre o ensino, a partir da perspectiva dos estudantes; atribuição igualitária entre o ensino, a pesquisa e a extensão no âmbito das Instituições de Ensino Superior e órgãos avaliadores.

Como se percebe, os caminhos possíveis começam a surgir, apontando que a formação docente para o ensino superior depende do próprio professor, dos estudantes, das instituições de ensino superior, de seus gestores e coordenadores de curso, das políticas de formação emanadas do Estado e da própria sociedade.

# 6. Considerações finais

A pedagogia universitária introduz a concepção daquilo que é necessário para a formação didático-pedagógica dos professores de educação superior e promove a discussão dos chamados saberes docentes. Os saberes docentes compreendem os aspectos: profissional, que são os conhecimentos que vêm da formação profissional; pedagógico, que engloba conteúdo, técnicas e metodologias; curricular, envolvendo as diretrizes curriculares propostas pela instituição; e experienciais, que vão além do ambiente acadêmico. Os saberes e as práticas docentes igualmente informam os diversos elementos que permeiam as atividades do processo de ensino e de aprendizagem.

Diante do cenário de tensões, desafios, necessidades e mudanças na formação docente, é papel tanto do professor universitário quanto das instituições de ensino e das políticas educacionais adotar e desenvolver mecanismos, espaços e oportunidades de formação pedagógica que possibilitem a reflexão e o pensamento crítico dentro e fora da sala de aula.

> *Diante do cenário de tensões, desafios, necessidades e mudanças na formação docente, é papel tanto do professor universitário quanto das instituições de ensino e das políticas educacionais adotar e desenvolver mecanismos, espaços e oportunidades de formação pedagógica que possibilitem a reflexão e o pensamento crítico dentro e fora da sala de aula.*

Ainda que no contexto do trabalho docente no ensino superior seja histórica a primazia da qualificação técnica e conteudista sobre os saberes relacionados às práticas pedagógicas, para a realidade encontrada nos bancos das universidades atualmente essa última formação é indispensável. Mais que isso, é um verdadeiro componente da mudança de paradigma relacionado ao trabalho docente e aos sentidos da formação superior.

Assim, a discussão a respeito de aspectos relativos à formação dos docentes universitários é essencial para o estabelecimento de mudanças que possam transformar a atual perspectiva docente. Deve-se destacar, ainda, a necessidade das formações inicial e contínua e da inserção de políticas institucionais de preparação continuada para os professores.

É preciso buscar uma melhor compreensão sobre qual o ambiente adequado para a formação de professores, especialmente os da área de negócios oriundos de cursos de bacharelado. É preciso entender os motivos que fazem com que tal formação não tenha sido historicamente enfatizada, bem como as implicações da presença de professores com formação apenas técnico-científica e/ou prática nos cursos de graduação.

# 7

## Quem orienta o orientador?

JOÃO PAULO RESENDE DE LIMA
ELISABETH DE OLIVEIRA VENDRAMIN
RAÍSSA SILVEIRA DE FARIAS
SILVIA PEREIRA DE CASTRO CASA NOVA

*Yoko é uma conceituada professora. Contadora de formação, atuou profissionalmente em empresas privadas. Cursou tanto mestrado quanto doutorado e ingressou na docência. Atualmente, trabalha em uma universidade pública, em um departamento que oferece cursos de graduação e pós-graduação na área de negócios. Exerce diversas funções. Entre elas, docente, orientadora, pesquisadora, além de ocupar cargos administrativos.*

*Ao lembrar de seu ingresso no mestrado, uma das maiores dificuldades de Yoko foi encontrar um orientador para trabalhar um tema que, na época, não havia sido estudado no cenário brasileiro. Então, acabou passando por uma experiência de orientação antes de encontrar o orientador ideal. Yoko relata que após "dar match" com o orientador, a maior dificuldade do curso de mestrado era encontrar materiais bibliográficos sobre o seu tema, visto que a internet ainda não havia revolucionado a maneira de se fazer pesquisas:*

*– A gente tinha uma certa dificuldade em encontrar material disponível. Mas tanto eu procurava como ele procurava. Assim que nós tínhamos alguma coisa em comum, a gente discutia.*

*Como relatado, tanto Yoko quanto seu orientador procuravam materiais e discutiam a respeito deles para a elaboração da dissertação, mostrando uma relação de coautoria na construção do trabalho. Sobre sua relação com o orientador, Yoko relata que era sempre muito profissional e que, apesar dos problemas de agenda, os dois mantinham discussões periódicas.*

*Superadas as dificuldades do ineditismo do tema, Yoko finalizou seu mestrado e decidiu continuar sua carreira acadêmica ingressando no doutorado e mantendo o mesmo tema e o mesmo orientador.*

*— Eu continuei com o mesmo tema e com o mesmo orientador, não é? Então, a experiência naturalmente foi facilitava, porque a gente saiu de uma situação de ineditismo total, para uma situação que era de avanço, de continuidade em relação ao que a gente estava fazendo. E, gradativamente, com a facilidade de acesso a informação.*

*Hoje, no papel de orientadora, Yoko encara a tarefa como grande responsabilidade. Acredita que precisa acompanhar passo a passo o desenvolvimento do trabalho de seus orientados, mostrando traços de uma possível herança do modelo de orientação que teve em sua experiência como orientada. Ao refletir sobre como aprendeu a ser orientadora, afirma:*

*— Essa é uma questão de prática mesmo, não é? Da gente descobrir. É como sala de aula, de descobrir a cada sala, a cada evento, alguma coisa a mais que você pode fazer. Então, o produto final, ele conta muito sobre aspectos que você pode melhorar, a participação em congressos, a participação em comissões julgadoras de outras orientações e teses. Então, é um aprendizado eterno, constante.*

*O relato de Yoko não é diferente do relato de outros orientadores. Em geral, os professores, as professoras, não passam por um processo formativo que ajude a iniciar, com alguma experiência, o processo de orientação. Yoko foi descobrindo o que dava certo e o que dava errado no decorrer do processo, trazendo a ideia de uma aprendizagem experiencial. Hoje em dia, afirma já ter orientado cerca de 20 alunos de mestrado e estar orientando uma dissertação e quatro teses de doutorado. E, apesar de não ter concluído nenhuma orientação de doutorado, relata a experiência de uma co-orientação de doutorado e vê a experiência como bastante positiva e como uma alternativa para essa lacuna na formação do orientador:*

*— A proposta é juntar especialidades, não é? Então, na medida em que você conjuga essas aptidões, essas experiências das pessoas, o resultado acaba sendo melhor. Então, eu vejo como bastante adequado. Acordar fatores que são bastante diferentes mesmo. Não é dividir trabalho. Eu entendo disso, o outro entende disso, não! Isso até poderia ajudar, não é? Mas eu vejo a orientação, a co-orientação como uma junção de experiências diferentes, especialidades diferentes que ajudam aperfeiçoar a pesquisa.*

# 1. Introdução

Dentre os objetivos da pós-graduação no Brasil, está a formação de professores e pesquisadores de excelência, para que estes possam contribuir com a melhoria dos cursos de graduação. Entretanto, diversos estudos, tanto no âmbito nacional quanto no internacional, retratam preocupações a respeito da formação dos professores que atuam no ensino superior. Principalmente aqueles formados em cursos de bacharelado, pois as atividades ligadas à pesquisa têm recebido mais ênfase do que as atividades ligadas ao ensino.[1]

Além da (falta de) formação para o exercício da prática docente, questiona-se o campo de atuação dos professores do ensino superior, uma vez que a cada dia os docentes são cobrados a cumprirem novas atividades,[2] desempenhando diversos papéis e atividades ao longo de sua carreira docente, como: pesquisador, extensionista, chefe de departamento, coordenador de curso, revisor de periódico científico, e outras tantas. Ou seja, dividem-se entre as atividades de ensino, de pesquisa, de serviços à comunidade e tarefas administrativas internas, sem que tenham tido, necessariamente, preparo e formação para tal.

Dentre as atividades exercidas por esses docentes, encontra-se a orientação de estudantes de graduação, para pesquisa e elaboração dos trabalhos de conclusão de curso, e de pós-graduação *stricto sensu* e *lato sensu*, para a pesquisa e o desenvolvimento de monografias, dissertações e teses. Apesar de a atividade de orientação ser vista como um dos mais relevantes papeis que o docente desempenha – principalmente na pós-graduação *stricto sensu* –, a literatura aponta que é uma atividade negligenciada.[3]

Outro aspecto da atividade da orientação acadêmica é o fato de que, muitas vezes, a preparação ou formação para essa atividade acaba não sendo abrangida, em nenhum momento, na formação docente durante à pós-graduação.[4] E, ao contrário da formação de professores, "muito pouco tem se investido para a teorização a respeito da constituição profissional dos orientadores de dissertações e teses".[5]

No atual modelo de pós-graduação existente no Brasil, o orientador desempenha um papel importantíssimo, visto que a formação de novos mestres e doutores é influenciada por ele em diversos momentos, pela escolha do tema e da linha de pesquisa, por meio da orientação durante o desenvolvimento da pesquisa, da participação dos orientados em grupos de pesquisa, na escolha das disciplinas, entre outros. Assim, o presente capítulo visa discutir a formação de docentes que atuam como orientadores e o processo de orientação.

Para a construção do capítulo, são apresentados aspectos teóricos que abordam a formação de orientadores de pós-graduação e o processo de orientação. Adicionalmente, foram realizadas seis entrevistas com docentes que atuam como orientadores em programas de pós-graduação *stricto sensu* em Contabilidade para estabelecer um diálogo entre o cenário brasileiro e a literatura existente. Nossos entrevistados receberam nomes fictícios, para garantir o anonimato e a confidencialidade, inspirados na grande banda de rock "The Beatles". No Quadro 1, são apresentados os docentes participantes, detalhando-se informações sobre sua formação acadêmica e número de orientações concluídas e em andamento. Cabe ressaltar que, considerando que o processo de formação do "ser orientador" inicia-se durante o "ser orientado", buscamos fazer nossos entrevistados refletirem sobre suas experiências como orientados e como orientadores, na esperança de que essas reflexões sejam o passo inicial para pensarmos conjuntamente a formação para a orientação.

**Quadro 1. Participantes da pesquisa**

| | JOHN | PAUL | CYNTHIA | GEORGE | RINGO | YOKO |
|---|---|---|---|---|---|---|
| Sexo | Homem | Homem | Mulher | Homem | Homem | Mulher |
| Formação na Graduação | Engenharia | Ciências Contábeis | Ciências Contábeis | Licenciatura em Matemática | Engenharia | Ciências Contábeis |
| Formação no Mestrado | Economia | Engenharia de Produção | Ciências Contábeis | Ciência Física Aplicada à Medicina e Biologia | Engenharia | Controladoria e Contabilidade |
| Formação no Doutorado | Economia | Engenharia de Produção | Controladoria e Contabilidade | Administração | Engenharia | Controladoria e Contabilidade |
| Orientações de mestrado concluídas | 2 | 3 | Nenhuma | 12 | 21 | 21 |
| Orientações de mestrado em andamento | 1 | 3 | 4 | 1 | 2 | 1 |
| Orientações de doutorado concluídas | Não orienta doutorado | --- | Não orienta doutorado | 1 | --- | --- |
| Orientações de doutorado em andamento | --- | 1 | --- | 3 | --- | 4 |

**Fonte:** Elaborado pelos autores.

Nota-se que a formação acadêmica dos participantes é diversa, tanto na graduação, quanto no mestrado e doutorado. A experiência com a atividade de orientação (tomando como referência o número de orientações concluídas) e número de orientandos de mestrado e doutorado também se mostra diversificada.

Por outro lado, o processo de construção da identidade do professor-orientador perpassa a história da pós-graduação no Brasil e a influência sofrida por modelos europeus e norte-americanos. Dessa forma, entende-se a importância de situarmos esse contexto, antes de iniciarmos as discussões a respeito da formação do orientador de pós-graduação no Brasil. É o que fazemos no próximo tópico deste capítulo.

## 2. Pós-graduação brasileira: como chegamos até aqui?

A pós-graduação no Brasil tem como marco regulatório inicial a Lei n. 4.024/1961, que fixava as diretrizes e bases nacionais da educação. Entretanto, somente em 1965 a pós-graduação foi oficializada pelo Conselho Federal de Educação, por meio do Parecer n. 977, que se tornou conhecido como Parecer Sucupira, em homenagem ao seu relator, Newton Sucupira.[6]

O modelo atual de pós-graduação adotado no país tem influências mistas devido ao contexto histórico do Brasil. Foi influenciado, inicialmente, pelo modelo europeu, e, posteriormente, pelo modelo estadunidense. No modelo europeu, o professor é a peça-chave do processo e determina o plano de estudos que o aluno deve seguir. Já o modelo estadunidense é dirigido pelo programa e não pelo professor. Dessta forma, o estudante deve cumprir uma lista de disciplinas obrigatórias para acumular créditos e desenvolver um trabalho final.[7] Um pouco desse cenário é refletido na fala de Cynthia, ao dizer das demandas que candidatos e candidatas ao título devem atender no mestrado:

> Assim, uma coisa que a gente tem que entender, principalmente, o aluno de mestrado, quando ele entra, ele tem que fazer muita coisa em pouco tempo. Então, tem uma demanda muito grande de disciplinas obrigatórias, algumas disciplinas exigem trabalhos. E, assim, muitas vezes, o aluno vai deixando de lado a dissertação por conta desse monte de obrigações acessórias.
>
> (Cynthia)

A partir da década de 1980, houve a expansão dos cursos de pós-graduação em território nacional e a legislação determinou a adoção do modelo estadunidense no que diz respeito ao acúmulo de créditos, exames e elaboração de um trabalho final.[8]

Como exemplo de uma das áreas de Negócios, na área de Contabilidade a pós-graduação tem início em 1970, com o primeiro curso de mestrado na Universidade de São Paulo (USP), que, também, em 1978, iniciou oferecimento do primeiro curso de doutorado. Esse doutorado foi o único curso em Contabilidade no país até o ano de 2008. O segundo curso de mestrado foi ofertado em 1978 pelo Programa de Ciências Contábeis e Atuariais da Pontifícia Universidade Católica de São Paulo (PUCSP). O terceiro foi implantado em

1984, pelo Instituto Superior de Ensino Contábil (ISEC) e, atualmente, funciona na Universidade Estadual do Rio de Janeiro (UERJ). Apesar desse início lento e tardio, o forte movimento de expansão, que se iniciou em 2007, faz com que hoje (ano de 2018) contemos com 27 programas de pós-graduação *stricto sensu* no país, com aproximadamente 373 docentes permanentes, que atuam como orientadores.

Nas outras áreas de negócios, como Direito, Economia ou Administração, apesar de a expansão ter ocorrido antes, o mestrado e o doutorado são voltados para a formação profissional e para pesquisa, mais do que propriamente para a formação docente ou de orientação. Ou seja, a urgência em refletirmos sobre a formação de orientadores na área, no país, só aumenta. Mas, afinal, o que entendemos por formação para orientar?

## 3. Formação para orientar: em tese ou em teste?

Machado[9] faz uma pergunta capital para entendermos essa urgência: "O que nos autoriza a acreditar que o simples fato de pesquisarmos nos capacita para orientar?". Para Naves,[10] o professor orientador é a pessoa que poderá ajudar o candidato a desenvolver e concluir sua pesquisa e obter o título. Assim, cabe a função de **tutor** a esse professor, ou professora, orientador.

Além de atuar como tutor, o orientador e a orientadora são tidos como principal **referência e modelo** na formação do estudante. Dessa forma, assim como acontece no âmbito da formação pedagógica, aprende-se a orientar a partir da maneira como se foi orientado.[11]

Outro aspecto importante para aprender a orientar, além da experiência como orientando ou orientanda, é a experiência que se adquire com o passar do tempo, é a interação com os colegas[12] e a participação em processos de co-orientação.[13] Cynthia reflete sobre a orientação que teve e como impactou o seu processo, agora, como orientadora.

> [O papel do orientador] é ser esse direcionador, porque você não pode pegar e fazer o trabalho pelo aluno. Então, talvez por essa minha experiência de fazer as coisas por minha conta, talvez eu tenha essa expectativa de que os alunos também têm que ser responsáveis [...].
>
> Talvez aquilo que eu não tive com os meus orientadores, eu tento fazer com os meus orientandos, sabe? Essa necessidade de dar um *feedback*, isso eu acho importante. Quer dizer, o que eu não tive... talvez eu mandava o trabalho para o professor, não sei se leu ou se não leu, eu não, [...] eu vou fazer o possível para estar fazendo anotações, para dar o feedback daquilo que ele me entregou, até para mostrar o que pode ser melhorado.
>
> (Cynthia)

A atividade de investigação realizada por meio da pesquisa científica busca, dentre outros objetivos, contribuir com a evolução dos saberes humanos em todas as áreas de estudo. Nesse sentido, a figura daquele que conduz o processo de orientação se torna cada vez mais importante, principalmente no atual cenário de expansão da pós-graduação *stricto sensu* brasileira. No entanto, a formação do orientador de pesquisas acadêmicas não é objeto de ações formativas de programas oficiais ou de pesquisa em nenhuma área específica. E, geralmente, nem sequer é tema de discussão na universidade, ou seja, permanece à margem do âmbito político e no âmbito investigativo.[14]

Apesar de permanecer à margem das discussões, a formação do orientador faz-se necessária frente às diversas mudanças no âmbito educacional. Como aponta Haguette,[15] com base em suas observações cotidianas, a produção científica dos alunos é severamente afetada por dois fatores: pela incompetência metodológica do orientador e pela relação entre orientador e orientado, reafirmando a importância de estudos que considerem estas temáticas.

Ao discutir a complexidade do desenvolvimento de dissertações e teses, Bianchetti e Machado[16] afirmam que, apesar do aumento de livros a respeito de metodologias científicas e sobre elaboração dos trabalhos finais de pós-graduação, poucos trabalhos têm sido dedicados a discutir a formação do orientador. Segundo os autores, além do aumento da produção a respeito de metodologias, nota-se o surgimento de livros que oferecem um "pronto-socorro" para a escrita. Assim, tais livros podem, em alguns contextos, estar desempenhando a função de auxiliar, de substituir e, às vezes, até de concorrer com o professor que assume a tarefa de orientar.

Não é difícil diferenciar os "livros que orientam"[17] dos orientadores propriamente ditos. Os "livros que orientam" oferecem uma solução rápida e padronizada, além de proporem um ou diversos modelos de pesquisa que, muitas vezes, são tomados como padrão correto, induzindo o pesquisador iniciante à obediência cega. Já o orientador "é um personagem que entretém uma relação singular e intersubjetiva com seu orientando, de peculiar riqueza e complexidade", e que deve auxiliar o orientado no processo de escrita e desenvolvimento pessoal e profissional. Ou seja, passa-se de um relação unidirecional e impositiva para uma relação intersubjetiva e dialógica, de construção conjunta.

Entretanto, o processo de orientação não deve ser visto como puramente técnico e se pautar, exclusivamente, nos manuais de pesquisa – que são necessários, mas não suficientes. Essa visão supõe que a relação entre orientador e orientado e o processo de desenvolvimento da escrita podem ser reduzidos à escolha e à utilização de um repertório técnico e padronizado contido em livros de metodologia.[18] Nesse sentido, Leite Filho e Martins[19] afirmam que o processo de construção de conhecimento não é uma tarefa puramente técnica e isolada, mas sim **interativa** entre os sujeitos professor orientador e aluno orientando. Percebe-se, assim, a importância da relação de orientação para a criação do conhecimento científico, a qual deve

> *Percebe-se, assim, a importância da relação de orientação para a criação do conhecimento científico, a qual deve ser construída por meio de modelos de conduta para futuros orientadores e orientadoras.*

ser construída por meio de modelos de conduta para futuros orientadores e orientadoras. Portanto, necessariamente, deve ser uma relação próxima e que estabeleça um nível de confiança que permita o compartilhamento de dúvidas e ansiedades.

Os professores de pós-graduação *stricto sensu* exercem a função de orientador sem preparo adequado para tal, assumindo que, por serem qualificados na mesma linha de pesquisa que o orientado e pelo fato de terem concluído com sucesso seus próprios projetos de pesquisa, já se tornam aptos a exercer tal função.[20] Destaca-se a importância de pesquisas e ações para a melhoria da formação dos orientadores ao ressaltar que ser um bom pesquisador não torna o profissional um bom orientador e vice-versa, visto que "orientar e pesquisar estão longe de fundir-se numa única atividade".[21] Paul, em sua fala, salienta a lacuna que sente em relação a treinamentos, palestras ou artigos orientativos sobre "como ser um orientador":

> Porque a gente não é treinado para orientar. Eu nunca vi uma palestra [sobre] como ser um orientador. Eu nunca vi um artigo [sobre] como ser um orientador. Eu já vi [sobre] como ser professor, como ser pesquisador. Eu já vi [sobre] como fazer extensão. E já vi [sobre] como ser qualquer coisa administrativa na universidade. Mas [sobre] como orientar, não.

(Paul)

Todd, Smith e Bannister,[22] analisando percepções e experiências de orientadores da área de ciências sociais no Reino Unido, encontraram quadro semelhante ao brasileiro. Os participantes da pesquisa não receberam nenhuma educação formal para exercerem o papel de orientadores e se baseiam na sua própria experiência como orientados para atuar. Outro ponto destacado pelos autores é o fato de que, informalmente, os orientadores formam uma rede de apoio para que todos consigam orientar seus alunos de maneira eficaz.

A referida pesquisa[23] mostrou ainda discordância entre os participantes a respeito da necessidade de cursarem disciplinas obrigatórias à preparação para o exercício da função. Os professores a favor da educação formal para o papel de orientador acreditam que essa formação poderia deixar mais claro quais são as funções de cada ator envolvido no processo e diminuiria as suas dificuldades, além de diminuir, também, a ansiedade e a insegurança no começo da carreira. Já o outro grupo acredita que, por terem passado pela experiência de escrever uma dissertação/tese e trabalharem no ensino superior, tenham competência suficiente para o desempenho da função de orientação.

Machado e Bianchetti[24] entrevistaram 75 pesquisadores *seniores* visando responder à pergunta: como aprendemos a orientar? Os pesquisadores encontraram seis grupos de padrões de respostas que traziam concepções diferentes a respeito da atividade de orientação. O primeiro grupo era caracterizado pela forte influência do orientador, assim, "aprendemos a orientar inspirados na forma de orientar de nossos orientadores". Esse grupo traz a concepção de que "orientar é uma atividade profissional que ultrapassa os limites do trabalho acadêmico, pois se trata de uma interação intensa". Outro ponto característico desse grupo é o fato de evitarem reproduzir o modelo europeu. O relato de John é exemplificativo desse primeiro grupo:

> [...] então, era uma relação muito profissional de orientação e que efetivamente me moldou, eu diria, como orientador [...].
>
> (John)

O segundo grupo afirma que "aprendemos a orientar orientando (com os orientandos)". Durante as entrevistas, esses docentes deram bastante importância às experiências vividas como alunos. Assim, "em muitos momentos, os respectivos lugares de orientando no passado e orientador no presente, se entrelaçam de forma bastante intrincada e complexa, que exige análise e reflexão minuciosa". Nesse grupo, pode ser destacada a experiência de Paul, que relata:

> A gente acaba aprendendo a ser orientador pela experiência que a gente teve como orientado, e a experiência no sentido de coisas boas que aconteceram comigo [que] eu tento replicar e [de] coisas que não foram boas [e que] eu tento evitar.
>
> (Paul)

Já o terceiro grupo afirma que "aprendemos a orientar co-orientando com orientadores experientes". Entretanto, esse grupo foi pouco representativo no trabalho, mostrando-se um possível grupo para aprofundamentos futuros. Mas a fala da Yoko, no texto inicial do capítulo, demonstra que essa é uma possibilidade a ser explorada.

> A proposta é juntar especialidades, não é? Então, na medida em que você conjuga essas aptidões, essas experiências das pessoas, o resultado acaba sendo melhor. Então, eu vejo como bastante adequado. Acordar fatores que são bastante diferentes mesmo. Não é dividir trabalho. Eu entendo disso, o outro entende disso, não! Isso até poderia ajudar, não é? Mas, eu vejo a orientação, a co-orientação como uma junção de experiências diferentes, especialidades diferentes que ajudam aperfeiçoar a pesquisa.
>
> (Yoko)

O quarto grupo afirma que "aprendemos a orientar auxiliando pesquisadores experientes". Nos relatos dos docentes desse grupo estão presentes atividades como auxiliar a orientação de alunos de iniciação científica (IC) e o desenvolvimento de atividades formadoras como pesquisador auxiliar – tais como organização de bases de dados e fontes bibliográficas; encontros de grupo de pesquisa; dentre outras.

O quinto grupo afirmava "aprendemos a orientar produzindo (escrevendo) em coautoria com pesquisadores/orientadores", recolocando em pauta a figura da co-orientação, mas dessa vez no processo de escrita, que permeia não só o desenvolvimento das teses e dissertações, mas a divulgação de todo o conhecimento.

Por fim, o sexto grupo afirma "aprendemos a orientar convivendo com pesquisadores mais e menos experientes nos grupos de pesquisa". Segundo os autores do trabalho, essa perspectiva de orientação encontra-se pautada em Vygotsky, pois proporciona o diálogo entre diferentes pessoas de diferentes níveis de aprofundamento.

O ponto central dessa discussão é considerar que a orientação é uma tarefa especializada da docência. Assim, é necessário "[...] desenvolver uma capacitação específica para a orientação além de definir uma carga de dedicação destinada à orientação [...]".[25] Mas nesse processo, quem faz o quê? É o que discutimos no próximo tópico.

# 4. Processo de orientação: quem faz o quê, quando – cumplicidade ou cobrança?

Durante o processo de orientação, é importante que cada um dos envolvidos saiba quais são seus papéis e assumam as responsabilidades e funções para o bom andamento do processo.

Outro fator-chave para o sucesso da orientação é que o orientando saiba as expectativas do seu orientador e vice-versa.[26] Entretanto, os programas de pós-graduação não fornecem descrições detalhadas de quais as responsabilidades, os direitos e deveres de cada um dos envolvidos em cada uma das funções.[27] É sobre isso que reflete Ringo, ao aproximar o papel de orientador do papel de um gerente de projeto, com ênfase no cumprimento dos prazos.

> Então, o orientador é meio que um gerente de projeto assim, sabe? Ele tem que ficar de olho nos prazos, mas ele não é o responsável por executar as tarefas, a não ser as tarefas formais, não é, da pós-graduação. Então, ele fica de olho, fica monitorando se a coisa está indo no ritmo que vai cumprir o prazo ou se não está. Se não está, ponho lá um aviso, luz vermelha, luz amarela pro cara, entendeu?
>
> (Ringo)

No decorrer do processo, orientador e orientado podem e devem assumir diferentes papéis e funções.[28] Dentre os papéis do orientador, este pode atuar como professor, *expert*, gerente de projetos, mentor, amigo, consultor, mestre, diretor, dentre outros. No que tange ao orientado, este pode adotar o papel de seguidor, servo, discípulo/pupilo, aprendiz, explorador, cliente, autor, amigo, dentre outros.

A função essencial de um orientador é o desenvolvimento de seu orientado para que este possa pensar e agir como um pesquisador independente.[29] John aponta a conquista da autonomia pelo orientando como a principal responsabilidade do orientador.

> Ser orientador é acima de tudo ser responsável pelo caminho que o aluno vai tomar [...] A minha responsabilidade é torná-lo autossuficiente.
>
> (John)

O estudo realizado por Todd, Smith e Bannister[30] mostra que, na opinião dos entrevistados, o orientador, a orientadora, é responsável por facilitar a jornada da construção da dissertação/tese e tornar os planos de seus orientados possíveis. Os entrevistados destacaram ainda que o seu papel varia de acordo com o estágio do trabalho, tendo maior envolvimento no começo do processo, para solidificar a base do projeto, e, a partir daí, dar mais liberdade para que os orientados se desenvolvam. A importância dessa fase inicial está contida nas reuniões semanais, como as relatadas por Yoko. A frequência das reuniões é alterada, ao mudar de fase, depois da definição do projeto pelo estudante.

> Eu acho que as reuniões semanais são de extrema importância até a definição completa do projeto e sua viabilidade. A partir daí, há necessidade de mais tempo para reflexões pelo aluno, momento em que as reuniões começam a ser mais espaçadas.
>
> (Yoko)

Mas Yoko considera importante, também, atentar para a necessidade do estudante, pois algumas pessoas podem ter mais dificuldades e outras podem precisar de maior autonomia.

> A frequência das reuniões passa a depender de cada caso; algumas pessoas têm mais dificuldades, outras, não. Então, na fase inicial, as reuniões são mais frequentes e depois define-se caso a caso. Algumas orientações eu mantive semanais até o dia da defesa. E as outras foram dispensadas mais cedo em função de que as pessoas conseguiam se desenvolver de uma forma mais independente. Então, a palavra-chave é a independência: capacidade de desenvolver a pesquisa sistematicamente.
>
> (Yoko)

A respeito da responsabilidade dos orientados, o estudo de Todd, Smith e Bannister[31] mostra que há um consenso entre os entrevistados de que a responsabilidade do trabalho é do aluno, cabendo a ele marcar as reuniões, elaborar e trazer material para discussão. É sobre esse aspecto que reflete George:

> Então, eu entendo que eu tenho uma certa responsabilidade. Mas o aluno tem que cumprir comigo as responsabilidades dele [...]. Então, olha: "Eu quero que você me entregue isso, aquilo, quero entender o teu trabalho para poder te ajudar". Se ele não faz a parte dele, eu cobro. Mas eu não fico cobrando 2, 3 vezes. Eu cobro uma vez só: "Se você não me trouxer, meu amigo, problema seu. Você que se vire depois. Eu estou aqui pra te ajudar". [Mas] ele também tem que se ajudar.
>
> (George)

Um estudo dirigido por Ismail, Abiddin e Hassan[32] encontrou diferentes concepções a respeito do que é ser orientador, podendo agrupá-las em três grandes concepções:

1. um **guia** que lhe ajude durante o processo de produção do trabalho final tirando as dúvidas sobre os procedimentos de escrita e desenvolvimento da dissertação/tese;
2. um **amigo crítico**, no sentido de construir uma relação amistosa e de confiança, mas que mantenha a relação profissional aberta a críticas construtivas; e
3. o equilíbrio entre conhecimento da área de pesquisa, **apoio** para o aluno, crítico e criativo para que o orientador possa ajudar o aluno a desenvolver as habilidades necessárias à pesquisa, mas sem perder a sensibilidade pessoal e sem deixar o aluno se desmotivar.

No que tange às responsabilidades, os autores encontraram o consenso de que o orientador deve dar suporte para o aluno, prover *feedbacks* contínuos e construtivos a respeito do trabalho em desenvolvimento e acompanhar o trabalho de perto.

Ao proporem um modelo de orientação, com base em suas próprias experiências e nas discussões teóricas, para o atual contexto brasileiro, Costa, Souza e Silva[33] refletem sobre práticas que **não são** práticas de orientação acadêmica sendo elas: "dar autonomia ao orientado é diferente de não orientar"; "o orientador não é 'dono' da vida acadêmica do aluno"; "orientando não é substituto do orientador nas suas tarefas de graduação" e "orientador não é necessariamente coautor dos trabalhos finais dos alunos".

Zilbermann[34] afirma que ao orientado compete produzir um trabalho original, cuja profundidade vai variar em relação ao curso em que esteja inscrito (mestrado ou doutorado), com base na literatura atualizada e relevante, com um posicionamento crítico e independente. Já o orientador deve ter consciência de que não esgotou o campo de pesquisa. Assim, ao assistir o orientado, deve ter consciência de que aprende muito a cada aluno ou aluna que orienta. Por fim, a autora ressalta que essa relação individual e horizontal é uma relação de aprendizagem mútua e contínua.

Outro ponto a ser considerado nos programas de pós-graduação é o momento das bancas examinadoras – seja do exame de qualificação ou exame de defesa. Segundo Mazzilli,[35] esse momento é "um ritual de passagem, no qual o estudante busca o reconhecimento da comunidade científica e pleiteia seu passaporte para nela ingressar", além de ser um requisito para a obtenção do título de doutor ou mestre. Mazzilli ainda relata que o momento da banca examinadora, usualmente, é um momento de bastante tensão devido à relação desigual de poder e experiência, pois um pesquisador iniciante é avaliado por um grupo de pesquisadores experientes.

Dado o momento de tensão devido à relação desigual entre avaliado e avaliador, o orientador costuma adotar uma entre duas posições. A primeira é a de coautor, em que recebe as críticas feitas ao aluno como se fossem feitas a ele, visto que o momento da banca é também o momento em que "o orientador se expõe através do seu orientando".[36] A cumplicidade nesse momento é um dos pontos de reflexão de John:

> Se um aluno meu receber a crítica durante a defesa, eu tomo aquela crítica para mim porque era uma coisa que eu devia ter visto antes. Óbvio que você não consegue ver tudo. Mas a crítica feita me serve. Então, eu me torno, à medida que eu assumo a orientação do aluno, responsável, corresponsável literalmente pela qualidade mínima do trabalho.
>
> (John)

Por outro lado, o orientador pode adotar a postura de ser um membro da banca e tecer críticas ao trabalho juntamente com os demais avaliadores. Entretanto, Mazzilli critica essa postura ao afirmar que o momento do orientador tecer críticas é durante o desenvolvimento do trabalho. Na banca, concordando com o relato de John, o orientador deveria assumir o papel de cúmplice, corresponsável pela elaboração do trabalho. E, para que esse seja o papel assumido, é preciso construir uma relação próxima entre orientador e orientando.

# 5. E nos cursos de graduação, como acontece e qual a importância da orientação?

Na graduação, os professores orientam pesquisas de Iniciação Científica (IC) e, em alguns cursos, os temidos Trabalhos de Conclusão de Curso (TCC). Torna-se relevante conhecer a percepção e os desafios dos professores orientadores nesse processo. Santos e Leal[37] e Santos et al.[38] realizaram investigações com estudantes de graduação e orientadores sobre as pesquisas de IC e TCCs nos cursos de Ciências Contábeis.

Santos e Leal[39] averiguaram os principais fatores que motivam a IC no curso de Ciências Contábeis. A pesquisa apresentou como um dos objetivos específicos conhecer as experiências e a percepção dos professores na condição de orientadores em projetos de Iniciação Científica. Na percepção dos professores orientadores de projetos de IC, os principais fatores que motivam os alunos a realizar pesquisa de IC são: conhecer o ambiente acadêmico, dar continuidade na realização de pesquisas com vistas a cursar uma pós-graduação e, principalmente, o interesse em seguir a carreira acadêmica. Os docentes orientadores apontaram alguns fatores e habilidades necessárias para atuar na orientação de projetos de pesquisa, quais sejam: tempo para se dedicar às atividades propostas; gosto e interesse pela pesquisa; conhecimento na área em que o trabalho está sendo desenvolvido; conhecimento da estrutura metodológica da pesquisa científica; respeito ao estudante na condição de pesquisador; organização e execução do cronograma, dentre outros.

Na opinião dos estudantes bolsistas de IC, a atuação do professor orientador é essencial para o sucesso da pesquisa. Eles consideram que a função do orientador é direcionar, incentivar e oferecer suporte necessário para o desenvolvimento da pesquisa, estando a presença dele associada ao atingir o objetivo proposto pelo trabalho ao final da pesquisa. A maioria dos estudantes bolsistas mencionou que suas expectativas com relação ao orientador foram totalmente atendidas, principalmente em relação à construção e ao desenvolvimento do projeto de pesquisa. Já alguns estudantes sentiram, durante o período do projeto, a ausência dos orientadores, principalmente ocasionada pela falta de tempo e pelo excesso de atividades do professor orientador.

Santos e Leal[40] relatam que a maioria dos estudantes integrantes do estudo demonstrou que a participação em projetos de IC motivou a continuidade das pesquisas, tendo alguns deles desenvolvido outros estudos, aprofundando o tema pesquisado na IC e, ainda, em outros temas. Os professores orientadores também afirmaram que os orientandos de IC mantiveram contato com eles e demonstraram interesse em realizar novas pesquisas ao término do projeto, ou em dar continuidade à pesquisa realizada. Os orientadores relatam que a IC incentiva a continuidade dos estudos, como a pós-graduação. Um dos orientadores entrevistados destacou que, caso o estudante não obtenha êxito em sua pesquisa de IC, ele poderá se sentir desmotivado a dar continuidade às pesquisas. Isso demonstra a importância da iniciação para a continuidade dos estudos de nível superior, ressaltando a responsabilidade dos orientadores.

A pesquisa realizada por Santos et al.[41] buscou identificar os fatores que possam ser considerados benéficos ou limitadores na percepção dos estudantes de Ciências

Contábeis em relação ao desenvolvimento da pesquisa científica por meio do TCC. Verificou-se, com o estudo, a relevância da participação dos professores orientadores para o sucesso da realização do TCC na graduação, reconhecendo que o acompanhamento do orientador é essencial para a execução e a qualidade da pesquisa. Os estudantes consideram a função do professor orientador relevante para gerar motivação no desenvolvimento da pesquisa, disponibilizando tempo para o atendimento e acompanhamento da

> Os estudantes consideram a função do professor orientador relevante para gerar motivação no desenvolvimento da pesquisa, disponibilizando tempo para o atendimento e acompanhamento da pesquisa e a contribuição para análise crítica dos resultados obtidos, um ponto que merece atenção quando se desenvolve pesquisas científicas.

pesquisa e a contribuição para análise crítica dos resultados obtidos, um ponto que merece atenção quando se desenvolve pesquisas científicas.

Na opinião dos estudantes, a orientação proporciona motivação e segurança para a realização do TCC, além de melhorar a interação entre alunos e professores ao longo do processo de desenvolvimento da pesquisa. Os quesitos positivos elencados como de maior destaque pelos estudantes estão relacionados à disponibilidade do orientador e à possibilidade de contato direto com os alunos durante a realização do TCC; às contribuições e modificações sugeridas ao longo do desenvolvimento da pesquisa; à importância do professor para a conclusão da pesquisa; e ao fato de o orientador proporcionar segurança para o aluno durante o desenvolvimento do TCC. Tais aspectos, consequentemente, contribuem para que o aluno desenvolva melhor o tema e continue motivado a concluir com êxito a pesquisa.

## 6. Relação orientador e orientando: um orientador para a vida

A relação entre orientador e orientando é vista como um dos principais fatores para o (in)sucesso da orientação acadêmica, pois se a relação é boa, afeta de maneira positiva a qualidade do trabalho — e pode durar anos após o término da orientação formal; já se a relação é vista como negativa, pode até levar o aluno à desistência do curso.[12] Leite Filho e Martins[43] afirmam que "o processo de construção do conhecimento não é uma atividade isolada, e necessita da interação entre os sujeitos professor orientador e aluno orientado". Uma relação construída e construtiva está representada no relato de Paul, quando nos conta que teve um "orientador para a vida":

> Tive a sorte de ter um orientador que além de ser um orientador acadêmico, de falar como o trabalho precisa [ser], ele também foi um orientador para a vida. Sempre

pude discutir o que eu ia fazer da minha vida, o que eu tinha interesse, de seguir a carreira acadêmica, como que era esse mundo acadêmico. Então, ele me ajudou muito. Ter um planejamento de carreira, planejamento de carreira como pesquisador e, até mesmo, de vida pessoal. A gente sempre teve muita abertura para conversar sobre essas coisas.

(Paul)

A orientação, muitas vezes, possui teor privativo. Esse teor privativo do processo de orientação é mantido pelo fato de os alunos serem orientados apenas por um professor e, em alguns casos, pode levar ao desenvolvimento do sentimento de posse por parte do orientador. Assim, o orientador acredita que os alunos orientados são exclusivamente seus e se torna hostil às interações do aluno com outros professores e projetos.[44]

Nessa abordagem de exclusividade e privacidade, o orientador é visto como o portador do conhecimento, enquanto o orientado deseja "receber" esse conhecimento. Dessa forma, pode-se caracterizar a orientação como uma relação de transmissão de conhecimentos que pouco pode agregar ao desenvolvimento de um pesquisador autônomo e criativo. Esse processo de transmissão de conhecimentos resulta na falta de inovação na pesquisa, pois o professor orientador acaba se "clonando" por meio dos orientados, mantendo o *status quo* da pesquisa, fazendo com que os orientados sigam seus passos – inclusive cursando as mesmas disciplinas e adotando as mesmas abordagens metodológicas.[45]

> *Dessa forma, pode-se caracterizar a orientação como uma relação de transmissão de conhecimentos que pouco pode agregar ao desenvolvimento de um pesquisador autônomo e criativo.*

Dado esse caráter individualista do processo, a orientação acadêmica acaba representando uma grande carga de trabalho para os docentes que ainda devem lecionar, pesquisar, participar de comissões e projetos de extensão, se envolver com atividades administrativas. Para evitar que o docente se sobrecarregue com a atividade de orientação, a Coordenação de Aperfeiçoamento de Pessoas de Nível Superior (Capes) define, por meio da portaria n. 174/2014, que cada orientador deva ter no máximo oito orientados, independentemente da quantidade de programas a que orientador esteja credenciado.

O orientador deve empenhar o mesmo tempo e energia para todos os orientados.[46] Entretanto, deve ser capaz de perceber as necessidades e limitações individuais. Outros estudos[47-48-49] relatam que o tempo dedicado pelos orientadores à função de orientação é insuficiente e, frequentemente, inadequado no âmbito da intensidade e qualidade, fato causado, principalmente, pelo excesso de orientações simultâneas.

Viana[50] entrevistou 18 orientadores a respeito da relação que eles têm com seus orientados e encontrou três grupos de possíveis relações. O primeiro grupo, composto por 11 entrevistados, afirma que "a relação é fundamental para o êxito do trabalho" e, segundo os entrevistados, é necessário existir uma "simbiose pedagógica", ou seja, é necessário o estabelecimento de uma relação permeada pela empatia. A autora afirma que gostar do orientado contribui conhecê-lo, assim fica mais fácil conhecer seus limites, afinidades e necessidades. O segundo grupo encontrado baseia-se na ideia de que "a relação não é determinante, mas é importante", pois o orientado pode querer trabalhar de maneira mais afastada do orientador e, ainda assim, fazer um bom trabalho. Apesar de não acreditar que a relação é determinante para o desenvolvimento do trabalho, esse grupo ressalta a importância de enxergar o orientado como uma pessoa que pode ter dificuldades, problemas e necessidades. Por fim, o terceiro grupo toma como base as orientações conforme o modelo adotado em outros países. Assim, a relação orientador/orientado é puramente profissional. Nesse grupo, o pensamento de que "a relação é importante, mas não precisa ser afetiva" é o que prevalece.

Com base nessas três possíveis relações, o trabalho do orientador é "consubstanciado pela influência dos seguintes aspectos: afetivo, profissional, teórico-metodológico e institucional, que reconheço serem indissociáveis". Ao explorar tais fatores, a autora os define detalhadamente, um a um.

O **aspecto afetivo** se dá pelo fato de o processo de orientação se constituir em uma relação dialógica. Manifesta-se por meio do saber escutar, do estabelecimento de uma relação empática e pelo estímulo ao orientado. O **fator profissional**, por se tratar de um trabalho em conjunto e que deve ser exercido com responsabilidade por ambos os envolvidos. "A função do orientador não é a de catequizar o orientando, mas provocar a reflexão, o questionamento para que este produza com autonomia, sendo ético ao aceitar o orientando como aprendiz". Quanto ao orientado, cabe a ele ter ética na produção de seus trabalhos e não se apropriar de textos como se fossem seus. Na **dimensão teórico-metodológica** é importante, desde o começo, conhecer as regras do jogo, quais as tarefas e funções do orientador e do orientado. É preciso que durante o processo de construção da tese/dissertação orientador e orientado se reúnam para reflexões a respeito do tema pesquisado a fim de que possam ter respaldo ao serem questionados sobre "como, para quê e para quem" aquele conhecimento está sendo construído. Finalmente, é importante levar em conta os **fatores institucionais**, como os prazos do programa em relação às diferentes etapas do processo de mestrado/

> *Com base nessas três possíveis relações, o trabalho do orientador é "consubstanciado pela influência dos seguintes aspectos: afetivo, profissional, teórico-etodológico e institucional, que reconheço serem indissociáveis".*

doutorado – prazo para exame de qualificação, defesa, cumprimento de créditos etc. –, para que orientador e orientado possam construir em conjunto um cronograma que abarque os fatores institucionais também. As falas apresentadas na sequência espelham esses aspectos ou dimensões do processo de orientação.

> O meu orientador de mestrado é um cara nota dez, entendeu? Ele era uma pessoa muito legal, assim, de fácil acessibilidade, uma pessoa muito educada e muito agradável. [...] do ponto de vista humano era uma pessoa muito boa.
>
> (Ringo)

> No doutorado eu também tive a sorte de pegar um cara muito bom, igualmente educado, gentil e prestativo.
>
> (Ringo)

> [sobre a relação com o orientador do mestrado] Era amigável [...] em nenhum momento houve qualquer tipo de desrespeito... então era uma relação aberta e muito fácil, muito acessível.
>
> (George)

> [sobre a relação com o orientador do mestrado] Uma relação muito boa, não tivemos problemas, uma relação de amizade mesmo. Tive a sorte de ter um orientador que além de ser um orientador acadêmico, de falar o que o trabalho precisa, ele também foi um orientador para a vida. Sempre pude discutir o que ia fazer da minha vida, o que eu tinha interesse, de seguir a vida acadêmica, como era o mundo acadêmico, então ele me ajudou muito. Ter um planejamento de carreira, planejamento de carreira como pesquisador, e até mesmo de vida pessoal, a gente sempre teve muita abertura para conversar sobre essas coisas.
>
> (Paul)

> Muito amistosa, sempre bem amistosa. No fundo eu acho que é difícil alguém não se dar bem com o [orientador] em particular. Mas antes de ser amigo do [nome orientador], sendo aluno do [nome orientador] ou como orientado do [nome orientador], tinha uma relação de respeito bem definida.
>
> (John)

> Então assim, elas eram muito amistosas, muito amigáveis, de muito respeito e de muita confiança, de efetivamente entregar o caminho da minha tese na mão do cara, se ele disser que está certo, eu estou seguindo o caminho. Então, essa relação de confiança também tinha com o [nome orientador] claro, mas eu posso dizer que duas pessoas fundamentais e essa relação de aproximação foi ótima [...].
>
> (John)

Por fim, a relação de orientação pode ser comparada com a relação entre aluno e professor em sala de aula – desde que consideradas as particularidades de cada uma das situações. É nesse ponto que se consubstancia o relato de Ringo:

> É ser um professor dando aula pra um aluno só, entendeu? [...] você está lá pra ensinar, no sentido não de transmitir conhecimento, mas no sentido de fazer a pessoa crescer. Ela entra de um jeito e você espera que ela saia transformada daquele processo. "Transformada" é com capacidade de raciocínio, com capacidade crítica, com capacidade técnica, melhor. E, na orientação, é a mesma coisa. A diferença é o tema. Em uma aula, você dá uma aula relacionada a um assunto específico, que pode ser técnico ou matemática financeira, estatística ou contabilidade, enquanto que, na orientação, você ensina a pessoa a, vamos dizer, não é só a fazer a pesquisa, mas a compreender o processo de pesquisa.
>
> (Ringo)

Ao traçar a comparação entre a sala de aula e a relação de orientação, Zilberman[51] afirma que a primeira é uma relação vertical permeada com a autoridade do docente em sala de aula, enquanto a segunda é uma relação acadêmica horizontal pois, apesar de ser relação entre pessoas com diferentes níveis de formação e maturidade que estão em busca do mesmo objetivo, é uma relação mais pessoal.

Cabe lembrar que, apesar de ser uma relação acadêmica e profissional, a relação orientador-orientado é, acima de tudo, uma relação entre indivíduos, de forma que a cada processo de orientação características únicas vão surgir. Além disso, é importante manter em mente que o respeito às diferenças é condição indispensável para o sucesso do processo de orientação.[52]

## 7. Afinal, qual o caminho ideal?

Por todos os aspectos levantados até o momento, os papéis de orientador e orientado não nos parecem tarefas simples de desempenhar. Diante dessa situação, muitos podem tentar imaginar uma receita pronta, a ser seguida passo a passo, cujo produto final seria o trabalho pronto. Ledo engano!

Em relações interpessoais, encontrar o equilíbrio é sempre um desafio. No caso da construção de teses e dissertações o equilíbrio envolve, principalmente, o orientador e o orientado, mas é fortemente influenciado por outros fatores como regulamentos e normas institucionais, de órgãos reguladores e avaliadores, convivência com outros alunos e professores, ambiente e contexto, entre outros.

Haguette[53] apresenta o que chama de princípios que envolvem o relacionamento entre orientador e orientado. São ações que, quando realizadas pelo orientador, seriam capazes de assegurar o rigor científico do processo. Os vinte princípios podem ser analisados no Quadro 2.

**Quadro 2. Princípios norteadores de um processo de orientação**

| Nº | Mandamento | Princípio |
|---|---|---|
| 1 | Não discutir verbalmente o problema de pesquisa com o aluno. | Exigir que ele se expresse por escrito; assim ele atingirá um maior nível de clareza: na problematização e contextualização do problema, explicitação da relevância do tema e do que pretende e definição dos seus objetivos (poucos, precisos, claros e viáveis). |
| 2 | Não fazer imposição de problemática ao aluno. | Ele goza de autonomia para escolher o fenômeno que lhe aprouver analisar. Lembremo-nos de que a pesquisa deve expressar o ato de paixão pelo conhecimento de algum aspecto da realidade. E a paixão deve ser a dele. |
| 3 | Não exigir a inclusão na revisão de literatura do aluno de autores que nos são caros, ou dos nossos gurus. | A não ser que eles sejam fundamentais para a compreensão do fenômeno em estudo, pois a pesquisa não é nossa. |
| 4 | Respeitar a "lógica" do aluno. | Não impor a nossa lógica. Existem diferentes formas de organização do pensamento e das ações. |
| 5 | Procurar levar o orientando até onde ele pode ir. | Desde que respeitados os limites mínimos de qualidade. O nível de exigência deve estar em consonância com as potencialidades do aluno. |
| 6 | Levar o orientando ao conhecimento aprofundado das diferentes alternativas teóricas (teorias explicativas) sobre seu objeto de estudo. | Mediante uma Revisão de Literatura ampla, atualizada e diversificada. É ela que vai denotar o conhecimento do aluno sobre seu objeto; é por meio dela que ele vai descobrir as pesquisas que estão sendo feitas e dentro de qual enfoque teórico; é ela que fornecerá os instrumentais categoriais que ele utilizará na investigação. |
| 7 | Desfazer os equívocos, muito frequentes, sobre as particularidades e a função dos pressupostos teóricos. | Diferenciá-los das teorias de médio alcance e do referencial teórico e ajudar o aluno a escolher as categorias analíticas de que vai necessitar para dar sentido aos dados. |
| 8 | Exigir uma metodologia rigorosa. | Caso o orientador não tenha competência nessa área, incluir um bom pesquisador na banca, para garantir o êxito da pesquisa. O orientador não é, necessariamente, um metodólogo, mas deveria sê-lo. |
| 9 | Corrigir, revisar, dar retorno. | Apontar, corrigir ou solicitar ao aluno que encaminhe, para correção, as falhas de estilo, as incoerências de ideias, os erros de pontuação, de acentuação, de concordância e de ortografia. |

(continua)

(continuação)

| Nº | Mandamento | Princípio |
|---|---|---|
| 10 | Construir a confiança. | Transmitir confiança e otimismo ao orientando. |
| 11 | Ser autêntico e exigente. | Falar a verdade ao aluno quanto aos defeitos do trabalho, indicando as soluções adequadas para seu aprimoramento. |
| 12 | Elogiar. | Elogiar, sempre que merecido, o desempenho do orientando. |
| 13 | Acompanhar. | Manter um relacionamento profissional, porém amigável e regular, com o orientando, estabelecendo um cronograma de atividades que o ajudem a exercer sobre si próprio uma disciplina que o leve à defesa o mais rapidamente possível. |
| 14 | Fundamentar as críticas. | Ao fazer créticas e reparos, explicar as razões e indicar os caminhos possíveis que poderão ser trilhados naquela circunstância. |
| 15 | Dar liberdade e autonomia. | Não aproveitar a cátedra e a função de orientador para fazer catequese, doutrinação ideológica ou militância política. Elas são importantes, mas em outro momento e em outro lugar. |
| 16 | Respeitar os posicionamentos. | Não fazer patrulhamento ideológico dentro da academia, nas aulas e na relação de orientação. Este é um ato de desrespeito à autonomia e à dignidade do aluno. Ele tem o direito de opção e o direito ao dissenso. A ditadura já passou... |
| 17 | Não compactuar com a mediocridade. | Não fazer concessões à mediocridade a qualquer título, seja de amizade, por razões humanitárias, políticas ou ideológicas). |
| 18 | Ser ético. | Respeitar os princípios da ética universitária. |
| 19 | Organizar a defesa. | Não levar o orientando à defesa, sem ter a certeza de que a banca aprovou o trabalho. Providenciar para que seus membros leiam cada capítulo e, se oportuno, incluir suas sugestões. Quando possível, fazer uma discussão prévia com os membros da banca antes da defesa. |
| 20 | Garantir a avaliação justa. | Evitar a presença de "desafetos acadêmicos" na composição da banca de defesa. Eles descarregarão no aluno os seus humores, despeitos e preconceitos, em um acinte frontal à ética universitária. |

**Fonte:** Adaptado de Haguette (2006).

Vale destacar que cada área do conhecimento possui suas particularidades. Sendo assim, os princípios podem e devem ser ajustados conforme haja necessidade.

# 8. Considerações finais

O processo de orientação é um tema complexo, pouco estudado, porém atual e necessário. No âmbito da pós-graduação *stricto sensu*, o tema adquire ainda mais relevância, tendo em vista seu propósito de formar professores e pesquisadores de excelência, além da obrigatoriedade da construção da pesquisa, acompanhada de um orientador, e da entrega e defesa da tese/dissertação para obtenção do título. Já nos cursos de graduação, seja em projetos de iniciação científica, seja nos trabalhos de conclusão de curso, a orientação tem a função de revelar vocações e abrir caminhos e, portanto, aumenta a responsabilidade do orientador, no sentido de buscar uma formação para exercer seu papel.

O primeiro ponto negligenciado no processo de orientação é a própria formação para orientar. Não existe formação, capacitação ou treinamento. Assim, tudo ocorre de forma intuitiva, pelo aprendizado e aprimoramento de experiências vivenciadas, pela tentativa e erro. Dada a complexidade do processo de construção de uma tese ou dissertação, o orientador e a orientadora devem estar atentos, avaliando os acontecimentos e tomando decisões de melhoria ou correção de falhas. Contudo, em um processo intuitivo como esse, os riscos são altos e até as "pequenas" falhas podem ter impactos de grande proporção para o futuro do orientado, correndo o risco até de não conseguir obter o título ou de obtê-lo sem que tenha tido a formação adequada. Quanto ao orientador, isso traria impactos para sua carreira profissional.

> *O primeiro ponto negligenciado no processo de orientação é a própria formação para orientar.*

Outro ponto importante está relacionado com os limites de cada papel no processo de orientação. Não existe uma cartilha que defina os papéis de cada envolvido. Muito menos no que tange às expectativas de cada um. Assim, questionamos: até que ponto vai a autonomia do orientado? Até que ponto vai a responsabilidade de interferir do orientador? De quem é a responsabilidade pelo trabalho? Os limites dessas questões são tênues, cabendo bom senso e responsabilidade aos envolvidos.

Ao contrário das discussões e divergências que apontam diversos caminhos possíveis para o processo de orientação, um ponto em que parece haver consenso maior é a importância da relação entre o orientador e orientado. Uma boa relação não apenas apresenta impactos positivos no trabalho final, mas vai além, podendo gerar a continuidade da pesquisa, trabalhos em coautoria, amizade e companheirismo para além vida acadêmica, boas recordações de apoio e suporte durante o processo de orientação, entre outros. Mostra, portanto, que o papel de orientador e orientado pode ser produtivo e prazeroso ao mesmo tempo. Podemos todos procurar nos tornar "orientadores para a vida"! Esse trecho final, da fala de um orientador no encerramento de uma defesa em musicologia de meu amigo Rodrigo Teodoro de Paula, simboliza essa orientação para o mútuo crescimento e aprendizado, do orientador e do orientado:

> Confesso que tive, inicialmente, algumas reservas sobre esse projeto, porque eu vi muitos, muitos elementos, mas ele iria se titular em musicologia. Estava de facto inscrito no doutoramento certo? Aos poucos apercebi-me que, de facto, é musicologia. São todas aquelas tensões que são necessárias para nós entendermos, como musicólogos, as músicas que iremos investigar. Portanto, aos poucos, Rodrigo conseguiu convencer-me, converter-me completamente. **Para mim tem sido uma viagem de descoberta.** Eu acho que isso aliás, é para mim um dos aspectos mais interessantes de qualquer orientação, de uma orientação bem-sucedida, como é claramente o caso, **que o orientador aprende imenso**. Foi absolutamente o meu caso. Portanto, eu acho que não tenho mais o que dizer a não ser absolutamente dar os parabéns ao Rodrigo, pelo trabalho que tem feito, pela sua persistência e estou completamente de acordo com o colega, que é um texto que tem que ser publicado e espero que seja muito breve o tempo entre a defesa e a publicação.

Ressalta-se, ainda, que, havendo abertura de lado a lado, essa é uma relação de aprendizado mútuo, de respeito e de conquista de autonomia. Vamos nos orientar para isso?

# 8 Virei professor, e agora? Conselhos para o ingresso na docência do ensino superior

JOÃO PAULO RESENDE DE LIMA
ADRIANA MARIA PROCÓPIO DE ARAUJO

*Augusto é bacharel em Ciências Contábeis, mestre em Controladoria e Contabilidade e, atualmente, cursa seu doutorado também em Controladoria e Contabilidade. Sua experiência profissional incluiu a área de vendas e, mais recentemente e até os dias de hoje, experiência em instituições financeiras. Seu ingresso na docência ocorreu há seis anos, quando foi convidado para substituir um professor no meio do semestre.*

*O convite surgiu graças ao projeto de Iniciação Científica realizado durante a graduação. Augusto conta que trabalhou com um colega de turma em um projeto com instituições de Terceiro Setor. Assim, ganhou bastante experiência teórica e prática na área e, quando a instituição pela qual foi contratado procurou indicações de possíveis professores que pudessem assumir a disciplina de Contabilidade Aplicada ao Terceiro Setor, seu nome foi indicado. A primeira aula foi marcada pelo nervosismo e transpiração, afinal de contas, não teve nenhuma preparação para isso durante o mestrado.*

*— Fiquei nervoso, transpirei bastante, mas o pessoal percebeu que eu conhecia o conteúdo, e acho que isso me ajudou bastante [...]. O principal questionamento, é que nós não fomos formados no mestrado para dar aula. Então, isso surgiu meio que no meio do caminho. Até porque não tinha uma disciplina de metodologia de ensino ou nada desse tipo.*

*Outro ponto que marcou bastante o início da docência de Augusto foi o contato com os alunos, pois, devido à falta de formação e preparação para entrar em sala de aula, relata que tinha bastante dificuldade de olhar para os alunos e interpretar suas reações.*

*Atuou como docente e coordenador de graduação e, posteriormente, foi convidado para atuar e coordenar um curso de pós-graduação lato sensu, algo que já desejava há algum tempo. Além de lecionar no setor privado, foi professor substituto em uma universidade pública por um semestre.*

*As experiências como professor e como coordenador de graduação foram, de certa forma, frustrantes para Augusto, devido à falta de interesse dos estudantes e ao grande número de alunos em cada turma. Dessa forma, optou por se afastar da graduação e focar esforços em se titular como doutor para ingressar numa universidade pública e poder se dedicar exclusivamente à docência.*

*Como coordenador do curso de pós-graduação lato sensu, Augusto participa de uma comissão pedagógica para discutir tendências para o ensino e os problemas da instituição. Dentre as discussões da comissão, Augusto destaca o uso de novas metodologias de ensino e o papel discente e docente.*

*— Eu concordo em partes que essa discussão é importante e que, realmente, mudar de metodologia é importante. Só que eu tenho medo dessa discussão. Porque essa discussão esquece que o papel, que talvez seja o principal ator nesse processo de aprendizagem, é do aluno. Então, não adianta o professor dar cambalhota, fazer mil metodologias, trazer mil ferramentas, se o aluno não sentar numa cadeira e não estudar. Eu procurei usar muita coisa, já pus pessoal para usar aplicativo em sala de aula.*

# 1. Introdução

O ingresso na docência é apontado por diversos autores como um momento crucial para a carreira. Tal importância se deve ao fato de que, no ingresso à docência, confrontam-se as expectativas e a realidade da sala de aula, além de ser o momento da troca de papéis: o aluno vira professor.

A trajetória de Augusto, apresentada na abertura deste capítulo, assemelha-se à trajetória de muitos docentes que ingressam no ensino superior: são convidados para atuar na docência por se destacarem em determinada área profissional ou científica. Mesmo com título de mestres ou doutores, os "novos" professores nem sempre apresentam formação didático-pedagógica adequada. Assim, a pessoa "dorme aluno e acorda professor".

Os trabalhos a respeito do ingresso na docência a retratam por meio de duas possibilidades.[1] A primeira é o "choque com a realidade", que ocorre quando o docente vê que sua realidade está bem distante daquilo que esperava. Já a segunda possibilidade é a "descoberta", momento em que o novo docente se sente entusiasmado por vivenciar novas experiências.

A preparação para a docência de ensino superior tem se mostrado muito tímida por todos os condicionantes discutidos em outros capítulos deste livro. Dessa forma, os novos docentes acabam experimentando muito mais o "choque com a realidade" do que a fase de "descoberta", sendo que esse choque de realidade e a falta da formação para lidar com os desafios dessa fase inicial podem, até mesmo, afastar os profissionais da carreira e da profissão de docentes.

Visando diminuir o choque com a realidade, este capítulo apresenta alguns conselhos e reflexões sobre o ingresso na docência, a partir de três locais de fala: (i) da literatura acerca do tema; (ii) de seis entrevistas feitas com docentes de Contabilidade, que possuem entre cinco e seis anos de docência; e (iii) das reflexões dos autores, um deles docente em formação e uma docente com vasta experiência na docência e pesquisa sobre ensino superior contábil, que ocupou diversas funções administrativas durante a carreira.

Inicialmente, apresentamos uma discussão acerca do que fazem os docentes no ensino superior. Em seguida, trazemos algumas pesquisas que mapearam a percepção de estudantes acerca do perfil do bom professor. Por fim, discutimos o ingresso na docência e trazemos os conselhos para os novos professores.

# 2. O que faz um professor do ensino superior?

As discussões acerca do que é ser e o que faz o professor do ensino superior perpassam o conceito de docência e as diferentes atribuições que o docente universitário tem exercido. Assim, essa seção apresenta algumas considerações sobre o que é ser professor e o que faz o professor universitário.

De maneira geral, o professor é alguém que ensina algo a outrem.[2] Entretanto, essa definição é altamente genérica e traz um novo questionamento: o que é ensinar? Essa pergunta nos remete a diversas possibilidades. Neste capítulo serão discutidas duas das possíveis respostas.

Em uma perspectiva mais "**tradicional**", ensinar é transmitir informações e conhecimentos para outras pessoas. Essa definição tem origem no modelo escolar Francês originado no século XII,[3] que, devido ao número restrito de livros e difícil acesso a esses, tinha suas aulas separadas em dois momentos distintos: a *lectio*, que consistia na leitura e explanação do texto e era feita pelo professor em sala de aula, e a *questio*, que consistia em perguntas feitas pelo professor aos alunos e vice-versa.

Já sob uma ótica mais **progressista**, pode-se afirmar que ensinar não é transferir conhecimentos, mas criar as possibilidades para a sua produção ou construção.[4] Essa ótica progressista de construção, e não transferência, de conhecimentos tem como pressuposto o protagonismo do estudante sob sua própria formação e o desenvolvimento de sua autonomia, característica amplamente demandada pelo mercado de trabalho e pela sociedade contemporânea.

Assim, segundo essa ótica, o professor do ensino superior não atua simplesmente formando contadores, médicos, advogados, arquitetos etc., ele deve formar cidadãos com raciocínio crítico que contribuam com o desenvolvimento de sua área de atuação e com a sociedade de maneira geral. Portanto, que sejam agentes de transformação.

> *Assim, segundo essa ótica, o professor do ensino superior não atua simplesmente formando contadores, médicos, advogados, arquitetos etc., ele deve formar cidadãos com raciocínio crítico que contribuam com o desenvolvimento de sua área de atuação e com a sociedade de maneira geral.*

Além do ensino, o professor que atua no ensino superior desenvolve outras funções, dependendo da instituição em que trabalha. Dentre as funções que esse docente pode exercer, destacam-se a de pesquisador, coordenador do curso e de gestor das diversas áreas que compõem uma universidade, entre outras. Assim, além de ser professor, atua em várias outras funções, que demandam outros saberes e competências. Diferentemente do que diria aquela pessoa que sempre tem alguma pergunta indesejável para nos fazer: *você só da aula ou também trabalha?* Ou, ainda, *você não trabalha? Só dá aula?*

Como mostrado na introdução e abertura deste capítulo, o professor do ensino superior, muitas vezes, ingressa na docência sem formação ou preparação para tal. Dessa maneira, enfrenta diversos desafios no começo da carreira. A seguir são apresentados alguns conselhos a professores iniciantes sobre certos aspectos da formação e atuação docente.

# 3. Conselhos sobre o ingresso e atuação na docência no ensino superior

Neste tópico, trataremos de alguns desafios do ingresso na carreira docente, mesclando a literatura sobre o tema com a experiência de seis docentes que estão nessa fase inicial. Esperamos que, assim, possamos oferecer conselhos para professores em formação.

## 3.1 Ingressando na docência: o que esperar?

O trabalho realizado por Lima, Oliveira, Araujo e Miranda[5] aponta para diversos aspectos que os professores de Ciências Contábeis relatam como dificuldades para o exercício da docência. As principais dificuldades dos professores participantes da pesquisa foram: a falta de motivação discente, a heterogeneidade das classes, as salas superlotadas, a falta de tempo e dificuldade de determinar o aprendizado. É possível observar que, dos cinco problemas enfrentados, dois deles são relacionados ao discente, dois à prática docente e um relacionado à instituição.

Acerca do discente, são encontrados dois perfis nas salas de aula hoje em dia: o estudante que vem do mercado, buscando aperfeiçoamento da prática profissional, e que trabalha, aportando sua experiências profissional para a sala de aula; e o estudante, que ainda não teve contato nenhum com o mercado de trabalho, e que, portanto, tem a aula como sua primeira aproximação com a profissão. Conforme nos relata Afonso, em sua entrevista:

> Porque não é só que **o cara trabalha**, ele trabalha, ele tem família, ele tem filho, como que esse cara vai estudar né? [...] Mas é um drama, porque você vai falar de Custos, por exemplo, para **um menino ou uma menina de 18 anos**, mas eles nao têm a menor ideia do que você está falando, porque **nunca se envolveram com processos de transformação**. Então, não têm ideia do que é insumo. Então, às vezes, a gente faz exemplo com videogame. Às vezes, faz exemplo com comissão de formatura, sabe?
>
> (Afonso)

A presença desses dois perfis em sala de aula se mostra um desafio a ser superado pelo professor, que precisa buscar estratégias de ensino que não prejudiquem nenhum dos lados e que, ao mesmo tempo, atenda aos dois. Uma estratégia é a adotada por Afonso de trazer os conceitos trabalhados para uma realidade que o aluno sem experiência de mercado possa se identificar. Por outro lado, para o estudante que trabalha, a literatura indica a adoção de metodologias ativas que o envolvam no processo de ensino e permitam que compartilhe a sua experiência profissional.

## 3.2 Planejando a disciplina e a primeira aula

Dizem que a primeira impressão é a que fica. Assim, a primeira aula do semestre é vista como uma das mais importantes, pois, quando bem preparada, já alinha as expectativas do docente e do discente. É, também, o primeiro contato entre o docente e a turma que cursará aquela disciplina. E, no caso dos docentes iniciantes, será a primeira experiência em sala de aula no papel de docente. Augusto nos conta como "enfrentou" essa primeira aula:

> Fiquei **nervoso, transpirei bastante**. Mas o pessoal percebeu que eu conhecia o conteúdo. E acho que isso me ajudou bastante.
>
> (Augusto)

É preciso planejar e se preparar não só para a primeira aula, como para todas as outras que serão desenvolvidas no semestre ou no ano letivo. Wankat e Oreovicz[6] apresentam alguns aspectos a serem observados durante o planejamento de uma disciplina. O Quadro 1 apresenta, de maneira sintetizada, os itens propostos pelos autores, que vão da análise de pré-requisitos aos instrumentos de avaliação da aprendizagem.

**Quadro 1. Como planejar uma disciplina**

| | |
|---|---|
| Pré-requisitos | Ao planejar uma disciplina é importante que o docente atente para quais são os pré-requisitos exigidos do estudante para que possa cursá-la pois, assim, já é possível já saber o que esperar acerca de seu conhecimento prévio. |
| Conheça o perfil da turma | Ao conhecer o perfil da turma, o docente pode planejar melhor a sua disciplina e escolher os métodos e técnicas de ensino, a carga de trabalho que será exigida fora da sala de aula etc. Para tanto, pode lançar mão de uma avaliação diagnóstica nos primeiros dias de aula. |
| Definir os objetivos da disciplina | A questão norteadora do planejamento de uma disciplina deve ser "o que os alunos têm que saber ao finalizarem a disciplina?" Assim, ao definir os objetivos de aprendizagem, o docente já pode traçar as estratégias para alcançar objetivos, competências e habilidades e, também, definir como avaliar se os objetivos foram alcançados. |
| Escolhendo métodos e técnicas de ensino | A partir do objetivo da disciplina e do perfil discente, o docente pode escolher o melhor ou os melhores métodos de ensino a serem utilizados para alcançar o objetivo proposto. |

(continua)

(continuação)

| | |
|---|---|
| Escolha das referências-base | As referências-base da disciplina têm um efeito considerável na qualidade da disciplina, principalmente porque são fontes de consulta disponíveis ao aluno a qualquer tempo. |
| Avaliando a aprendizagem | Para verificar se os objetivos da disciplina foram alcançados, é preciso adotar alguns instrumentos e algumas métricas. Ou seja, é preciso avaliar. A avaliação da aprendizagem é um dos componentes mais complexos e controversos da prática docente, pois o uso de instrumentos não adequados pode comprometer a avaliação do rendimento de uma turma inteira.* |

Especificamente sobre a primeira aula, Wankat e Oreovicz[7] afirmam que, ao iniciar a aula, o professor deve entregar o planejamento da disciplina, incluindo seu nome, meios de contato, horários de atendimento extraclasse, referências-base da disciplina, planejamento das aulas e informações completas sobre o método de avaliação a ser empregado. Sugerem, ainda, que, ao invés de simplesmente explicar o plano de aula, o professor utilize essa aula para alinhar as expectativas com os estudantes, discutindo as seguintes questões: como a disciplina ocorrerá? Qual conteúdo será abordado? O que é esperado dos alunos? Pode, ainda, fazer uma avaliação diagnóstica, bem como revisar conceitos essenciais para a disciplina, superando alguma lacuna de aprendizagem de disciplinas anteriores.*

É exatamente nesse momento que acontece a relação de confiança entre o docente e os estudantes. Quanto mais detalhado o plano de aula, com as possibilidades, datas, conteúdos, avaliações etc., melhor será a possibilidade de implementação das atividades acordadas entre os atores do processo: professor e estudantes.

É importante lembrar, ainda, que algumas das atividades dependerão de outros atores, por exemplo: a biblioteca, para disponibilização da bibliografia básica; a secretaria do curso, para organização de salas de aula e dos recursos necessários; a coordenação, para a articulação com outras disciplinas na definição de objetivos, metodologias de ensino e instrumentos de avaliação, entre outras.

*Quanto mais detalhado o plano de aula, com as possibilidades, datas, conteúdos, avaliações etc., melhor será a possibilidade de implementação das atividades acordadas entre os atores do processo: professor e estudantes.*

## 3.3 Avaliando e sendo avaliado

Alguns autores, como Gil,[8] apontam que uma das tarefas mais desagradáveis da docência é o ato de avaliar, pois demanda muito tempo e é uma tarefa que precisa ser pensada

---
* Ver detalhes sobre este tipo de avaliação no Capítulo 3 "Avaliação discente".

de acordo com o objetivo a ser alcançado na disciplina. Assim, é necessário organizar as formas de avaliação durante o planejamento da disciplina. Algumas decisões que precisam ser tomadas: "serão utilizadas provas? Exercícios? Seminários? Trabalhos em grupo? Estudos de Caso? Outras metodologias (atividades) aplicadas em sala de aula?". Essas decisões precisam estar alinhadas com os objetivos de aprendizagem definidos para a disciplina, com o perfil pretendido de egresso no PPP do curso, com os métodos de ensino utilizados, com o perfil da turma, entre outros tantos aspectos.

Outro ponto importante a respeito da avaliação é ter em mente que ela deve estar aliada ao processo de aprendizagem. Deve servir como um diagnóstico da aprendizagem do estudante, em que docente e discente identifiquem as lacunas da aprendizagem. Mas, para isso, é necessário que as atividades de aprendizagem e de avaliação possuam um *feedback* elaborado pelo professor. Gatti[9] afirma que o *feedback* ajuda no processo de aprendizagem. Sugerimos que a avaliação seja feita de maneira contínua, por meio de diferentes métodos avaliativos, para diminuir a pressão e ansiedade dos estudantes em relação à "prova".

> *É necessário que as atividades de aprendizagem e de avaliação possuam um feedback elaborado pelo professor.*

Apesar da importância da avaliação da aprendizagem dos estudantes, esse não é e nem deve ser o único item analisado em sala de aula. É importante que o docente realize avaliações a respeito da disciplina e do seu desempenho para que possa melhorar não só a disciplina, mas também sua prática. Afinal, assim poderá tomar ações corretivas que sejam tempestivas. Clara e Augusto refletem sobre a importância da autoavaliação e sobre os diferentes mecanismos que o professor pode utilizar, desde de "prestar atenção aos estudantes e às suas reações, até conversar e ouvir as pessoas":

> [...] a gente geralmente tem [dificuldade] em se autoavaliar. Às vezes, eu prefiro ouvir das pessoas.
>
> (Clara)

> Eu lembro que, muitas vezes, eu fui me tocar que eu tinha que prestar mais atenção nos alunos no meio do caminho. Algumas aulas, eu não olhava muito para ver se estavam me entendendo ou não. Mas isso, com o tempo, eu fui começando a entender que, se eu falava de um tema, **dava para perceber qual era a avaliação deles**, para ver se tinham entendido ou não.
>
> (Augusto)

A prática de avaliação pode auxiliar o docente a refletir sobre sua desenvoltura profissional, sobre seu desenvolvimento, sobre o que deu certo e o que deu errado no decorrer do semestre e os porquês. Pode ser feita tanto por meio de uma autoavaliação crítico-reflexiva, quanto por instrumentos de avaliação entregue aos alunos ou por avaliações institucionais. É importante que também sejam contínuas e não somente ao final do curso. Se feitas apenas ao final do curso, servem apenas como certificação de resultados bons ou ruins, sem possibilidade de correção para aquela mesma turma.

## 3.4 É possível aprender a ser professor?

Historicamente, por ser vista como um dom, a docência como profissão tem sido tratada com desprestígio. Assim, sua formação específica – especialmente no que diz respeito à formação didática pedagógica – foi deixada em segundo plano[10] e os professores contratados para atuar na docência universitária eram os que se destacavam profissionalmente no mercado de trabalho. A docência partia – e em alguns contextos ainda parte – do pressuposto de que "quem sabe, automaticamente sabe ensinar".[11]

Nos últimos anos, as mais diversas áreas e universidades têm olhado para a formação de professores como um campo fértil para as pesquisas visando melhorar a qualidade do ensino. Especificamente no Brasil, conforme já discutido, segundo o artigo 66 da Lei n. 9.394/1996, Lei de Diretrizes e Bases para a Educação (LDB), a preparação para atuar como docente em nível superior será realizada nos cursos de pós-graduação, preferencialmente nos cursos de mestrado e doutorado. Essa expectativa da necessidade de formação é ressaltada na fala de nossos professores pesquisados:

> E aí assim, por isso que quando falei lá no mestrado, fiz uma crítica sobre **nós não termos aprendido falar em público, a dar aula,** especificamente.
>
> (Augusto)

> [...] eu **não fui condicionado para ser professor**, né? As coisas foram acontecendo e resultaram nisso aí hoje, entendeu?
>
> (Afonso)

> Eu vou aprender a ser professora no mestrado. Porque o mercado não pede título de mestrado. Mas, se a docência está me pedindo para um concurso [o mestrado], é porque é lá que vão me ensinar como ser professora. Então, vamos fazer esse mestrado aí e vamos aprender a ser professor, né?
>
> (Sophia)

Apesar da exigência que consta na lei, diversas pesquisas apontam que os programas de pós-graduação privilegiam a formação voltada para a pesquisa e não para a docência. Então, como se aprende a ser professor? A literatura aponta diversas possibilidades para o aprendizado docente, mas a que mais tem se destacado no ensino superior é a própria prática, dando origem, segundo Tardif,[12] aos saberes experienciais. Esses saberes experienciais marcaram o aprendizado de Clara e Augusto:

> [...] **parte do aprendizado é na prática**, você vai aprendendo à medida que você vai vivenciando aquilo.
>
> (Clara)

> [...] com o tempo eu fui vendo isso, **fui desenvolvendo,** para hoje, como eu sei fazer.
>
> (Augusto)

Além da própria experiência, é importante que o docente busque a formação teórica na pedagogia para que sua prática pedagógica seja, cada vez mais, completa e profissional. Araujo[13] apresenta uma proposta pedagógica para a formação do docente de contabilidade e ressalta que alternativas para qualificação da competência pedagógica do professor de contabilidade existem e estão à disposição nos programas de pós-graduação, mas que, ainda, deixam muito a desejar.

## 3.5 O que é preciso para ser um bom professor?

Essa pergunta já foi discutida na literatura sob diversos olhares. Entretanto, a perspectiva discente sempre teve bastante espaço e importância na busca de respostas. Ou seja, aprendemos a ser bons professores com os nossos melhores professores. Adotamos modelos para práticas que incorporamos e para práticas que evitamos. Os relatos de Vinicius e de Sophia confirmam a importância dos exemplos (bons e ruins) de nossos mestres.

> Eu tive ótimos professores: **didática, na lousa, acompanhamento, resolução de exercício**, enfim... E tive péssimos professores, também: **didática zero, interesse pela aula zero**. Eu cheguei a ter professor que lia o livro sentado na cadeira, que lia o capítulo do livro, para você ter ideia. Então, ele sentava, o livro era em inglês, e ele traduzia o livro. E essa era a aula que a gente tinha.
>
> (Vinicius)

> O [nome do professor] tem um lado muito humano com os alunos, né? Ele tem uma relação, uma convivência muito boa com os alunos. Por mais que, nos meus quatro anos de experiência como professora, eu sempre tive uma convivência boa, né? Mas eu conseguia ver no [nome do professor] um exemplo de professor que, ao mesmo tempo [que] era rígido, ao mesmo tempo, ele passava todo o conteúdo de uma forma muito bem passada e tal. Mas, ele era muito amigo dos alunos, né? Ele não tinha aquela coisa de professor rígido que precisa ficar ameaçando e tal, né?
>
> (Sophia)

O trabalho desenvolvido por Miranda, Casa Nova e Cornacchione Junior,[14] com alunos de Ciências Contábeis, mostra que, os "professores referências" que se destacaram foram escolhidos devido à sua didática – fator decisivo para a escolha –, suas atitudes e qualidades pessoais, ao domínio do conteúdo que lecionam e à experiência como profissionais. Já o trabalho de Borges, Anãnã, Pillat e Domingues[15] apresenta cinco fatores importantes para a prática do bom professor: relacionamento com a turma, didática, postura, aspectos pessoais e comprometimento com a função.

A partir dos relatos dos entrevistados, da literatura e da experiência dos autores, é possível afirmar que um bom professor é aquele que desempenha bem a sua função de ensinar, tem bom relacionamento com os alunos, apresenta-se interessado e empolgado pela disciplina, é exigente, mas não abre mão do lado humano em sala de aula.

Importante ressaltar que em diversas pesquisas sobre os saberes docentes, em que foram investigados os discentes, eles relatam que o bom professor é aquele que tem "didática".

## 3.6 Relações interpessoais

Outro participante de grande importância no sistema educacional é o estudante, que, numericamente, sempre supera a presença do professor em sala de aula. O relacionamento com os discentes é, ainda, um tema pouco discutido na literatura. Entretanto, Freire[16] alerta para a importância dessa relação ao afirmar que sem discência não há docência.

A relação entre professor e estudante pode e deve ser salutar e próxima. Principalmente porque "quem forma se forma e re-forma ao formar e quem é formado forma-se e forma ao ser formado".[17] Contudo, alguns professores ainda usam e abusam de sua autoridade

> *A relação entre professor e estudante pode e deve ser salutar e próxima. Principalmente porque "quem forma se forma e re-forma ao formar e quem é formado forma-se e forma ao ser formado".*

em sala de aula, caracterizando o uso do "argumento da autoridade",[18] ao invés da "autoridade do argumento", criando um ambiente duro e difícil que prejudica os processos de ensino e aprendizagem.

A relação com outros professores (pares), assim como com os estudantes, deve ser benéfica para ambos. Ao ter contato com professores mais experientes é possível ter referências que já trazem uma bagagem experiencial importante e que podem contribuir para a formação e a prática dos novos docentes. Já os novos docentes podem trazer para os docentes mais experientes inovações e novidades em termos pedagógicos e tecnológicos, contribuindo também para a prática desses docentes, em um processo de reflexão sobre sua prática.

Além dos estudantes e de outros professores, há ainda a relação com seus possíveis estagiários docentes, funcionários da instituição, coordenadores, entre outros atores. O professor, apesar de ser uma peça-chave da instituição, deve ser sempre cordial com todos e respeitar os limites éticos da profissão.

## 3.7 Professor profissional × Profissional professor

Com base no cenário de ingresso no ensino superior, Nossa[19] apresenta a dualidade Profissional Professor × Professor Profissional. Segundo Nossa, a maioria dos professores de Contabilidade exercem atividades profissionais fora da academia – principalmente atuando em atividades comerciais e empresariais. Assim, o **Profissional Professor** acaba tendo pouco tempo para se dedicar à docência e baixo nível de comprometimento com ela, além de não ter preparo didático-pedagógico. Outra preocupação levantada em relação a esse perfil de professor é a possível mecanização dos processos, resultando na falta de reflexão sobre o conteúdo programático das aulas.

Já o outro perfil, **Professor Profissional**, seria aquele com formação didático-pedagógica adequada, titulação acadêmica compatível para atuação e, se possível, dedicação exclusiva com a instituição em que trabalha. Contudo, conforme ressalta Nossa,[20] é importante que, na área de Ciências Sociais Aplicadas, exista a ligação entre academia e mercado favorecendo a troca de experiências entre os ambientes interno e externo do ensino. O autor afirma que o ideal para as instituições é que parte do corpo docente trabalhe com

> Com base no cenário de ingresso no ensino superior, Nossa apresenta a dualidade Profissional Professor × Professor Profissional. Segundo Nossa, a maioria dos professores de Contabilidade exercem atividades profissionais fora da academia – principalmente atuando em atividades comerciais e empresariais. Assim, o **Profissional Professor** acaba tendo pouco tempo para se dedicar à docência e baixo nível de comprometimento com ela, além de não ter preparo didático-pedagógico. Outra preocupação levantada em relação a esse perfil de professor é a possível mecanização dos processos, resultando na falta de reflexão sobre o conteúdo programático das aulas.

> Já o outro perfil, Professor Profissional, seria aquele com formação didático-pedagógica adequada, titulação acadêmica compatível para atuação e, se possível, dedicação exclusiva com a instituição em que trabalha. Contudo, conforme ressalta Nossa, é importante que, na área de Ciências Sociais Aplicadas, exista a ligação entre academia e mercado favorecendo a troca de experiências entre os ambientes interno e externo do ensino.

dedicação exclusiva, para dar maior assessoria aos alunos e fomentar pesquisas, e a outra parte trabalhe com dedicação parcial, buscando experiências fora da academia e trazendo-as para suas aulas.

Não se trata aqui de argumentar pelo distanciamento entre teoria e prática na academia, porque não há possibilidade de teoria sem prática, uma vez que a teoria existe para explicar a prática, mas sim de aproximar as diversas possibilidades de interlocução entre academia e sociedade, seja pela pesquisa, pela extensão, pelo ensino ou pela presença de profissionais entre o corpo docente e discente das universidades.

# 4. Considerações finais

O ingresso na docência no ensino superior ocorre em diferentes fases da vida e de diferentes maneiras. Entretanto, ocorre quase sempre sem uma formação específica para a docência: a pedagógica. Assim, "ser professor" sem preparação para exercer sua profissão pode acarretar traumas e, até mesmo, a descontinuidade ou o abandono da profissão docente.

Neste capítulo, apresentamos algumas questões e conselhos acerca do ingresso na docência, visando auxiliar futuros e novos professores para que seu ingresso não seja tão traumático. Também pretendemos que esse pontos sirvam como pontos de reflexão para docentes mais experientes, que são referência e modelo para os jovens docentes ou docentes em início de carreira. Apresentamos, também, o significado do "ser docente".

A literatura aponta que "ser docente" no ensino superior traz diversas funções e possibilidades, e, com base nas entrevistas, leituras e reflexões, podemos concluir que ser docente é muito mais que estar em sala de aula. É fazer pesquisa. É gerir as instituições. É gerir a própria carreira. Mas, acima de tudo, é ser humano. É ser humano ao lidar com suas próprias dúvidas, incertezas e inseguranças.

Como conselhos finais, sugerimos às instituições de ensino e aos seus gestores que proporcionem possibilidades de formação continuada para os docentes que compõem sua instituição. Recomendamos, fortemente, que os gestores e coordenadores de cursos institucionalizem práticas de acolhimento para os novos docentes, em que expliquem o funcionamento detalhado da instituição, a proposta político-pedagógica do curso, as crenças e valores do corpo docente, entre outras informações importantes, e os acompanhem durante o período de adaptação.

> *A literatura aponta que "ser docente" no ensino superior traz diversas funções e possibilidades, e, com base nas entrevistas, leituras e reflexões, podemos concluir que ser docente é muito mais que estar em sala de aula. É fazer pesquisa. É gerir as instituições. É gerir a própria carreira. Mas, acima de tudo, é ser humano.*

Para os docentes em fase de formação, destacamos a importância da conscientização acerca da necessidade de formação didático-pedagógica e do fato de que ela ocorrerá, na maioria das vezes, por conta própria, pela reflexão sobre sua prática e pela busca proativa de oportunidades formativas. Para os docentes mais experientes e que atuam na formação de outros docentes, direta ou indiretamente, é preciso que incentivem os novos docentes a buscarem uma formação sólida. É preciso, ainda, que sirvam como mentores e exemplos positivos e, acima de tudo, reflitam sobre sua própria prática, incentivando os novos docentes a refletirem sobre a própria prática também.

Para profissionais que estejam considerando a docência, seja como atividade paralela ou como atividade principal, recomendamos que reflitam sobre a importância da docência e do tempo que poderão se dedicar à ela, para que exerçam a profissão de maneira responsável e não apenas como um "bico".

Ser professor demanda, além de outras coisas, dedicação incondicional com o processo de ensino e aprendizagem, com os princípios de ética que regem uma sociedade organizada e com o comprometimento da formação do futuro profissional que atuará em nossa sociedade.

# Parte III
## Contexto do ensino superior

# 9 Panorama do ensino superior no Brasil

VIVIAN DUARTE COUTO FERNANDES
SHEIZI CALHEIRA DE FREITAS

*Era mais um almoço de domingo em família, que antecedia o início das aulas de Gabriela, que cursaria o último ano do ensino médio. A mãe pergunta:*

*— Filha, o que você está pensando sobre a escolha da faculdade?*

*— Ah, mãe — disse Gabriela. — Essa pergunta é muito difícil. São tantos cursos, tantas faculdades, que até me perco na escolha. Talvez se houvesse menos opções seria até mais fácil escolher.*

*— É verdade, no meu tempo, tive que mudar de cidade, sair de casa, morar sozinha, porque a faculdade mais perto estava a 500 quilômetros distantes.*

*— Pois é — respondeu Gabriela. — Hoje, mesmo se eu escolher fazer um curso que não tem aqui na cidade, ainda posso optar por fazer um curso a distância.*

*Nos últimos anos, a oferta de vagas nos cursos de graduação cresceu significativamente. Mas muitos desafios precisam ser superados. Qual será o panorama do ensino superior no Brasil?*

# 1. Introdução

Compreender cenários é essencial para identificar o desenho de uma estrutura e para elencar os direcionadores da nossa intervenção no mundo real. O estudo do ensino superior e a análise da sua evolução nos habilitam, como docentes e gestores de Instituições de Ensino Superior (IES), a compreender as interações entre as políticas de ensino, os perfis de estudantes, de professores de instituições de ensino e o papel social-democrático da formação em nível de graduação e de pós-graduação.

Conhecer as condições atuais da educação superior e como tem sido o seu comportamento ao longo do tempo ajuda os gestores públicos e demais atores envolvidos com a educação a discutir, planejar e propor melhorias nas políticas nacionais. No Brasil, uma ferramenta útil a esse processo de análise é o Censo da Educação Superior, elaborado por força das Leis n. 9.394/1996 e 9.448/1997. O documento estabelece um panorama desse nível de ensino, considerando dados obrigatoriamente declarados por todas as Instituições de Ensino Superior (IES) relacionados a quatro campos estruturados com características e informações sobre a própria IES, os cursos oferecidos, os alunos e sobre os professores.

Esse Censo, além de servir de base para o Índice de Desenvolvimento da Educação Básica (IDEB), indicador significativo do Plano Nacional da Educação (PNE), do Ministério da Educação, revela a mudança contínua que o Brasil atravessa no contexto educacional, advinda, principalmente, dos programas governamentais que buscam a democratização do ensino superior em atendimento às pressões exercidas pelos padrões internacionais de oferta da educação superior.

A família de "Gabriela" está correta na sua percepção sobre o aumento dos cursos de graduação no país. Dados do Sindicato das Mantenedoras de Ensino Superior[1] e do Censo do Ensino Superior[2] mostram o expressivo crescimento do número de instituições de ensino superior no Brasil nos últimos anos, conforme mostra a Figura 1, que relaciona o número de instituições públicas, privadas e o total, no período de 2001 a 2015.

Entretanto, as principais preocupações que permeiam esse cenário envolvem o não atrelamento dessa expansão com o desenvolvimento econômico do país, necessário para que haja a absorção da força de trabalho mais qualificada, bem como com o nível de qualidade do ensino. É nesse contexto que se torna relevante compreender o panorama atual do ensino superior a partir de aspectos históricos e do cenário presente, para que possamos compreender quais os principais entraves e avanços alcançados, como também as perspectivas futuras da educação superior no Brasil.

Essas perspectivas estão igualmente contempladas no Plano Nacional de Educação (PNE) que determina, a cada dez anos, quais devem ser as diretrizes, as metas e as estratégias da política educacional no Brasil. Esses objetivos são separados em quatro eixos: **metas estruturantes**, com foco na educação básica e na universalização do ensino; **metas de inclusão social**, com foco na redução de desigualdades e na valorização da diversidade; **metas de valorização do profissional da educação e metas para o ensino superior**.[3]

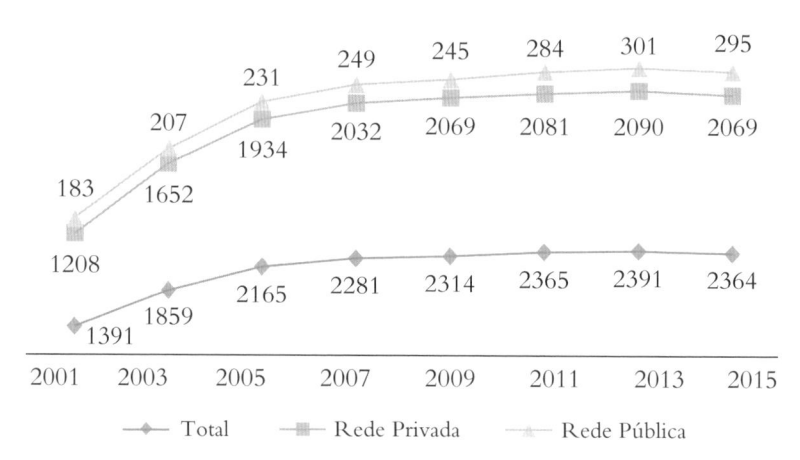

**Fonte:** Adaptado de SEMESP (2015, p. 7) e INEP (2016, p.13).

**Figura 1. Instituições de ensino superior no Brasil**

O PNE vigente contempla a década que vai de 2014 a 2024, e as principais metas relacionadas ao ensino superior são a elevação da taxa bruta de matrícula, a elevação da taxa líquida de matrículas da população entre 18 e 24 anos, a melhoria da qualidade do ensino com um corpo docente composto por 75% de doutores e de mestres, o que indica a necessidade de expansão do sistema de pós-graduação, e o consequente aumento do número de matrículas na pós-graduação.[4]

## 2. Expansão do ensino superior no Brasil

Para entender o processo de evolução do ensino superior, é importante analisar alguns aspectos históricos, pois muito do que acontece hoje é resultado de ações realizadas há algum tempo. No Brasil, a instituição da educação superior se deu apenas no século XIX, com a transferência da família real portuguesa. Até então, brasileiros que desejassem cursar o ensino superior precisavam se deslocar até Portugal para obter formação profissional,[5] o que limitava essa possibilidade à elite, que detinha poder político e econômico. Com a vinda da família real para o Brasil, houve a necessidade de aqui se instalarem as primeiras instituições de ensino superior, inicialmente em áreas muito tradicionais, como Medicina, Direito e Engenharia.

Até 1889, apenas 24 instituições de educação superior operavam no país. Entre os anos de 1889 e 1918, 56 novas IES foram criadas, majoritariamente privadas, introduzindo novas áreas de estudo às já existentes, dentre elas Farmácia, Odontologia e Contabilidade.[6] A instalação do curso de Contabilidade tinha relação com o atendimento da necessidade de profissionais habilitados para a gestão do comércio e dos órgãos públicos, relacionados aos negócios da Coroa.

A primeira universidade surgiu apenas na década de 1930, a partir da junção de faculdades isoladas que ofertavam diferentes cursos em uma mesma cidade, destacando-se, nesse processo, a Universidade de São Paulo (1934) e a Universidade do Brasil, hoje Universidade Federal do Rio de Janeiro (1939).[7]

Entre os anos de 1945 e 1965, houve um crescimento relevante, para a época, no ensino superior público, com a elevação das matrículas de 21 mil para 182 mil discentes, a partir de um processo de federalização de instituições estaduais e privadas, por meio da integração às universidades federais. Por sua vez, na década de 1980, o ensino superior púbico alcançou, aproximadamente, a marca de 500 mil matrículas. Porém, tal número revelou-se aquém da demanda de estudantes candidatos a uma vaga nos cursos de graduação, abrindo espaço para a expansão das instituições privadas que se mostravam atentas à necessidade de ampliação da oferta de ensino de terceiro grau no país.[8]

Verificando os acontecimentos referentes às últimas décadas, é possível perceber que o ensino superior brasileiro tem passado por alterações relevantes, especialmente a partir do fim da década de 1990.

Foi nesse período, no ano de 1996, que se estabeleceu a Lei de Diretrizes e Bases da Educação Nacional (conhecida como LDB), que garantiu a realização de diversas mudanças, dentre as quais podemos destacar o incentivo ao aumento da oferta do número de vagas no ensino superior; a consolidação do sistema de avaliação e a implantação das novas diretrizes curriculares nos cursos de graduação.[9]

Sabe-se que, no Brasil, as questões políticas têm forte influência nas propostas de reforma na educação. Contudo, percebe-se que governos federal e estaduais, de diferentes linhas partidárias, têm envidado esforços no sentido de fomentar a ampliação da oferta, seja por meio da criação de novas vagas, de novas instituições, seja editando medidas que possibilitem o acesso de pessoas com menor poder aquisitivo às instituições privadas. Assim, assistiu-se a um movimento recente de democratização do acesso ao ensino superior.

Dentre os esforços mais recentes, destacam-se os programas de acesso e de apoio à permanência dos estudantes no ensino superior por meio de financiamentos, de bolsas e de ações afirmativas (cotas). O Programa de Financiamento Estudantil (FIES), por exemplo, permite aos alunos estudarem em instituições

> *Sabe-se que, no Brasil, as questões políticas têm forte influência nas propostas de reforma na educação. Contudo, percebe-se que governos federal e estaduais, de diferentes linhas partidárias, têm envidado esforços no sentido de fomentar a ampliação da oferta.*

privadas, pagando, durante o curso, apenas juros incidentes sobre o financiamento em parcelas trimestrais, e, dezoito meses após sua formação, tais alunos iniciam a amortização do financiamento ao governo com taxas de juros subsidiadas e prefixadas, em um prazo de até três vezes a duração regular do curso.

Número de Contratos Firmados (FIES)

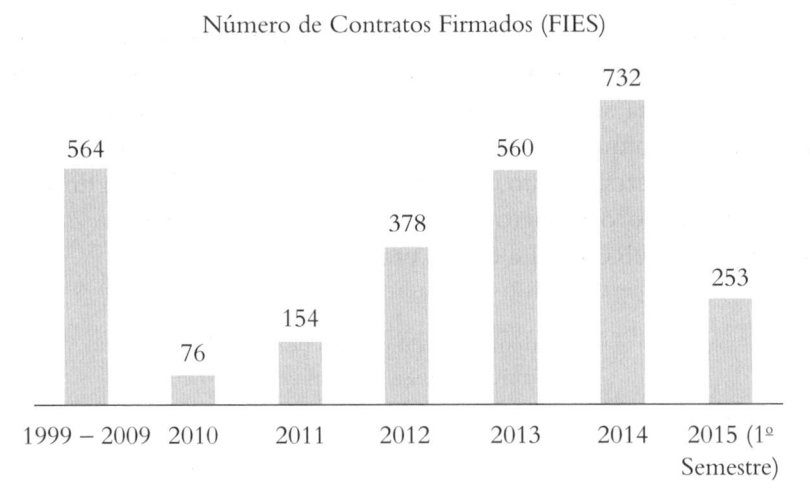

Fonte: SEMESP (2015, p. 14).

**Figura 2. Número de contratos firmados pelo FIES**

Por sua vez, o Programa Universidade para Todos (PROUNI) é um projeto que visa conceder bolsas de estudos, parciais (50%) ou integrais, para que pessoas provenientes de famílias de baixa renda tenham acesso ao ensino superior também em instituições privadas que tenham convênio com governo.

Já o programa de ações afirmativas (cotas) prevê, desde 2013, a disponibilização de metade das vagas do ensino superior público a determinados grupos da sociedade. É um dos programas mais polêmicos, que ainda gera debates favoráveis e contrários à medida. Dentre os defensores, sobressai a ideia de compensação por anos de descaso público com parcelas menos assistidas da população, ou mais carentes, como pessoas negras e pardas, indígenas ou estudantes provenientes de escolas públicas. Dentre os contrários, sobressai o argumento de que investimentos na educação de base seriam mais efetivos e possibilitariam a verdadeira inclusão, dando oportunidades iguais a todos, uma vez que a obtenção do grau na educação superior não é garantia de absorção pelo mercado de trabalho.

Cabe, no entanto, esclarecer que o sistema de cotas determina um processo competitivo entre esses grupos, inicialmente, e que as vagas não preenchidas por esse processo são redirecionadas para a ampla concorrência. Além disso, diversos estudos já comprovaram que o desempenho dos estudantes que ingressam por meio de cotas é equivalente ao dos demais alunos e que a taxa de evasão é menor.[10] Além do mais, Naércio Menezes de Aquino argumenta que as habilidades socioemocionais dos estudantes cotistas são maiores, fazendo com que superem as dificuldades iniciais de formação. Esses jovens também têm maior preocupação social e podem servir de exemplo para outros jovens: seriam modelos de que o acesso é possível e a formação, atingível.[11]

Além dos projetos mencionados, existem, dentro das instituições de ensino superior, outros programas de incentivo à permanência dos estudantes universitários como, as bolsas de assistência estudantil. Entende-se que todas essas ações fortaleceram o processo de expansão que vem ocorrendo no acesso ao ensino superior no Brasil. A Figura 3 mostra o crescimento das matrículas na rede privada com financiamento público, relacionando o número de matrículas para o período de 2009 a 2015, considerando FIES, PROUNI e outros programas.

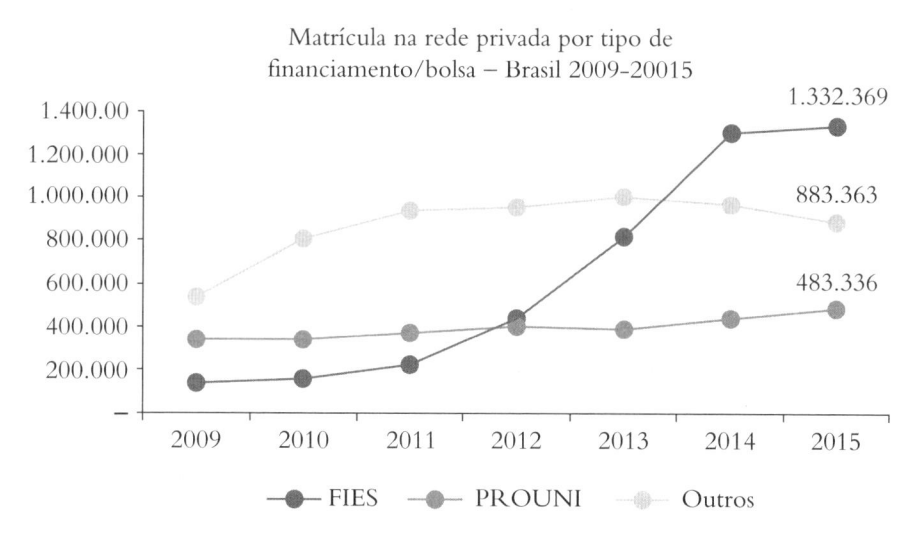

**Fonte:** INEP (2016, p. 57).

**Figura 3. Matrículas na rede privada com financiamento público**

Contudo, com base nos dados do Censo Nacional da Educação Superior, podemos observar que, ainda que o Brasil tenha vivido nas últimas décadas um movimento de ampliação do acesso ao ensino superior, as desigualdades sociais, econômicas e de ingresso, apesar das políticas afirmativas, ainda perduram. Os dados ainda revelam baixo percentual da taxa de escolarização, embora a inserção dos jovens entre 18 e 24 anos no ensino superior tenha crescido desde o começo dos anos 2000.

Nota-se, ainda, que esse crescimento reflete um aumento quantitativo de pessoas, mas não necessariamente retrata uma inserção dos grupos menos assistidos da população no sistema educacional superior. Isso significa dizer que há diferenças expressivas quando se observam as taxas de escolarização por renda, por gênero, por raça e até por região do país. Dados de 2015 mostram uma taxa bruta de escolarização de 32,1%, que continua crescendo entre os mais ricos, entre as mulheres, entre os brancos e nas Regiões Sul e Sudeste do país.[12] Os anos de escolaridade retratados na Figura 4 confirmam essa realidade. O Gráfico relaciona escolaridade média, em anos, de pessoas entre 18 a 29 anos, no país, para o ano de 2014, de acordo com diversas características. Dados mais recentes, e confrontados com as metas estabelecidas no PNE, podem ser consultados no Observatório do PNE, coordenado pelo movimento Todos pela Educação.[13]

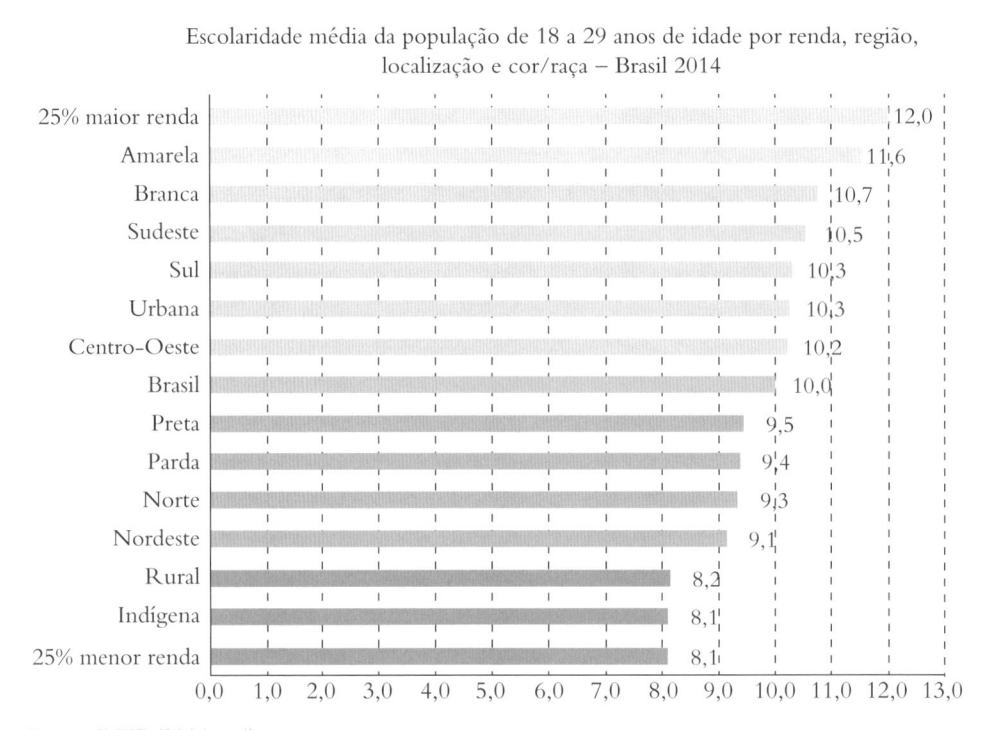

Escolaridade média da população de 18 a 29 anos de idade por renda, região, localização e cor/raça – Brasil 2014

| | Valor |
|---|---|
| 25% maior renda | 12,0 |
| Amarela | 11,6 |
| Branca | 10,7 |
| Sudeste | 10,5 |
| Sul | 10,3 |
| Urbana | 10,3 |
| Centro-Oeste | 10,2 |
| Brasil | 10,0 |
| Preta | 9,5 |
| Parda | 9,4 |
| Norte | 9,3 |
| Nordeste | 9,1 |
| Rural | 8,2 |
| Indígena | 8,1 |
| 25% menor renda | 8,1 |

**Fonte:** INEP (2016, p. 4).

**Figura 4. Escolaridade média dos jovens entre 18 e 29 anos no Brasil (2014)**

Mesmo havendo um crescimento da taxa bruta de escolarização de 16,6% em 2002 para 28,7% em 2012 e 32,1% em 2014, se for comparada a participação da população concentrada entre os 20% mais ricos com aquela que agrupa os 20% mais pobres, a taxa de escolarização bruta da primeira equivale a dez vezes a da segunda (67,8% e 6,2%). Considerando-se cor/etnia das pessoas, esse cenário não é diferente. Ainda pode ser considerada baixa a participação relativa de pessoas negras e de pardas em relação às demais categorias nas vagas do ensino superior, correspondendo acerca de 50% da participação das pessoas brancas.[14]

A taxa de escolarização bruta das mulheres, por sua vez, é quase 10% maior que a dos homens. Por outro lado, as populações do Nordeste e do Norte apresentam taxas de escolarização bruta inferiores à média nacional, que é de 28,7%. Já as regiões Sul e Centro-Oeste apresentam taxas próximas a 35%.[15]

Os dados do Censo 2015 mostram ainda que as IES estão concentradas principalmente na Região Sudeste (48,6%) e, em sua maioria, possuem natureza jurídica privada (87,5% das IES), estruturadas no formato de faculdade (83,8% das IES), conforme evidencia a Figura 5, que considera a distribuição do número de matrículas por região.

**Fonte:** SEMESP (2015, p. 6).

**Figura 5. Distribuição das matrículas em cursos presenciais no Brasil**

O número de matrículas em cursos e em instituições de ensino superior tem aumentado no Brasil. No entanto, chama atenção o fato de que apenas 12,3% dessas instituições são públicas. De 2009 a 2015, foram criadas mais de 100 organizações acadêmicas em todo o território nacional. Os últimos dados[16] mostram que elas são, normalmente, faculdades, representando 83,8% do total de instituições. As faculdades são caracterizadas por terem, geralmente, apenas um curso, operando de forma menos abrangente que as universidades e centros universitários, concentrando sua atuação no ensino e sem a obrigatoriedade de desenvolverem pesquisa.

No entanto, apesar de as faculdades serem a maioria, em termos de número de instituições (83,3%), quando consideramos o número e o percentual de matrículas de graduação, o quadro muda: as universidades detêm 53,7% das matrículas enquanto as faculdades, 26,7%. É o que demonstra a Figura 6.

| Organização Acadêmica | Instituições | | Matrículas de Graduação | |
|---|---|---|---|---|
| | Total | % | Total | % |
| Total | 2.407 | 100,0 | 8.048.701 | 100,0 |
| Universidades | 197 | 8,2 | 4.322.092 | 53,7 |
| Centros Universitários | 166 | 6,9 | 1.415.147 | 17,6 |
| Faculdades | 2.004 | 83,3 | 2.146.870 | 26,7 |
| IFs e Cefets | 40 | 1,7 | 164.592 | 2,0 |

**Fonte:** Censo de Educação Superior 2016 – Notas Estatísticas – INEP/MEC.

**Figura 6. Número de instituições de educação superior e número de matrículas em cursos de graduação por organização acadêmica**

Há uma predominância na matrícula em cursos nas áreas de Ciências Sociais, Negócios e Direito (38,6%), acompanhando uma tendência que também é verificada nos países da Organização de Cooperação e Desenvolvimento Econômico (OCDE), como pode ser visto na Figura 7.

Esses dados suscitam a necessidade de algumas reflexões. A predominância dos cursos na área de Ciências Sociais, Negócios e Direito, por exemplo, pode ser em função da demanda do mercado por mais profissionais dessas áreas. Contudo, também pode ser um indicativo da mercantilização da educação superior, pois são cursos cuja estrutura exige baixos custos de instalação e de manutenção, basicamente salas de aulas, professores, lousa e giz, além da biblioteca, é claro.

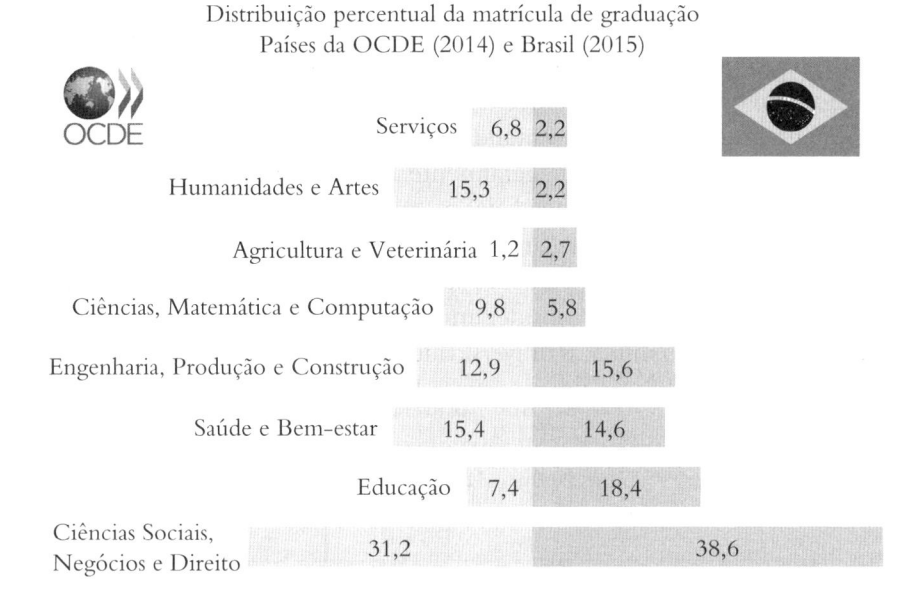

Distribuição percentual da matrícula de graduação
Países da OCDE (2014) e Brasil (2015)

| | OCDE | Brasil |
|---|---|---|
| Serviços | 6,8 | 2,2 |
| Humanidades e Artes | 15,3 | 2,2 |
| Agricultura e Veterinária | 1,2 | 2,7 |
| Ciências, Matemática e Computação | 9,8 | 5,8 |
| Engenharia, Produção e Construção | 12,9 | 15,6 |
| Saúde e Bem-estar | 15,4 | 14,6 |
| Educação | 7,4 | 18,4 |
| Ciências Sociais, Negócios e Direito | 31,2 | 38,6 |

**Fonte:** INEP (2016, p. 37).

**Figura 7. Distribuição das matrículas no Brasil e nos países da OCDE, por áreas**

A discussão sobre a mercantilização da educação superior pode ser ainda argumentada pelo fato de que, embora o setor agropecuário assuma um papel de destaque na estrutura econômica brasileira, esse setor não é contemplado com oferta de cursos compatíveis com sua relevância na economia. Portanto, deveriam existir mais investimentos destinados à qualificação de profissionais voltados para as áreas de agricultura e de veterinária, que hoje representam apenas 2,7% do total dos cursos de ensino superior.[17] Outra área que merece destaque é a de Medicina, uma vez que as IES brasileiras ofertam vagas em número muito inferior à demanda por esse curso e há uma carência de profissionais com essa formação para atuarem, especialmente, no interior do Brasil. Entretanto, como se trata de um curso que requer altos investimentos em infraestrutura, existe pouca oferta, embora, como já mencionado, a demanda seja extremamente alta.

Outra relevante discussão, que é condizente com o número de matrículas nos cursos de graduação, é que, enquanto o número de matrículas de forma geral aumenta, tem-se, em contrapartida, um decréscimo nas matrículas em cursos de licenciatura. Isso traz uma reflexão que

*A discussão sobre a mercantilização da educação superior pode ser ainda argumentada pelo fato de que, embora o setor agropecuário assuma um papel de destaque na estrutura econômica brasileira, esse setor não é contemplado com oferta de cursos compatíveis com sua relevância na economia.*

consiste na necessidade de se identificar quais seriam as razões para esse aparente decréscimo no objetivo de trabalhar para tornar essa área mais atraente aos jovens brasileiros, uma vez que os cursos de licenciaturas são responsáveis pela preparação de professores para os outros níveis de ensino. Possíveis explicações podem estar vinculadas à falta de importância atribuída a essa carreira, seja pela desvalorização dos profissionais de licenciatura no contexto da base educacional do Brasil, seja por causa da falta de prestígio social ou da faixa salarial recebida, seja pela pouca efetividade da modalidade a distância para a formação de profissionais de licenciatura. No entanto, existe um flagrante contraste entre a necessidade da oferta de uma educação de qualidade em outros níveis de ensino e o decréscimo relativo pela procura de cursos de licenciatura.

Em relação ao gênero dos alunos matriculados nos cursos de graduação do país, pode-se dizer que são, em sua maioria, mulheres (55%) e com vínculos em instituições privadas (75,7%). Na modalidade presencial, que representa 82,6% das matrículas efetuadas em 2015, destacam-se os cursos de bacharelados (69% das matrículas), seguidos dos cursos de licenciatura (18,4% das matrículas) e cursos tecnológicos (12,6% das matrículas). Na modalidade a distância, do total de vagas oferecidas em 2015, 98% era de instituições privadas, destacando-se a oferta de vagas para os cursos de licenciatura. Quando se compara o turno de aula dos estudantes, também se observam diferenças entre a rede pública e a rede privada, conforme mostra a Figura 8.

De forma simplificada, pode-se afirmar, com base nesses dados e análises, que a maioria dos estudantes no Brasil é composta por estudantes não tradicionais ou trabalhadores estudantes, que cursam a graduação no período noturno, em instituições privadas, em contraposição aos estudantes trabalhadores, que estão presentes nas instituições públicas, em cursos matutinos, vespertinos e integrais, sem experiência profissional anterior, e que terão sua inserção no mercado pelo estágio vinculado ao curso. De comum, esses estudantes têm a necessidade de conciliação, em algum momento, entre a vida acadêmica universitária e o trabalho.

Além da diferença entre a categoria administrativa, observa-se ainda que existe diferença na faixa etária dos estudantes. Na modalidade a distância, em média, os estudantes estão em faixas etárias maiores. Já na modalidade presencial, a idade dos alunos é mais próxima à sequência natural da formação escolar no Brasil, ou seja, da idade ideal.

Em contraste com o perfil dos discentes, os professores, tanto da rede pública quanto da privada, são, em sua maioria, homens com idade próxima a 35 anos. O que os diferencia são a titulação e o regime de trabalho. Nas instituições públicas, predominam os professores doutores (57,9%) em tempo integral (83,8%). Nas instituições privadas, predominam os professores mestres (48,2%) em tempo parcial (38,2%) e horistas (36,9%).[18]

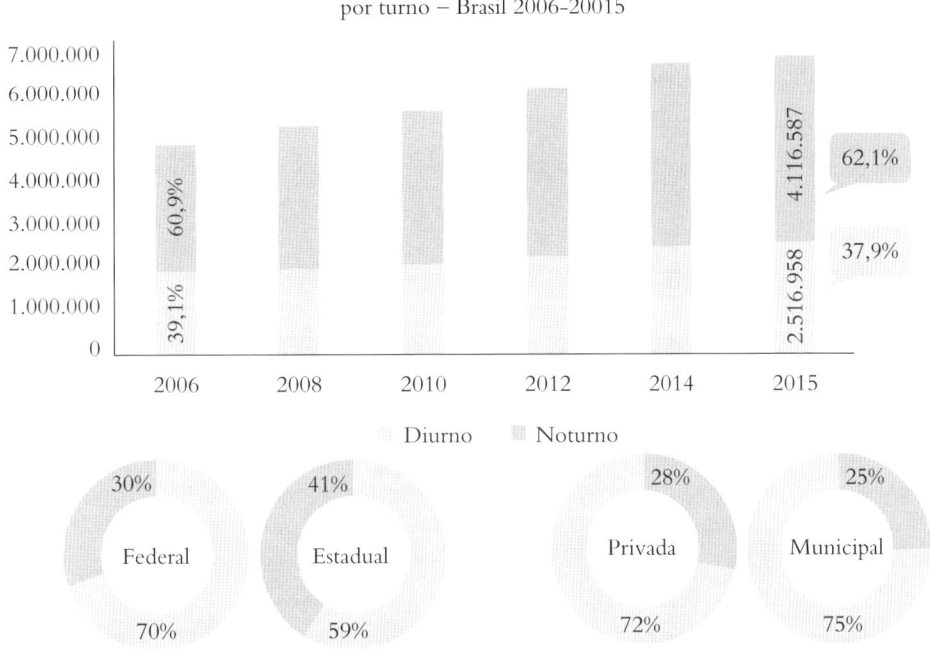

Fonte: INEP (2016, p. 34).

**Figura 8. Matrículas nas IES por turno**

Uma aparente contradição, para além de um conflito de gerações que será explorado no Capítulo 11, sobre "Estudantes universitários na perspectiva das gerações" é o fato de que um corpo docente masculino hoje ministra as aulas para um corpo discente feminino. Essa masculinização ou feminilização dos corpos docente e discente depende, no entanto, da área (Exatas, Humanas, Sociais Aplicadas, Biológicas) e do curso (Engenharia, Medicina, Enfermagem, Psicologia, Administração), mas é um ponto que pode trazer dificuldade de relacionamento no futuro próximo. Para os cursos das áreas de negócios, ela já chegou.

Outro dado relevante que merece destaque é o aumento dos cursos a distância. O governo federal tem dado atenção especial a essa modalidade de ensino, porque tem sido, sem dúvida, uma maneira de ampliação do acesso ao ensino superior. Apesar disso, vantagens e desvantagens podem ser identificadas nessa modalidade. Dentre as vantagens, destacam-se a quantidade e as diversidades culturais e geográficas de pessoas que podem ser alcançadas simultaneamente. Já dentre as desvantagens, destaca-se o desconhecimento quanto à qualidade e à efetividade do ensino, já que não há ainda um volume de pesquisas brasileiras que permita a análise da qualidade da formação propiciada pelos cursos de ensino superior a distância.

A educação a distância (EaD) vem aumentando a sua participação percentual em relação ao total de matrículas realizadas a cada ano no ensino superior, conforme é apresentado na Figura 9, que mostra a evolução das matrículas no ensino superior por modalidade, no período de 2005 a 2015.

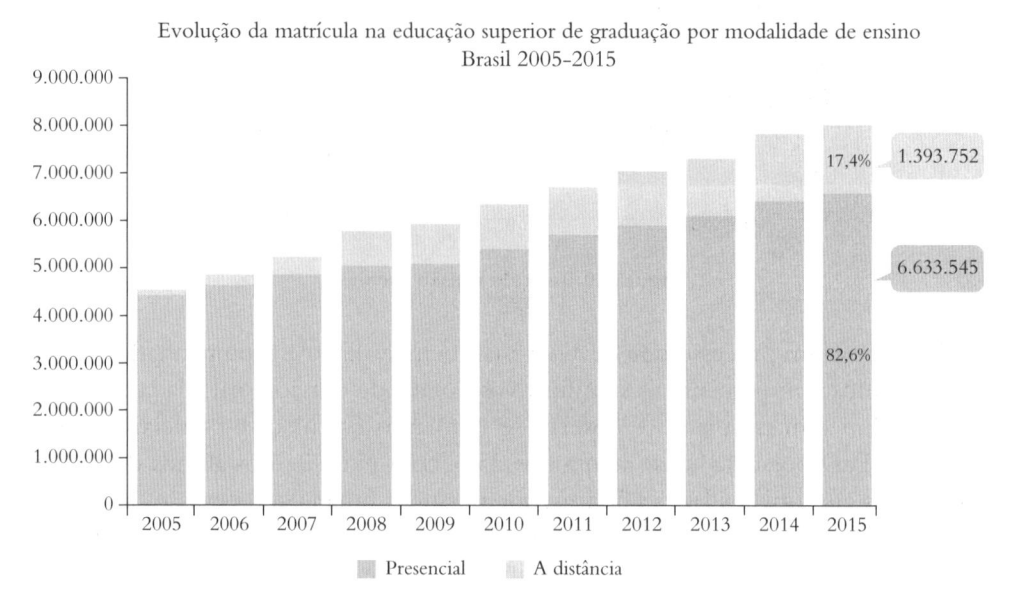

Evolução da matrícula na educação superior de graduação por modalidade de ensino Brasil 2005-2015

**Fonte:** INEP (2016, p. 60).

**Figura 9. Matrículas nas IES por modalidade de ensino**

A maioria dessas matrículas é feita nos cursos da área de educação. Os dados revelam que, em 2015, 18,4% do total de alunos na educação superior de graduação do país frequentavam cursos de licenciatura; destes, 38,4% das matrículas realizadas foram na modalidade EaD.[19]

No ano de 2006, o governo promoveu uma ação para o desenvolvimento dessa modalidade no Brasil, por meio da ampliação da oferta de vagas da EaD no setor público, via Universidade Aberta do Brasil (UAB). Entretanto, a ampliação do acesso por essa modalidade requer cuidados, principalmente quanto ao acompanhamento da qualidade do ensino ofertado, às metodologias e às tecnologias de ensino que precisam ser adaptadas para essa nova modalidade de ensino. No Capítulo 12 são apresentadas as perspectivas e desafios da educação a distância.

Dada a recente experiência brasileira com a educação a distância, torna-se fundamental a análise de dados referentes à evasão, às dificuldades de acompanhamento das aulas, à adequação da infraestrutura tecnológica e às taxas de conclusão de curso para que possamos direcionar esforços no sentido de potencializar seus aspectos positivos. A Figura 10 confronta as taxas de evasão escolar para os ensinos presencial e EaD, em instituições privadas, públicas e no total.

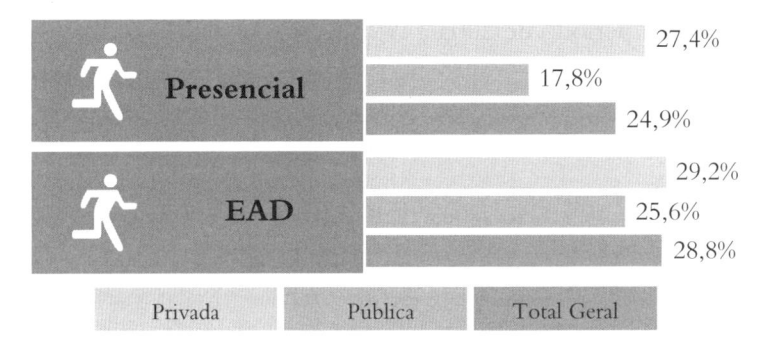

**Figura 10. Taxa de evasão escolar**

A evasão é um processo que deve ser mais bem avaliado e acompanhado. Afinal, os dados mostram percentuais significativos. A taxa de evasão é calculada em relação aos alunos matriculados e observa-se que tanto os cursos presenciais quanto os cursos EaD possuem taxas acima dos 25%, com exceção dos alunos de cursos presenciais em universidades públicas, que possuem uma taxa de evasão em torno de 18%. Sabe-se que aumentar o número de ingressantes é essencial, mas é preciso também aumentar o número de concluintes para que a expansão do ensino tenha realmente eficácia.

É irrefutável, no entanto, o reconhecimento de que programas sociais têm ajudado milhões de estudantes, que, em condições normais, jamais teriam chance de fazer uma faculdade, em grande parte devido à dimensão geográfica brasileira e ao maior desenvolvimento das capitais do país. Para tais estudantes, o benefício gerado pelo diploma é muito maior que o benefício gerado para estudantes de classes média e alta que possuem mais condições de acesso a instituições de ensino, assim como maior disponibilidade de deslocamento para estudar em diferentes cidades, por contarem com o auxílio financeiro familiar. Dentre os fatores que contribuem para o desempenho acadêmico, as condições familiares são mais relevantes do que a instituição em si.[20] Portanto, a faculdade agrega mais aos estudantes de baixa renda do que para aqueles de renda mais elevada, o que aumenta a responsabilidade das instituições públicas e seus docentes de acolherem e contemplarem esses estudantes em suas potencialidades, interesses e necessidades.

De modo geral, a compreensão de todos esses fatos é importante, pois não há dúvidas sobre a contribuição do ensino superior para o desenvolvimento de uma nação. No Brasil, observa-se que o rendimento salarial das pessoas que têm curso superior e pós-graduação supera em mais de três vezes o salário daqueles indivíduos sem escolaridade, conforme mostram os dados na Figura 11, que relaciona a remuneração média, em reais, com o grau de instrução, para os anos de 2012 e 2013. Esses dados refletem a nossa inserção na era do conhecimento, em que aqueles que conseguem agregar mais valor são mais bem recompensados.

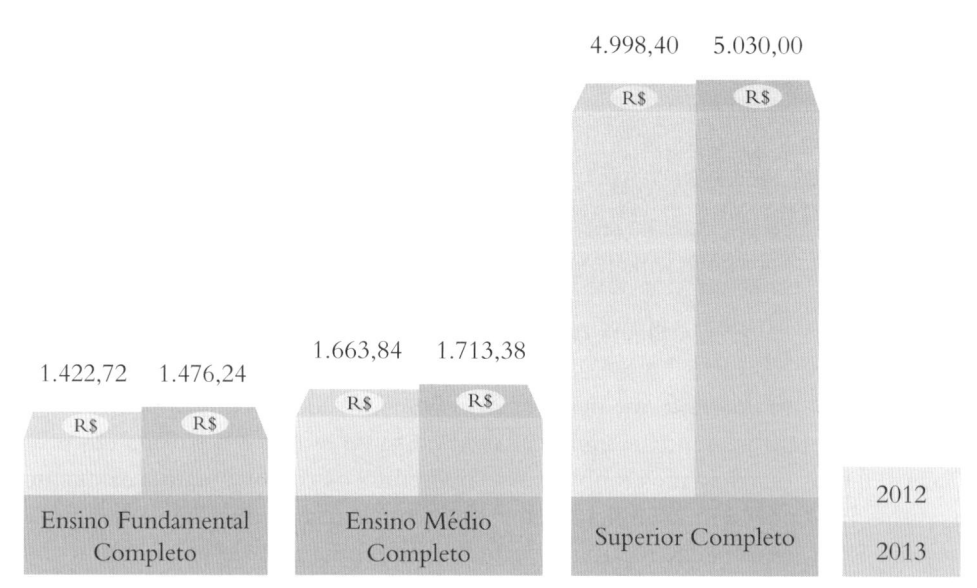

**Fonte:** SEMESP (2015, p. 15).

**Figura 11. Remuneração média (Reais) x Grau de instrução no Brasil**

Ademais, é preciso refletir não apenas sobre o papel do governo e das instituições de ensino, mas também sobre o dos docentes diante de um contexto de ampliação do acesso ao ensino superior, de evolução da educação a distância, de novos perfis de alunos e de novas tecnologias de ensino. A necessidade de mudança e a constante evolução também se aplicam à educação superior, especialmente, quando se deseja tornar o ensino mais atraente, inclusivo, significativo, mais socialmente relevante e próximo do novo perfil de alunado postulante a uma vaga nos dias atuais.

## 3. Ensino superior nos cursos da área de negócios

Como discutido anteriormente, alguns cursos se destacam pela quantidade de ofertas em todo o Brasil, como pode ser visto pelos dados do Censo da Educação Superior de 2016. Os cursos de Administração, Ciências Contábeis e Direito estão no grupo que está em primeiro lugar em número de cursos presenciais ofertados, conforme mostra o Quadro 1, o qual traz o número de cursos por área de conhecimento.

Quadro 1. Número de cursos de graduação por área de conhecimento

| Área Geral | Número de Cursos de Graduação Presencial e a Distância | | | | |
|---|---|---|---|---|---|
| | Total | | | | |
| | Total | Pública | | | Privada |
| | | Federal | Estadual | Municipal | |
| TOTAL | 34.366 | 6.234 | 3.574 | 734 | 23.824 |
| Educação | 7.378 | 3.941 | | | 3.437 |
| Humanidades e Artes | 1.564 | 579 | | | 985 |
| Ciências Sociais, Negócios e Direito | 10.197 | 1.609 | | | 8.588 |
| Ciências, Matemática e Computação | 3.328 | 1.199 | | | 2.129 |
| Engenharia, Produção e Construção | 5.363 | 1.558 | | | 3.805 |
| Agricultura e Veterinária | 1.015 | 582 | | | 433 |
| Saúde e Bem-estar Social | 4.362 | 812 | | | 3.550 |
| Serviços | 1.159 | 262 | | | 897 |

**Fonte:** INEP (2017).

Como já mencionado, vários fatores podem servir para explicar tal fato. Contudo, independentemente dos motivos, acredita-se que tal amplitude justifica a relevância de se discutir o atual cenário brasileiro em que se encontram os cursos da área de negócios.

O início da oferta de cursos do ensino superior nas áreas de Ciências Contábeis e de Economia data do começo do século XIX, com o desenvolvimento das atividades comerciais. Já no século XX, as ações são intensificadas e são instituídos os primeiros cursos nessas áreas.

Oficialmente, o primeiro curso de Ciências Contábeis brasileiro foi criado em 1945, mas foi apenas na década de 1990 que houve os desdobramentos para a fixação dos conteúdos mínimos e do número de horas-aula exigidos.[21] Quanto ao contexto da pós-graduação, destaca-se que nos anos 70 foram criados os primeiros cursos de Mestrado e Doutorado em Ciências Contábeis no Brasil, pela Universidade de São Paulo, e que a expansão da oferta se deu apenas após 2008.

Após décadas de desenvolvimento, o curso de Ciências Contábeis conta com 355 mil matrículas por ano e segue a lógica nacional, com concentração nas regiões Sul e Sudeste.[22] Observam-se poucos cursos de pós-graduação *stricto sensu* no Brasil, mas já é notável que esse número vem aumentando a cada ano, apesar de ainda não contarmos com nenhuma oferta na região Norte e, apenas recentemente, termos a instalação dos primeiros mestrados na região Centro-Oeste.

O ensino de Administração também é recente no Brasil. Foi em 1952 que a Fundação Getulio Vargas criou a Escola Brasileira de Administração Pública e, em 1954, fundou a Escola de Administração de Empresas. Embora tenha uma trajetória tardia quando comparada aos EUA, por exemplo, que na década de 1950 formava em torno de 50 mil bacharéis na área, o Brasil conta com 4.945 cursos de graduação na área de Administração, distribuídos em 1.742 instituições. Em 2016, mais de 240 mil alunos se graduaram nesses cursos.[23]

Dentre os cursos da área de Gestão e Negócios, os dados do INEP revelam crescimento no total de matrículas em instituições públicas e privadas, entre 2010 e 2016. O curso de Administração, que apresenta a maior representatividade dentre eles, teve um crescimento de 39% no período, passando de 870.536 para 1.212.231 matrículas. O curso de Ciências Contábeis apresentou o maior crescimento dentre os cursos da área, com um aumento de 58,5%. Já o curso de Direito teve um crescimento no número de matrículas menos expressivo, de 24% entre 2010 e 2016.[24]

Quando se observa os dados da pós-graduação *stricto sensu* no Brasil, fica evidente a diferença de oferta de cursos quando se compara com os dados da graduação. Na área de negócios (Administração e Ciências Contábeis), por exemplo, os cursos de pós-graduação somam somente 205 programas, de acordo com os últimos dados divulgados pela Capes (2016). Desses, 29 são pós-graduações em Ciências Contábeis, 141 são pós-graduações em Administração e 35 em Administração Pública.

O Brasil tem avançado na oferta de vagas de cursos e na expansão geográfica para atingir as áreas menos favorecidas do território nacional. Como citado anteriormente, as modalidades de ensino a distância são importantes por permitir o acesso de pessoas para quem o ingresso no ensino superior ou de pós-graduação era antes inviável. Atualmente, o grande dilema na educação superior brasileira esbarra na qualidade do ensino, na diminuição de desigualdades de acesso e no investimento público.

> *O Brasil tem avançado na oferta de vagas de cursos e na expansão geográfica para atingir as áreas menos favorecidas do território nacional. Como citado anteriormente, as modalidades de ensino a distância são importantes por permitir o acesso de pessoas para quem o ingresso no ensino superior ou de pós-graduação era antes inviável.*

Na área de negócios, essa realidade não é diferente. Conhecer a sua história e os seus avanços permite que se pense em novos rumos para que os professores e os gestores de instituições de ensino possam formar alunos mais dinâmicos, mais conectados com a realidade, mais solucionadores de problemas para que se consigam formar melhores profissionais para atuar nas empresas públicas, privadas e do terceiro setor, contribuindo para o crescimento e desenvolvimento do país.

# 4. Considerações finais

As políticas educacionais existentes no Brasil deixam clara a tentativa de ampliar o acesso ao ensino superior. Contudo, sabe-se que apenas o acesso é pouco, pois há ainda muito o que fazer para possibilitar uma formação de qualidade aos futuros profissionais, em especial nos aspectos vinculados às condições de ensino, tendo em vista fatores tais como infraestrutura e qualificação docente. Além disso, o maior acesso gera inúmeros desafios, o que aumenta a necessidade de acompanhamento das taxas de sucesso na conclusão do curso e a constante avaliação das instituições de ensino superior sobre potencialidades e necessidades.

Além de expandir e de democratizar o acesso dos alunos às IES públicas e privadas, é necessário promover ações que busquem colaborar para a permanência dos estudantes, pois diversos fatores podem contribuir para que os alunos abandonem os cursos, aumentando o desperdício de recursos públicos. Não podemos nos esquecer da valorização e da qualificação profissional do professor universitário. É preciso acompanhar o processo de formação desses docentes para que recebam preparação adequada à carreira e para que possam desenvolver seu papel com maestria, contribuindo, assim, para o desenvolvimento de pessoas capacitadas profissionalmente para exercerem suas atividades. Em geral, os professores universitários da área de negócios não recebem qualificação didática para o exercício da profissão durante a sua formação. Porém, estudos mostram que esse tipo de preparação contribui para o desenvolvimento da carreira e melhora o desempenho do professor. Por isso, entende-se que é necessária a promoção de políticas que estimulem a formação continuada dos docentes.

> *É preciso acompanhar o processo de formação desses docentes para que recebam preparação adequada à carreira e para que possam desenvolver seu papel com maestria, contribuindo, assim, para o desenvolvimento de pessoas capacitadas profissionalmente para exercerem suas atividades.*

Em relação às instituições de ensino superior, outra questão importante que deve ser discutida se refere ao processo de avaliação da qualidade do ensino superior. Os instrumentos vigentes por meio do SINAES, como o ENADE e a avaliação periódica das instituições e dos cursos, precisam ser constantemente aprimorados para que se consiga retratar, de fato, a qualidade dos cursos. Embora existam críticas quanto ao processo de avaliação dos cursos no Brasil, não há dúvidas quanto a sua importância. Esse assunto é tão relevante que é tratado detalhadamente no Capítulo 10 "Avaliação institucional". Neste momento, o importante é salientar a necessidade da existência de mecanismos que garantam uma avaliação criteriosa e responsável da qualidade dos cursos por meio de instrumentos de mensuração robustos, que possibilitem à

> *Ainda sobre os processos de avaliação, surge também a preocupação com o ensino a distância. Essa modalidade pode ser considerada recente no ensino superior brasileiro, por isso, ainda não há consenso sobre algumas peculiaridades no que tange ao processo de formação dos alunos que optam pelos cursos de EaD.*

sociedade informações fidedignas acerca dos cursos e das instituições avaliadas.

Ainda sobre os processos de avaliação, surge também a preocupação com o ensino a distância. Essa modalidade pode ser considerada recente no ensino superior brasileiro, por isso, ainda não há consenso sobre algumas peculiaridades no que tange ao processo de formação dos alunos que optam pelos cursos de EaD. Por outro lado, sabe-se que a oferta de cursos nessa modalidade é um caminho sem volta. Tradicionais universidades estrangeiras oferecem esses cursos, o que revela que estamos no caminho certo.

Por fim, o desenvolvimento sustentável do ensino precisa considerar a cadeia de valor que envolve o sistema. O objetivo não pode ser apenas o aumento do número de matrículas, mas sim a criação e a valorização de atributos qualitativos que garantam a qualidade na educação superior do Brasil. Um dos grandes desafios dos cursos na área de negócios está em promover um ensino que não só permita aos alunos compreender a realidade a partir de uma visão sistêmica que esteja embasada em teorias consolidadas, mas, também, que dê espaço à criatividade e ao empreendedorismo para que inovações possam contribuir para a expansão de negócios e para a gestão de organizações dos mais diferentes tipos, em prol de uma nação mais desenvolvida, socialmente responsável e ética.

# 10 Avaliação institucional

SHEIZI CALHEIRA DE FREITAS
VIVIAN DUARTE COUTO FERNANDES

*Rodrigo era coordenador de um curso de Ciências Contábeis há cinco anos. Entendia bem os dilemas da faculdade e os desafios da sua profissão. Naquela manhã, ao chegar no seu escritório, ligar o computador e verificar suas mensagens, um e-mail, com o assunto "Urgente – Avaliação Institucional" dizia que, em breve, se iniciaria o processo de avaliação do ensino superior.*

*– Carla, vamos juntar a "papeleira", que vai começar mais um processo de avaliação do MEC. Vamos ver se a qualidade do ensino do nosso curso melhorou ou não.*

*Carla acenou um sim com a cabeça, mas questionou:*

*– Rodrigo, você acha mesmo que esse processo de avaliação atesta a qualidade dos cursos?*

*– Sinceramente, acho que o importante é ter um sistema avaliativo. Mas acredito que uma pergunta anterior é mais importante do que essa: o que é qualidade do ensino?*

*O silêncio pairou no ar...*

# 1. Introdução

De acordo com o artigo 205 da Constituição Brasileira, "a educação, direito de todos e dever do Estado e da família, será promovida e incentivada com a colaboração da sociedade, visando ao pleno desenvolvimento da pessoa, seu preparo para o exercício da cidadania e sua qualificação para o trabalho".[1] Conforme dados do INEP, 23% do gasto público são destinados à educação brasileira, o que corresponde a, aproximadamente, 5,5% do PIB nacional. Ou seja, foi algo em torno de 324 milhões de reais, em 2015, dos quais 4,2% foram destinados para o ensino superior.

Com um volume de gastos tão expressivo, é importante que as instituições de ensino, o governo e a sociedade tenham conhecimento sobre a qualidade do ensino que é ofertado, principalmente na rede pública. Afinal, o dinheiro público deve ser fiscalizado e usado com responsabilidade. Em relação ao investimento na educação, o aumento da qualidade do ensino eleva mais o Produto Interno Bruto (PIB) de um país do que o aumento quantitativo do ensino.[2] Portanto, usar de maneira eficiente os recursos, de modo que se aumente a qualidade do ensino, é importante para o Brasil.

A necessidade de mensurar a qualidade educacional advinda de demandas, principalmente sociais e governamentais, fez com que ferramentas fossem desenvolvidas para atender a esse objetivo. Quando se fala em cursos superiores, pode-se dizer que a avaliação institucional surgiu por volta da década de 1970, com o apoio financeiro da Coordenação de Aperfeiçoamento de Pessoal de Nível Superior (Capes), tomando força entre as décadas de 1980 e de 1990, com o Grupo Executivo da Reforma do Ensino Superior (GERES), a autoavaliação, o Programa de Avaliação Institucional das Universidades Brasileiras (PAIUB) e o Exame Nacional de Cursos, antes conhecido como Provão.[3]

Embora nessas décadas a avaliação tenha se intensificado, somente em 2004, com a criação do Sistema Nacional de Avaliação da Educação Superior (SINAES), a avaliação institucional se consolidou no sentido de ser entendida como um processo estável. O SINAES é um mecanismo que tem por objetivo avaliar a qualidade do ensino superior no país. É coordenado pela Comissão Nacional de Avaliação da Educação Superior (CONAES) e operacionalizado pelo Instituto Nacional de Estudos e Pesquisas Educacionais Anísio Teixeira (INEP). Apresenta-se como um sistema de avaliação global e integrado das atividades acadêmicas, que compreende três componentes principais: (i) a avaliação das instituições; (ii) a avaliação dos cursos e (iii) a avaliação do desempenho dos estudantes.[4]

As dimensões consideradas para avaliação institucional pelo SINAES são: a missão e o projeto de desenvolvimento institucional; as políticas de ensino, de pesquisa e de extensão; a responsabilidade social das Instituições de Ensino Superior (IES);

organização e planejamento, infraestrutura das IES; e, por fim, a política de atendimento ao estudante e de sustentabilidade financeira.[5]

Considerando-se que os processos de avaliação da educação superior, normalmente, são fortemente pautados na participação e no desempenho dos estudantes, as medidas de avaliação utilizadas para verificar tal desempenho devem ser criteriosas e consistentes para permitir a análise comparativa da *performance* institucional entre seus pares e internamente ao longo do tempo. Portanto, é de suma importância que o sistema avaliativo seja robusto para que os diferentes *stakeholders* – professores, alunos, pais, tomadores de decisão de políticas públicas educacionais ou gestores institucionais – possam em seus resultados confiar e utilizá-los.

Adicionalmente, o resultado de um processo de avaliação deve servir como instrumento de controle e de acompanhamento da qualidade dos serviços ofertados por determinada instituição em relação a alguns parâmetros previamente estabelecidos. Entretanto, quando se fala em avaliação institucional, talvez a maior dificuldade seja o estabelecimento técnico-científico de métricas capazes de expressar, de forma clara e transparente, de acordo com alguns critérios e indicadores, o nível de ação, de esforço e de qualidade de uma instituição de ensino.

## 2. Avaliação, avaliação interna e avaliação externa

A discussão acerca da avaliação da educação superior requer que alguns conceitos centrais que circundam o tema sejam conhecidos. O primeiro deles é avaliação. O que seria mesmo avaliar?

Na perspectiva educacional, a palavra avaliação, na Língua Portuguesa, assume dois diferentes sentidos: um voltado à aprendizagem de conteúdos, circunscrito ao contexto de uma disciplina, e outro voltado à avaliação da qualidade do processo educacional, esse último o objeto da nossa discussão neste capítulo.

A avaliação, no contexto da qualidade do processo educacional, pode ser conceituada como "um estudo estruturado e conduzido para ajudar pessoas a acessar o mérito e o valor de um objeto".[6] Ou, ainda, como uma "atividade de sistematicamente coletar, analisar e reportar informações que possam ser usadas para mudar atitudes ou melhorar as operações de um projeto ou programa".[7] Portanto, quando discutimos a avaliação da educação superior, são aspectos importantes a serem observados: a métrica de qualidade que servirá de parâmetro para o julgamento sobre o mérito dos cursos e das instituições; a sistemática de levantamento das informações sobre a qualidade; e

> *A avaliação, no contexto da qualidade do processo educacional, pode ser conceituada como "um estudo estruturado e conduzido para ajudar pessoas a acessar o mérito e o valor de um objeto".*

as possíveis consequências relacionadas ao uso dos resultados obtidos a partir do processo de avaliação.

Atestar a qualidade de um curso ou de uma instituição é uma tarefa complexa, pois os parâmetros que a definem precisam ser bem demarcados para que a sua mensuração seja possibilitada e medidas possam ser adotadas no sentido da sua obtenção. Teoricamente, a qualidade da educação superior está relacionada a três concepções: **qualidade isomórfica**, relacionada às teorias organizacionais da área de administração universitária, que caracterizam qualidade a partir de um processo constituído das fases de planejamento, ação, avaliação e promoção; **qualidade da especificidade**, que tende à diversidade e se preocupa com a preservação da especificidade institucional; e **qualidade da equidade**, centrada nos fatores-chave de extensão da educação, tratamento da diversidade, autonomia escolar, currículo e autonomia curricular, participação da comunidade educativa e da gestão dos centros, direção escolar, professorado, avaliação e inovação e investigação educacionais.[8]

O conceito de qualidade na educação superior pode ser representado de diferentes formas e dependerá do objetivo da discussão. Em um estudo realizado nos Estados Unidos foi verificado que a qualidade de instituições de ensino superior, nos cursos de Ciências Contábeis, está relacionada à produção de excelentes e importantes resultados, mais especificamente à preparação de profissionais de sucesso em suas carreiras. Para tanto, espera-se de seus docentes que eles avancem na produção do conhecimento por meio do desenvolvimento de pesquisas, cujos produtos (artigos, processos, patentes, *softwares*, entre outros) sejam capazes de influenciar os demais pesquisadores e profissionais da área.[9]

## 3. A avaliação institucional externa do sistema de educação superior

O processo de avaliação requer que métricas mais objetivas sejam estabelecidas para que seja possível a verificação da existência ou da melhoria da qualidade dos cursos e das instituições. Nesse sentido, cabe às agências governamentais, aos órgãos profissionais ou aos órgãos reguladores promover a discussão e estabelecer os parâmetros que deverão ser observados no processo de avaliação. No Brasil, a Lei n. 13.005/2014 aprovou o Plano Nacional de Educação (PNE) para os anos de 2014 a 2024, em que constam as diretrizes e o planejamento para o aprimoramento das políticas públicas no setor da educação. No que tange à educação superior, o PNE, em sua meta número 13, equipara a qualidade à titulação do corpo docente e estabelece como meta, para o período de vigência, a elevação da qualidade e a ampliação do número de mestres e de doutores em exercício nas IES para 75%. Desse total, pelo menos 35% deverão possuir doutorado.

A sistemática de obtenção dos dados que serão objeto de análise no processo de verificação da qualidade também é um fator importante para o sucesso do sistema de avaliação. Aspectos como o desempenho dos estudantes em testes padronizados, a titulação e o regime de trabalho do corpo docente, a infraestrutura institucional e as questões pedagógicas costumam ser insumos de sistemas de avaliação. Em 2004, o governo brasileiro instituiu o Sistema Nacional de Avaliação da Educação Superior (SINAES), que tem como finalidade a melhoria da qualidade da educação superior e a promoção da avaliação das IES, estabelecendo a sistemática de avaliação vigente no Brasil e os indicadores de qualidade que seriam resultantes dos objetos da avaliação: o Índice Geral de Cursos Avaliados da Instituição (IGC); o Conceito Preliminar de Curso (CPC) e o Conceito ENADE. Dada sua importância, o SINAES será discutido em tópico específico neste capítulo, com maior ênfase no CPC e no conceito ENADE, por estarem mais relacionados com a avaliação dos cursos de graduação, ponto central da nossa discussão. O IGC, por envolver em sua mensuração parâmetros vinculados à avaliação dos cursos de pós-graduação *stricto sensu* ofertados pelas IES, avaliação esta estruturada e executada pela Capes, não será aprofundado neste capítulo.

Por fim, para que o esforço do processo de avaliação seja plenamente recompensado, faz-se necessário que os seus resultados sejam úteis aos diversos potenciais usuários das informações acerca da qualidade das IES, entre os quais o governo, os estudantes, os pais, a sociedade e, em especial, a própria instituição avaliada. Os recursos financeiros destinados ao processo de avaliação precisam ser justificados pela necessidade de informação e pela promoção de ações que visem à melhoria da qualidade dos cursos ofertados e, consequentemente, da formação dos futuros profissionais. O Quadro 1 evidencia os gastos do governo brasileiro com a aplicação do ENADE, que, como será discutido futuramente neste capítulo, é apenas um dos componentes do SINAES.

Quadro 1. Custo do ENADE das edições de 2012 a 2015

| Edições | Número de Inscritos | Custo Total Geral (R$) | Custo por Estudante (R$) |
|---------|---------------------|------------------------|--------------------------|
| ENADE 2012 | 587.351 | 34.560.505,22 | 58,84 |
| ENADE 2013 | 196.855 | 18.886.094,02 | 95,93 |
| ENADE 2014 | 483.520 | 41.012.382,95 | 84,82 |
| ENADE 2015 | 532.580 | 50.956.743,36 | 95,68 |

**Fonte:** Ouvidoria do INEP.

A discussão sobre o uso de resultados de avaliação é bastante abrangente. O mero processamento mental dos resultados da avaliação constitui uso sem, necessariamente, basear decisões, nortear ações ou mudar pensamentos.[10] Por sua vez, também são citados na literatura, como potenciais usos primários de resultados de avaliação, o julgamento geral do mérito e o valor do programa, a possibilidade de aprimoramento dos programas, a *accountability*, o monitoramento, o desenvolvimento e a geração de conhecimento sobre os programas.[11]

Apesar do potencial informacional do resultado da avaliação do ensino superior brasileiro, poucas são as pesquisas que abordam o seu uso e as potenciais consequências desse uso. Uma possível explicação para esse comportamento pode estar relacionada ao fato de que é relativamente recente a nossa

> *Apesar do potencial informacional do resultado da avaliação do ensino superior brasileiro, poucas são as pesquisas que abordam o seu uso e as potenciais consequências desse uso.*

experiência com sistemas de avaliação educacional e, igualmente, à possíveis críticas destinadas ao sistema. Os próximos tópicos deste capítulo abordarão fatores históricos sobre a constituição do processo de avaliação da educação superior no Brasil e os detalhes do funcionamento do sistema vigente para possibilitar uma visão mais ampla do tema.

# 4. A história da avaliação institucional no Brasil

O Programa de Avaliação da Reforma Universitária (PARU) é o programa que marca a história da avaliação do ensino superior no Brasil. Começou em 1983, com o auxílio da Capes, que já implantara um sistema avaliativo na pós-graduação na década anterior. O escopo do programa era atualizar as instituições quanto aos objetivos propostos pela Lei n. 5.540/1968 e a quais caminhos deveriam ser seguidos, caso os objetivos estivessem fora de alcance, mostrando as dificuldades e os êxitos de cada curso avaliado.[12]

No entanto, o PARU não foi um programa nacional de avaliação e sua duração foi curta, de apenas um ano. A grande vantagem do programa foi ter dado início ao processo de coleta de dados sobre as instituições em relação à gestão e à produtividade acadêmica.

O Ministério da Educação (MEC), em 1985, criou uma Comissão Nacional de Reformulação da Educação Superior que, no seu parecer final, relatou a importância e a necessidade de se criarem mecanismos de avaliação das IES para que se tivessem parâmetros da qualidade do ensino superior no Brasil. Ao contrário do PARU, que tinha uma perspectiva não tecnicista ao considerar o contexto específico de cada unidade de ensino, esse novo relatório apontava para necessidade de especialização.[13]

Foi a partir desse relatório que se formou o Grupo de Estudos da Reforma da Educação Superior (GERES). O GERES teve contribuição significativa na formulação da Lei n. 9.131/1995 que estruturou a política de avaliação do ensino superior no Brasil.

No começo da década de 1990, a Comissão Nacional de Avaliação, juntamente com especialistas da área, principalmente professores e representantes do governo, coordenou o Programa de Avaliação Institucional das Universidades Brasileiras (PAIUB). O PAIUB tinha por objetivo incentivar as IES a realizarem uma avaliação interna, ou autoavaliação, voltada apenas às instituições de ensino organizadas academicamente como universidades. A ideia por trás do programa era que o processo de avaliação deveria servir como ferramenta para o planejamento e para a gestão universitária, auxiliar no processo de contínua melhoria de desempenho acadêmico e, ainda, servir como forma de prestação de contas à sociedade.

> *A discussão sobre a avaliação do ensino superior ganhou destaque entre acadêmicos e governos a partir da década de 1990.*

A discussão sobre a avaliação do ensino superior ganhou destaque entre acadêmicos e governos a partir da década de 1990. A comissão GERES de 1985, o PARU e o PAIUB foram os propulsores desse movimento. Este último, no entanto, foi o primeiro programa estruturado de Avaliação do Ensino Superior no Brasil. Porém, foi abandonado em 1995 e, em 1996, foi substituído pelo Exame Nacional de Cursos (ENC), mais conhecido como Provão. A partir do Provão, a avaliação passa a ser mais constante e considerada de modo mais positivo pela sociedade, pois seus resultados começaram a ser mais discutidos, possibilitando a análise e o diagnóstico da situação do sistema de ensino superior brasileiro.

Ademais, o ENC deu visibilidade nacional para a avaliação das IES no país. Ele foi bastante divulgado e seus resultados foram massivamente utilizados pela mídia. Criado pela Medida Provisória n. 967, no governo de Fernando Henrique Cardoso, em 1995, esse mecanismo foi o mais utilizado dentre os vários criados pela MP, tornando-se o "instrumento por excelência de avaliação".[14] Os cursos eram ranqueados, recebendo conceitos de A a E, por um sistema pautado em uma avaliação técnica que media o conhecimento dos alunos a partir de questões de múltipla escolha e discursivas e de um questionário censitário e com questões relativas à execução da prova.

> *O processo de avaliação passou a ser utilizado para o desenvolvimento e para o aprimoramento das políticas públicas voltadas ao ensino superior no Brasil.*

Naquele momento, o governo assumiu a responsabilidade e sistematizou o sistema de avaliação das IES, e tem sido assim desde então. O processo de avaliação passou a ser utilizado para o desenvolvimento e para o aprimoramento das políticas públicas voltadas ao ensino superior no Brasil. Uma das consequências imediatas desse processo foi, além da divulgação ampla do *ranking* dos cursos no Brasil, a latente possibilidade de fechamento de cursos que não apresentavam a qualidade mínima requerida, conforme sistemática de avaliação estabelecida pelo ENC.

Embora o Provão tenha dado início a um processo mais vigoroso de avaliação do ensino superior no país, consolidando a necessidade de se acompanhar os resultados do investimento público nessa área, várias críticas lhe foram feitas. Entre essas críticas estão a de que o sistema punitivo, pela ameaça de fechamento de cursos, não resolvia o problema da qualidade da educação, mas era patrocinado por interesses escusos e não com foco na melhoria e no desenvolvimento dos cursos de baixa qualidade. Por outro lado, argumentava-se que o *ranking* não era justo do ponto de vista da diferença entre cursos, uma vez que tinha uma cota estabelecida para cursos em cada conceito, A, B, C, D e E, e, portanto um curso poderia ser nota A, mesmo sem qualidade de excelência e outro poderia ser classificado como B, mesmo tendo excelência, quando tivesse sido cumprida a cota de cursos A, por exemplo. Outra crítica tinha relação com a padronização da avaliação, que desconsiderava as características peculiares de cada curso, tornando-se irrelevantes aspectos culturais, sociais, econômicos e regionais. Apontava-se ainda que não se considerava a produção acadêmica das instituições e que o processo avaliativo era altamente oneroso.

Todas essas críticas fizeram com que a efetividade do processo de avaliação do Exame Nacional de Cursos fosse questionada. Nesse sentido, o novo governo, do então presidente Luís Inácio Lula da Silva, instituiu o Sistema Nacional de Avaliação da Educação Superior (SINAES), que tinha como base dois dos programas implantados anteriormente, o PAIUB e o ENC.[15]

O SINAES foi criado a partir de uma ampla discussão entre acadêmicos, governo e sociedade civil. Tem como ponto central a busca por um processo avaliativo formativo e emancipatório, que contribua para o desenvolvimento da qualidade dos cursos ofertados pelas IES a fim de que o desempenho dos alunos fosse cada vez melhor. As características do SINAES serão detalhadas no próximo tópico.

## 5. Sistema Nacional de Avaliação da Educação Superior (SINAES)

A avaliação institucional, em regra, está relacionada ao desempenho acadêmico, uma vez que esse é considerado um produto impactado pela formação do quadro de professores, pela adequação da estrutura física da instituição de ensino e por uma série de outros fatores, inclusive inerente a atributos do próprio estudante e de seu contexto social.[16]

A avaliação institucional é um processo participativo que envolve não apenas alunos, mas também professores, instituição e reguladores, visando proporcionar informações relacionadas ao processo de ensino com a despersonificação da gestão pedagógica, propiciando a reorientação da prática educacional e a realização autônoma do projeto institucional. Essa avaliação permite uma comparação acerca de diversos

> *Essa avaliação permite uma comparação acerca de diversos pontos concernentes às instituições de ensino superior nos eixos "discente", "docente" e "estrutura pedagógica", tentando a eliminação da subjetividade presente sobre eles.*

pontos concernentes às instituições de ensino superior nos eixos "discente", "docente" e "estrutura pedagógica", tentando a eliminação da subjetividade presente sobre eles.

O SINAES foi instituído no governo do presidente Luis Inácio Lula da Silva, pela Lei n. 10.861/2004, e regulamentado pela Portaria n. 2.051/0404. Por integrar um conjunto amplo de avaliações que são feitas com metodologias distintas, aplicadas em momentos diferentes e envolvendo diversos atores participantes do sistema educacional que se está avaliando, acredita-se que seja o modelo que mais representa a realidade das IES no Brasil.[17] O sistema de avaliação permite que sejam acompanhadas as evoluções dos cursos, pois contempla avaliações externa e interna.

Nessa perspectiva, a avaliação institucional proposta pelo SINAES, conforme o inciso I do artigo 2º da Lei n. 10.861/2004, deve contemplar a análise global e integrada das dimensões, estruturas, relações, compromisso social, atividades, finalidades e responsabilidades sociais das instituições de educação superior e de seus cursos.

Embora seja também um modelo imperfeito, como os demais, os atores envolvidos na sua operacionalização normalmente buscam melhorias, pois o que está por detrás do modelo é a expansão da oferta acadêmica atrelada ao acompanhamento do desempenho acadêmico.

De acordo com a Lei n. 9.394/1996, Lei de Diretrizes e Bases da Educação Nacional (LDB), é responsabilidade da União assegurar a realização do processo de avaliação, objetivando a definição de prioridades e a melhoria da qualidade do ensino. As ações regulatórias do governo iniciam-se antes mesmo de os cursos serem credenciados, com a pré-avaliação, que busca verificar se eles atendem aos requisitos mínimos. Um segundo momento consiste na avaliação propriamente dita sob os três eixos já mencionados: discente, docente e estrutura pedagógica. Por fim, ocorre a retomada da regulação e a tomada de decisões tendo em vista os resultados gerados pela avaliação realizada no momento anterior.

Além dessa responsabilidade, conforme estabelece o art. 9º, inciso IX, da LDB, também é responsabilidade do governo federal a avaliação dos cursos das instituições de educação superior. A avaliação institucional é ainda um dos componentes do SINAES cujos objetivos são a promoção de um diagnóstico para subsidiar decisões quanto à continuidade, à extinção ou à implantação de políticas educacionais, o estabelecimento de medições dos indicadores de educação de forma a encontrar falhas nas políticas vigentes e direcionar suas correções e a apresentação dos dados agregados dos níveis de conhecimentos de grupos determinados de alunos. Enfim, esses objetivos podem ser resumidos em análise de qualidade e de responsabilidade científica e social. No entanto, em uma perspectiva macro, o objetivo da avaliação também é regular o segmento do ensino superior dentro da política estabelecida.

No processo de avaliação, o SINAES ainda se relaciona com a Comissão Nacional de Avaliação da Educação Superior (CONAES), com o Instituto Nacional de Estudos e Pesquisas Educacionais Anísio Teixeira (INEP) e com as Comissões Próprias de Avaliação (CPA), órgão obrigatório dentro da estrutura das IES. A CONAES e o INEP são, respectivamente, os braços tático e operacional do processo de avaliação. Já a CPA, além de ser uma das principais interessadas e usuárias dos resultados da avaliação, também é responsável pela realização do processo de avaliação institucional por meio da autoavaliação com participação de professores, de alunos e de demais agentes de apoio.[18]

Como abordado anteriormente, os indicadores mais consolidados da qualidade da educação superior estabelecidos por meio do SINAES são: Índice Geral de Cursos Avaliados da Instituição (IGC); Conceito Preliminar de Curso (CPC) e Conceito ENADE. O primeiro tem por objetivo avaliar as IES de forma integral, pois possui como insumos variáveis relacionadas à qualidade do ensino de graduação e de pós--graduação ofertados pela instituição, por meio do CPC médio ponderado dos cursos de graduação e da média ponderada dos conceitos dos cursos de pós-graduação obtidos nas avaliações realizadas pela Capes, respectivamente. O CPC é um indicador que avalia cada curso ofertado pela IES a cada três anos, atribuindo-lhe uma nota que variará de 1 a 5, sendo que 5 corresponde à excelente qualidade. Tal indicador tem sido objeto de estudos e de discussões na literatura educacional brasileira e terá seu uso discutido no próximo tópico deste capítulo. Por fim, o conceito ENADE corresponde ao resultado de um exame com conteúdos relativos à formação geral e à formação específica de cada curso, gerando um indicador de desempenho dos estudantes que, em tese, reflete a qualidade do ensino. Os usos do conceito ENADE também serão discutidos em tópico específico deste capítulo.

Recentemente, o INEP elencou mais um item entre os indicadores de qualidade da educação superior existentes: o Indicador de Diferença entre os Desempenhos Observado e Esperado (IDD). O objetivo desse indicador é mensurar o valor agregado pela formação superior ao desenvolvimento dos formandos. Para tanto, tal indicador considera o desempenho dos estudantes no ENADE e no ENEM para mensurar sua evolução. O ENEM é o Exame Nacional do Ensino Médio, aplicado anualmente aos estudantes egressos do ensino médio em todo o país. Por isso, para que o IDD seja calculado, é necessário que haja dados acerca dos resultados do ENEM de, pelo menos, 20% dos estudantes do curso inscritos no ENADE. Cabe ser destacado que o IDD já era calculado pelo INEP como componente do conceito CPC desde 2004. Porém, a partir de 2016, ele passou a ser mensurado isoladamente e divulgado como indicador de qualidade do curso. O primeiro ciclo de divulgação de forma independente do CPC para os cursos da área de negócios ocorrerá com o Exame de 2018. Por isso, o IDD não será objeto de análise crítica neste momento.

Os componentes e as formas de cálculo dos indicadores que compõem o SINAES podem ser facilmente encontrados nos materiais disponibilizados pelo INEP e sofrem variações a cada ano em função do recorrente aprimoramento do sistema, motivo pelo qual não serão abordados neste livro. As mudanças nos cálculos dos indicadores, por um lado, podem ser benéficas, pois incorporam as atualizações identificadas como necessárias. Mas, por outro, dificultam análises comparativas dos resultados ao longo do tempo, em função das mudanças nas métricas de seus cálculos.

# 6. Avaliação dos cursos de graduação: uma análise crítica

A avaliação de cursos de graduação proposta pelo SINAES é realizada por equipes multidisciplinares de especialistas com a participação de um avaliador institucional. Dentro do processo de avaliação institucional, principalmente da avaliação externa, um dos fatores de maior relevância é o desempenho acadêmico. E é justamente nesse ponto que surge um dos maiores desafios do processo avaliativo: a definição da forma de mensurá-lo.[19]

Para Munhoz,[20] "a descrição do termo desempenho envolve a dimensão da ação". Ou seja, o desempenho acadêmico extrapola as notas obtidas nas atividades curriculares para considerar também as competências desenvolvidas durante o processo de ensino e aprendizagem. Por isso, o conceito de desempenho é mais amplo e busca mensurar as competências pretendidas, por determinada instituição, para o perfil do aluno egresso e o sucesso obtido na ação formadora.[21]

Na avaliação de cursos vigente no Brasil, o Conceito Preliminar de Curso (CPC) é o indicador utilizado para a mensuração da qualidade. Para melhor entender o CPC, faz-se necessário conhecer os insumos que compõem o seu cálculo. Esses insumos são: a) na dimensão "desempenho dos estudantes", a nota dos concluintes no ENADE e a nota do indicador da diferença entre os desempenhos observado e esperado (IDD); b) na dimensão "corpo docente", uma nota referente à proporção de mestres no curso, uma nota referente à proporção de doutores no curso e uma nota referente ao regime de trabalho dos docentes do curso; c) na dimensão "percepção discente sobre as condições do processo formativo", uma nota referente à organização didático-pedagógica, uma nota referente à infraestrutura e às instalações físicas e uma nota referente às oportunidades de ampliação da formação acadêmica e profissional.

A dimensão "desempenho dos estudantes" possui um peso de 55% da nota final (35% relativo ao IDD e 20% relativo ao rendimento médio obtido pelos estudantes no ENADE). Já as dimensões "corpo docente" e "percepção discente sobre as condições do processo formativo" possuem pesos de 30% e 15%, respectivamente, conforme nota técnica publicada pelo INEP para a avaliação de 2015. Como já mencionado anteriormente, as variáveis e os pesos dos insumos podem sofrer modificações ao longo do tempo, mas há de se observar que o "desempenho dos estudantes" tem exercido papel preponderante desde a implantação do SINAES.

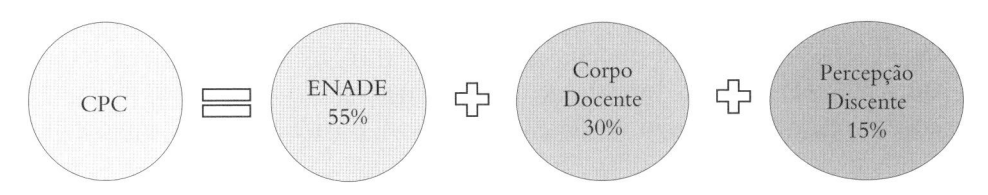

**Fonte:** As autoras.

**Figura 1. Composição da nota do CPC**

Um dos resultados práticos da avaliação de cursos é a criação de *rankings* dos cursos e das instituições brasileiras. Esses *rankings* vêm sendo utilizados pelos estudantes para a escolha do curso ou da instituição em que pretendem ingressar, instituições que, por sua vez, quando conveniente, exploram tais *rankings* como instrumento de marketing para atrair novos estudantes. Por outro lado, outros usuários dos resultados da avaliação educacional no Brasil estão se utilizando das informações derivadas do SINAES para também mensurar a qualidade da educação superior por meio de metodologias próprias.

O jornal *Folha de S.Paulo* instituiu, em 2012, o Ranking Universitário Folha (RUF). O RUF se propõe a avaliar a educação superior no Brasil anualmente. Para mensurar a qualidade dos cursos, leva em consideração dois eixos principais: (i) a avaliação do mercado, que é medida pela opinião de especialistas de mercado sobre os cursos e corresponde a 36% da nota obtida pelo curso; e (ii) a qualidade de ensino, que representa 64% da nota e leva em consideração a titulação do corpo docente, a nota obtida pelos estudantes no ENADE, o regime de trabalho dos docentes e a opinião de acadêmicos renomados em suas áreas sobre os cursos.

Um dos pontos mais criticados em relação aos *rankings* publicados se refere ao problema metodológico de como esses resultados são mensurados. Essa questão se torna relevante porque a sociedade utiliza tais publicações para tomar decisões quanto às instituições ou aos cursos. Os *rankings* podem ter foco no produto (resultado de provas do ENADE, por exemplo) ou nos insumos (fatores que geram qualidade como: acesso a bibliotecas, à internet, o nível educacional dos pais etc.). Além disso, os *rankings* podem utilizar análises subjetivas, como informações a partir dos atores envolvidos, ou objetivas, como informações medidas com a utilização de testes de desempenho.[22]

Os *rankings* com foco no produto e de natureza objetiva geralmente utilizam o resultado médio dos alunos das IES em testes de proficiência como medida. Exemplos desse tipo de teste são as provas do ENEM e do ENADE. A dificuldade em se utilizar esse modelo está na escolha do indicador do produto. Além disso, é preciso decidir se vai ser avaliado de maneira absoluta, durante um período específico, ou de maneira a medir o valor adicionado, identificando o conhecimento adquirido (que é o que faz o IDD, por exemplo).[23]

Quando os *rankings* têm foco no produto e são de caráter subjetivo, as pesquisas são realizadas com diferentes públicos. É o caso do *Guia do Estudante*, da Editora Abril. A dificuldade desse modelo está na subjetividade da avaliação, pois a informação obtida sobre os cursos é de caráter pessoal, ou seja, pode ser influenciada por diferentes fatores.

Existem ainda os *rankings* que têm como foco o insumo, com uma abordagem subjetiva. Nesses modelos, assume-se que quanto maior e/ou melhor os insumos, maior e/ou melhor é o produto final. Esse modelo é o mais utilizado, pela facilidade de acesso às informações sobre os insumos. No entanto, existe uma falta de consenso sobre quais insumos devem ser levados em consideração e que peso devem receber na avaliação final.[24]

> *Outro ponto bastante controverso fomentado pelo desejo ou necessidade de apresentar bons resultados no processo de avaliação são as ações institucionais adotadas pelas IES, visando a obtenção de melhorias em seus conceitos, 25 ou seja, subir de posição nos rankings ou obter melhores conceitos.*

Outro ponto bastante controverso fomentado pelo desejo ou necessidade de apresentar bons resultados no processo de avaliação são as ações institucionais adotadas pelas IES, visando a obtenção de melhorias em seus conceitos,[25] ou seja, subir de posição nos *rankings* ou obter melhores conceitos. Sabe-se que muitas instituições têm implementado estratégias de diversas naturezas para "motivar" seus alunos a se comprometerem com o processo de avaliação. Tais ações abrangem desde a realização de palestras, cursos preparatórios e seminários (que em tese contribuem para a formação dos estudantes), redução das mensalidades ou premiações (que acarretam benefício financeiro ou patrimonial para os estudantes), estratégias mais invasivas que envolvem exigência de apresentação de boletim de desempenho ou, até mesmo, a manipulação de informações acadêmicas com o objetivo de selecionar quem será inscrito ou não no ENADE. É óbvio que todas essas ações desvirtuam o principal objetivo do processo de avaliação, que é mensurar a qualidade dos cursos. Porém, torna-se extremamente difícil para o INEP fiscalizar e inibir tais ações, dado o volume de instituições e a dimensão territorial brasileira, que trazem uma grande complexidade para o sistema de avaliação. Portanto, cabe aos usuários dos resultados das avaliações o papel de ser crítico e ponderar tais fatos quando do uso das informações dos *rankings*.

Sem dúvida, muitos são os questionamentos que decorrem da utilização dos resultados de avaliação de cursos. Porém, a necessidade da existência do processo de avaliação é indiscutível. Sabe-se que os resultados são utilizados por algumas instituições privadas para obtenção de credibilidade, reconhecimento e, até mesmo, para o aumento do valor cobrado nas mensalidades, uma vez que as instituições que apresentam bom desempenho nacionalmente tendem a ser mais procuradas pelos alunos, o que impacta positivamente o seu faturamento. Por isso, muitos profissionais da área da Pedagogia criticam a avaliação institucional para fins de *rankings* das unidades de ensino.

> *Sem dúvida, muitos são os questionamentos que decorrem da utilização dos resultados de avaliação de cursos. Porém, a necessidade da existência do processo de avaliação é indiscutível.*

No entanto, é necessário que haja parâmetros e informações acerca da qualidade dos cursos e das instituições de ensino superior para fomentar melhorias, quando falhas no processo educacional e de desempenho forem observadas, e para reconhecer os cursos e as instituições que mantêm um nível elevado em seus padrões de ensino e de aprendizagem. Adicionalmente, no caso das instituições públicas, a relevância da avaliação torna-se ainda maior, pois, conforme mencionado anteriormente, os gastos públicos com educação no Brasil são volumosos. Por isso, esforços devem ser concentrados para que o ensino seja realizado da maneira mais eficiente possível, tendo em vista o impacto positivo na educação, na vida das pessoas e no desenvolvimento econômico e social do país.

# 7. Avaliação do desempenho dos estudantes – uma análise crítica

Outro componente do SINAES, a avaliação do desempenho dos estudantes é materializada por meio do Exame Nacional de Desempenho de Estudantes (ENADE). Atualmente, dentre os instrumentos utilizados para avaliar os cursos no SINAES, o desempenho dos estudantes é o de maior peso (55% do CPC). Contudo, o exame e os pesos estabelecidos para cada medida do sistema são bastante criticados pela falta de fundamento científico em sua definição, principalmente quanto às métricas utilizadas.

O conceito ENADE é composto pelas notas padronizadas obtidas pelos estudantes concluintes de cada curso de graduação avaliados nas provas de formação geral (com peso de 25%) e de conhecimento específico (com peso de 75%). Esse conceito visa verificar o rendimento dos estudantes em relação aos conteúdos programáticos, às competências e às habilidades esperados dos profissionais em suas áreas de atuação, conforme estabelecido nas diretrizes curriculares aprovadas pelo MEC.

Segundo Polidori, Araújo e Barreyro,[26] "o ENADE tem um importante papel, tanto no processo de avaliação institucional, fornecendo subsídios para que as IES alimentem a dinâmica da autoavaliação, quanto na formulação de políticas públicas". Entretanto, a avaliação do desempenho de estudantes está associada ao desenvolvimento de competências requeridas no ensino superior, o que gera inúmeros desafios ao processo avaliativo. Por ser esse um objeto de análise complexo, é fundamental que sejam utilizadas diversas estratégias para que se possa identificar como estão sendo desenvolvidas as competências nos estudantes.[27]

Os exames nacionalmente aplicados são fortemente criticados por muitos autores. A falta de justificativa teórica e empírica para a compilação dos dados extraídos na prova do ENADE é o principal problema dessa avaliação.[28] Por sua vez, a validade da utilização de testes padronizados para a verificação do aprendizado e das competências esperadas dos estudantes em processos de avaliação tem sido discutida pela literatura da área de educação, pois pode não refletir efetivamente o desempenho, bem como os aspectos positivos e negativos do curso ou da instituição avaliada.[29]

Outro ponto polêmico acerca do ENADE está relacionado ao compromisso dos estudantes com a realização da prova. Por não haver uma consequência objetiva vinculada do nível de acertos no exame (aprovação ou reprovação, por exemplo), bem como a necessidade de certificação do desempenho ou registro da nota obtida (no histórico escolar ou diploma), muitos gestores das IES afirmam que a avaliação é prejudicada ou que não reflete a condição de aprendizado real dos cursos, porque os estudantes não respondem às questões da prova de forma comprometida e responsável.[30]

Nas áreas em que existe regulação de conselhos de classe para o exercício profissional, como Ciências Contábeis e Direito, é possível estabelecer uma vinculação entre os argumentos dos gestores institucionais e a realidade dos cursos, confrontando o desempenho dos estudantes no ENADE e seus níveis de aprovação nos exames dos conselhos. Embora os exames apontem na mesma direção, não é incomum, especialmente entre as instituições públicas de ensino, casos em que o curso apresenta uma nota relativamente baixa no conceito ENADE, e consequentemente no CPC, mas um alto número de aprovações nos exames profissionais. Esses fatos reforçam a ideia de que a falta de motivação discente ou a ausência de consequências em função de mau desempenho, realmente, pode impactar negativamente o processo de avaliação da qualidade dos cursos e das instituições.

> *Embora os exames apontem na mesma direção, não é incomum, especialmente entre as instituições públicas de ensino, casos em que o curso apresenta uma nota relativamente baixa no conceito ENADE, e consequentemente no CPC, mas um alto número de aprovações nos exames profissionais.*

Porém, ainda que seja necessário rever diversos aspectos quanto ao processo de avaliação, esse acompanhamento é o que permite assegurar a conservação das políticas governamentais no ensino. Ressalta-se, também, que os resultados da avaliação do desempenho dos estudantes estão diretamente associados ao engajamento de todos os agentes envolvidos no processo.[31] Assim, cabe às instituições fomentar a importância do processo de avaliação e da participação efetiva entre seus discentes, de forma a motivá-los a realizarem o exame com afinco, visando evidenciar a real condição da sua formação.

De modo geral, percebe-se que a qualidade das instituições de ensino superior pode ser avaliada por diversos instrumentos e metodologias. Entretanto, as métricas de avaliação sempre enfrentarão

> *De modo geral, percebe-se que a qualidade das instituições de ensino superior pode ser avaliada por diversos instrumentos e metodologias.*

críticas quanto à sua definição, à sua subjetividade, e dúvidas quanto aos critérios que efetivamente devem ser utilizados para a avaliação do desempenho das instituições. Por isso, talvez o caminho seja o questionamento constante quanto à eficiência dos métodos em uso para que se possa promover a melhoria contínua do sistema de avaliação, o que contribuirá para uma melhor verificação da qualidade dos cursos de graduação do nosso país.

# 8. Considerações finais

A discussão acerca do ensino superior no Brasil deve ser balizada por diversas variáveis, principalmente pela expansão do acesso, pela ampla participação das instituições privadas, pelo crescimento da modalidade de ensino a distância, dentre outras. Assim, como em qualquer área, os cursos da área de negócios das instituições de ensino do país precisam ser acompanhados e avaliados constantemente, sobretudo porque se observa um aumento expressivo da oferta, em especial por parte das escolas privadas, e pela necessidade de formação de profissionais polivalentes capazes de compreender a dinâmica globalizada na qual os negócios estão inseridos. Essa avaliação, contudo, precisa fornecer subsídios para que o ensino nas diversas instituições possa ser melhorado, a fim de que, assim, possamos garantir o maior desenvolvimento do capital humano no Brasil.

Para que cumpra essa função, a avaliação precisa ser contínua, extensiva, criteriosa e consistente, contemplando os diversos segmentos e os atores envolvidos no processo de ensino-aprendizagem. Nesse sentido, depreende-se que o processo de avaliação institucional pode ser uma ferramenta eficaz de controle e de aprimoramento da qualidade no ensino superior. Todavia, é necessário um entendimento profundo quanto aos parâmetros de qualidade que se deseja adotar, bem como quanto às métricas que serão utilizadas em sua mensuração. Outro ponto a ser considerado no desenho do sistema de avaliação é a potencial utilidade de seus resultados. Faz-se necessário que os principais usuários interessados nas informações decorrentes da

> *Faz-se necessário que os principais usuários interessados nas informações decorrentes da avaliação atribuam valor a tais resultados e os utilizem para promover correções ou melhorias de seus sistemas educacionais. Resultados de avaliação que não sejam utilizados pelos stakeholders da educação superior representam uma alocação de recursos inócua.*

avaliação atribuam valor a tais resultados e os utilizem para promover correções ou melhorias de seus sistemas educacionais. Resultados de avaliação que não sejam utilizados pelos *stakeholders* da educação superior representam uma alocação de recursos inócua.

No Brasil, o SINAES, embora tenha recebido muitas críticas desde a sua implementação, é o primeiro mecanismo destinado à avaliação dos cursos e das instituições de ensino superior que vem se mantendo de forma relativamente consistente ao longo dos anos, possibilitando o acompanhamento da qualidade dos cursos ofertados. Além disso, esse sistema de avaliação vem passando por aprimoramentos em sua metodologia para permitir uma avaliação mais sólida, que possibilite às instituições avaliadas o acesso a resultados mais robustos. Cabe destacar que o modelo avalia não apenas o desempenho acadêmico dos estudantes, via conceito ENADE, mas também os cursos ofertados (pelo CPC) e as próprias instituições (pelo IGC). Essa avaliação, em três dimensões, tem permitido ao governo maior controle da política de oferta de vagas no país, assim como o acompanhamento das condições de ensino das IES em operação.

Sabe-se, porém, que ainda são grandes os desafios do processo de avaliação do ensino superior do Brasil. Um aspecto que merece atenção está relacionado ao fomento do comprometimento dos discentes com o processo de avaliação por meio de mecanismos que tornem a participação dos estudantes mais efetiva, para que o resultado melhor se aproxime da realidade dos cursos.[32]

> *Um aspecto que merece atenção está relacionado ao fomento do comprometimento dos discentes com o processo de avaliação por meio de mecanismos que tornem a participação dos estudantes mais efetiva, para que o resultado melhor se aproxime da realidade dos cursos.*

Por fim, a necessidade da manutenção de um sistema de avaliação da educação superior é indiscutível, não só em função do volume de recursos destinados pelos entes governamentais à manutenção (instituições públicas) ou ao financiamento de estudos da população (instituições privadas), o que viabiliza a continuidade de suas atividades, mas também porque a sociedade tem o direito de conhecer os impactos resultantes do processo de formação, aqui traduzidos na expressão "qualidade dos cursos". Escolhas certamente decorrem desse tipo de informação. E, para as instituições, tais avaliações podem servir como oportunidade de melhoria, além de mecanismo para "prestação de contas" acerca da efetividade da utilização dos recursos públicos. Portanto, espera-se a melhoria contínua do sistema e de suas métricas de qualidade, a disseminação da cultura de avaliação, inclusive para potencializar o uso e a confiabilidade dos resultados e, especialmente, a não descontinuidade do processo de avaliação da educação superior no Brasil.

# 11 Estudantes universitários na perspectiva das gerações

TAÍS DUARTE SILVA
ALINE BARBOSA DE MIRANDA

### *O que os universitários estão buscando?*

*Já era quase fim de semestre na universidade em que Fabiana ministrava aulas. Há algum tempo, a docente nutria o sentimento de não estar cumprindo os seus objetivos e anseios no que diz respeito a sua atuação como professora. Ainda que tivesse muitos anos de experiência na área educacional, Fabiana sempre se preocupava com a forma de conduzir suas aulas e com o aprendizado de seus alunos. Mediante essa inquietação, um dia encerrou a aula mais cedo e resolveu dialogar com seus alunos.*

*— Então, turma, não sei mais o que fazer, vocês não parecem nada empenhados com o curso.*

*Alguns olharam e ficaram em silêncio. Outros nem deram atenção à professora. Até que Júlio resolveu falar:*

*— Ah, professora, é que "isso" de ficar aqui só assistindo à aula e ouvindo, acho que não está adiantando muito...*

*Do outro lado da sala, Ana disse:*

*— É professora, eu não me adaptei a essa cidade. Então, não sei se quero continuar morando aqui. Assim, se eu me mudar, terei que deixar o curso.*

*Em seguida, Rodrigo falou:*

*— Eu não estou gostando do curso. Acho que vou abandonar e começar outro.*

*As opiniões não pareciam muito favoráveis, até que Vitor disse:*

*— Professora, eu já trabalhava antes de entrar no curso e agora estou à procura de outro emprego. Tenho interesse pelas aulas, mas, às vezes, sinto que o curso e também as empresas não nos entendem. Ou, talvez, eu não os entenda. Não estou conseguindo fazer conexão entre o que vejo na teoria e o que pratico no trabalho. Busco flexibilidade, crescimento, sou participativo e gosto de me envolver concretamente com o que faço. Sinto falta de um maior envolvimento aqui na universidade. E, na minha vida profissional, não quero trabalhar em um lugar só pelo salário, anseio mais do que "isso".*

*Antes que a professora falasse alguma coisa, alguém bateu à porta. Era a secretária que pediu para entrar e passar um recado da direção aos alunos. Assim, pararam a conversa e Fabiana ficou pensando sobre o assunto.*

*Todos aqueles alunos eram jovens, com pensamentos bem divergentes. E as aulas na universidade não pareciam estar atraindo a atenção dessa GERAÇÃO. Ainda que Fabiana não soubesse o que fazer, ela tinha uma certeza: algo precisava mudar!*

# 1. Introdução

Compreender os estudantes universitários no contexto atual requer, inicialmente, entender o processo de ingresso no ensino superior. Esse momento da vida de uma pessoa pode gerar uma série de desdobramentos ao longo de sua trajetória. Afinal, a escolha da profissão não é uma decisão qualquer e, em muitos casos, está atrelada à escolha do curso superior. Assim, o ingresso na faculdade pode significar o início de uma carreira promissora, que durará por toda a vida, ou pode representar uma trajetória frustrada, que poderá ocasionar a insatisfação ou, até mesmo, a evasão desse aluno.

Uma escolha não acertada ocasionará perdas não só para o estudante, que provavelmente não concluirá seu curso, como também para a instituição de ensino superior, que ficará com vagas ociosas. O abandono de cursos universitários no meio do trajeto é mais comum do que se imagina. Um exemplo dos efeitos da evasão e de sua representatividade foi a criação de um tipo de ingresso específico para "Portadores de Diplomas Superiores", implementado exatamente para preencher as vagas ociosas, que correspondem a um quarto das matrículas na graduação.[1]

O ingresso no ensino superior é um momento de transformações na vida dos indivíduos, que exige amadurecimento e desenvolvimento de diversas habilidades para que se adequem ao novo ambiente e obtenham bons resultados. Por ser um processo de mudanças, diversos estudantes passam por inúmeras dificuldades de adaptação, que influenciam o seu futuro acadêmico.[2]

Para muitos, as transições relativas à própria idade, à mudança da educação básica para a universitária, à eventual transferência de cidade, de estado ou até de país, com mudanças de hábitos e de rotinas, são exemplos do que constitui esse processo complexo e desafiador. Por isso, é necessário um programa de adaptação para se inserir nesse novo ambiente, um período de transição. Todas essas mudanças podem engendrar conquistas positivas. Mas podem também gerar algumas dificuldades e as reações tendem a ser diversas, considerando os diferentes perfis e a situação de cada aluno.

Se o começo de um curso de graduação é um momento marcante, o que acontece depois? Os desafios são muitos no início do curso e, por vezes, continuam no decorrer da vida acadêmica. Ao se buscar compreender um pouco mais sobre a realidade dos estudantes universitários, a discussão deste capítulo versará sobre as vivências desses alunos, tomando por base os estudos sobre as gerações.

Dessa forma, o objetivo deste estudo é apresentar o perfil dos universitários, suas expectativas, necessidades e desafios, tendo como foco as diversas gerações que estão hoje presentes nas salas de aula, presenciais ou virtuais. Ressalta-se que a discussão a respeito dessa temática é primordial quando se analisam as mudanças ocorridas nos últimos anos no ensino superior, pois a expansão e a democratização do ensino, por meio de políticas públicas de democratização do acesso e de ações afirmativas, ocasionam uma maior diversidade entre os estudantes nas salas de aula.

Percebe-se, também, a relevância de serem analisadas as características das gerações presentes no ambiente universitário, atual e futuro, tendo como respaldo a Teoria das Gerações, para delinear o perfil dos estudantes universitários contemporâneos. Essas características podem exercer influência no comportamento dos discentes, fator esse que pode alterar a trajetória dos alunos durante o período universitário e que impacta a escolha de metodologias de ensino, o planejamento didático, o desenho do currículo, a formação docente, a adoção de tecnologia em sala de aula, aspectos estes abordados em outros capítulos.

É relevante mencionar que o período atual coincide com o momento em que muitos jovens da Geração Y estão frequentando o ensino universitário e outros da Geração Z estão ingressando no ensino superior. Assim, embora a Geração Y seja a maioria nesse ambiente, outras gerações também se fazem presentes como, por exemplo, estudantes que estão fazendo um segundo curso, outros que não tiveram oportunidade na idade "ideal" para ingressar no ensino universitário, alguns que começaram um curso e optaram por desistir e iniciar outro, dentre outros casos particulares.

Atualmente, o estudante passou a ser mais independente, empreendedor e autônomo, características essas que estão associadas ao perfil da Geração Y e que assumem grande relevância quando se trata de gerações dentro do contexto educacional. Por isso, é preciso pensar nas gerações, especialmente na formação das gerações Y e Z. Como lidar com as pessoas avessas às estruturas rígidas e regimes de trabalho fechados? Como prepará-las para os desafios do mercado de trabalho competitivo e convívio com pessoas de outras gerações? O ambiente universitário precisa estar preparado para contemplar essas mudanças, associadas a um ensino de qualidade.

Para compreender as questões relativas à vida universitária dos estudantes e à dinâmica de interação entre as diversas gerações no âmbito universitário, apresentam-se, nas próximas seções, algumas características, expectativas e desafios vivenciados pelas gerações no ambiente universitário.

Algumas das questões importantes a serem respondidas ecoam o trabalho de Silva e Miranda, adaptadas para nossa reflexão: O que essas gerações estão buscando? É possível ter uma conexão entre teoria e vivência prática? Como escolher a profissão se mal conheço minhas habilidades e competências? Como construir o conhecimento conjuntamente com as diversas gerações presentes em uma sala de aula, presencial ou virtual? Como atrair essas gerações, a Y e a Z, e a futura, a Geração Alpha, para a sala de aula? Tenham em mente essas perguntas e levantem outras ao longo de nossa discussão neste capítulo.

## 2. As gerações e suas características: um olhar para o estudante universitário

A expansão do número de vagas no ensino superior, percebida especialmente entre 2009 a 2015, deve-se em parte às políticas governamentais adotadas nos governos

Lula e Dilma. Segundo relatório do IBGE, a "democratização do acesso ao ensino superior foi estimulado por uma série de políticas públicas",[3] somados à correção do fluxo escolar e à condição econômica das famílias. As políticas vão desde aumento do número de vagas nas universidades públicas até o aumento do financiamento estudantil reembolsável e não reembolsável aos alunos das instituições privadas. São exemplos dessas políticas: bolsas, concessão de financiamentos e sistemas de cotas, que proporcionaram maior acesso dos indivíduos aos cursos de graduação. Concomitantemente, os cidadãos passaram a se preocupar com sua formação profissional, tendo em vista as novas exigências do mercado de trabalho.

O panorama educacional referente ao perfil dos estudantes universitários presente até os anos 2000 começou a ser modificado paulatinamente. Verifica-se que, atualmente, o perfil universitário na modalidade presencial é caracterizado por mulher, com idade entre 18 e 20 anos, graduanda em cursos de bacharelado, no período noturno. Na modalidade a distância, o perfil predominante também é do sexo feminino, com idade entre 30 e 31 anos, em licenciatura. De modo geral, o maior número de alunos está nas instituições de ensino superior privadas.[4]

O perfil dos alunos de graduação na modalidade presencial, maioria dos universitários, é caracterizado por pessoas que nasceram entre 1978 e 1994. Alguns autores[5-6] os caracterizam como pertencentes à Geração Y, discutida mais adiante.

A contextualização dos estudantes universitários na perspectiva das gerações remete a um cenário efêmero. Ora, se o sentido da existência das gerações é justamente o agrupamento de indivíduos nascidos em determinadas épocas, portanto sendo influenciados por acontecimentos e experiências compartilhadas, por que pensar em um cenário de mudanças?[7]

A literatura e os estudos que tratam do assunto, em regra, associam os indivíduos a uma determinada geração com base na data de nascimento e no período

> *A literatura e os estudos que tratam do assunto, em regra, associam os indivíduos a uma determinada geração com base na data de nascimento e no período formativo.*

formativo. Partem do pressuposto de que os indivíduos de uma mesma época têm contato com situações, contextos, fatores culturais, clima político, social e tecnológico semelhantes. Por isso, tendem a "ver", a compreender o mundo sob lentes parecidas.

É a partir desse entendimento que as gerações são estruturadas em teoria. Os nascidos entre 1923 até 1945 são considerados Tradicionais; entre os anos de 1946 e 1964 são os *Baby Boomers*; entre 1965 e 1977, são da Geração X; entre 1978 e 1994, são da Geração Y; e os nascidos a partir de 1995 até 2010 pertencem à Geração Z. Estudiosos apontam que depois da geração Z, que encerra o nosso alfabeto, virá a Geração Alpha.[8]

No entanto, no estudo da Teoria das Gerações não há consenso entre os autores em relação às datas. Considerando que a maioria dos estudos converge para as datas mencionadas, evidenciamos as diversas gerações na Figura 1.

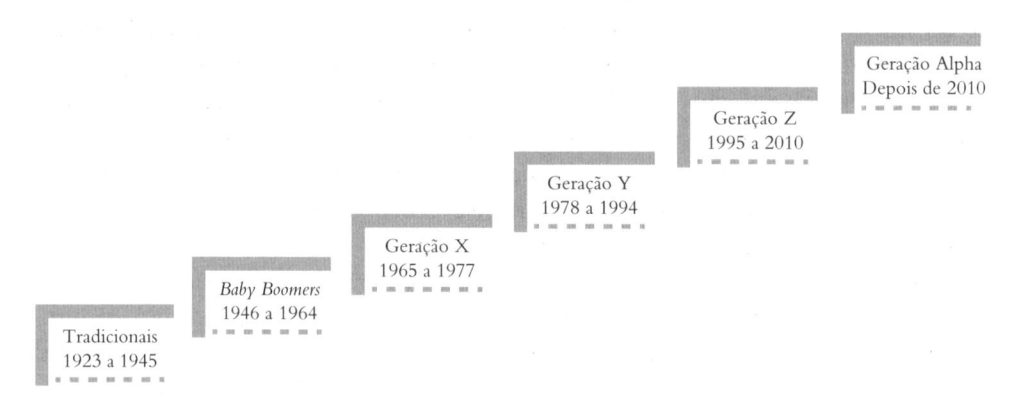

**Fonte:** Elaborado pelas autoras com base em FALASTER, C.; FERREIRA, M. P.; REIS, C. (2015); SANTOS, C. F. et al. (2011); OLIVEIRA, S. R.; PICCININI, V. C.; BITTENCOURT, B. M. (2012); STERBENZ, C. (2015).

**Figura 1. Diversas gerações: títulos e datas**

Para entender como se configuram essas gerações, é preciso ter claro que cada uma delas vivenciou um ou vários acontecimentos importantes. Seja as guerras, os momentos de ruptura de padrões sociais, as crises econômicas e políticas, o desenvolvimento tecnológico e econômico, entre outros, e que isso ocorre de forma contínua.[9]

A evolução histórico-social das sociedades e os processos percorridos até a estruturação do Estado atual atribuiu a cada grupo de indivíduos, de determinado período, perspectivas de mundo e de contexto diferentes. Com base nessas experiências, espera-se que indivíduos contemporâneos desenvolvam características e visões semelhantes. Entretanto, a evolução social e a expansão tecnológica modificaram a dinâmica do surgimento desses grupos chamados de gerações.

Desde o século XX, o conceito de geração é discutido por estudiosos que, de diferentes formas, analisam os indivíduos e seus comportamentos.[10] Nos tempos atuais, entendem-se como gerações as formas de caracterizar um grupo de indivíduos que possuem algumas características comuns ou que vivenciaram os mesmos acontecimentos em determinado tempo histórico, por isso compartilham de valores, aspirações, desafios e conquistas.

Considera-se, portanto, que uma geração é formada por pessoas que nasceram no mesmo período e que participaram dos mesmos eventos históricos e acompanharam certa evolução tecnológica. Assim, ao longo dos anos, as gerações, por vivenciarem realidades distintas, compartilham as mesmas características culturais, valores, atitudes e motivações.[11]

Dessa forma, estudar as diferenças entre cada geração é importante, porque elas carregam um conjunto de características que reconfiguram as relações no ensino, no mercado de trabalho, no interior das próprias famílias e na sociedade, de forma geral. Além do mais, todas essas diferenças (e semelhanças), em um mesmo período e espaço geográfico, podem ou não ocasionar conflitos, a depender da compreensão entre uma e outra geração: esses são os conflitos geracionais. Mas tenhamos em mente que podem existir conflitos intrageracionais, tanto quanto conflitos intergeracionais.

Contudo, é importante ressaltar algumas divergências quanto às gerações presentes no cenário brasileiro, pois, como dissemos, nem todos os jovens se enquadram na Geração Y, ainda que tenham vivido no contexto próprio dessa geração. O conceito dessa geração é utilizado internacionalmente e reflete o cenário mundial. No entanto, ao trazê-lo para o Brasil é necessário adequá-lo ao contexto nacional, levando em conta aspectos políticos, econômicos, históricos e sociais.[12] Temos, como exemplo dessas diferenças, o fato de que o ensino superior no Brasil passou por um processo de democratização apenas recentemente, sendo que anteriormente não era acessível para todos. Outro fato que é distintivo do sistema de ensino superior nacional é a prevalência de cursos noturnos, em que se matriculam, sobretudo, estudantes que trabalham, que têm como fonte de renda, para si e para sua família, o fruto de seu trabalho, e que, por vezes, não estão na idade ideal para o ingresso. Ou, ainda, a grande diferença entre as instituições públicas e as instituições privadas, pois estas concentram em sua maior parte os estudantes que trabalham. Por isso, é preciso termos cuidado ao generalizar a abrangência dessa geração.[13]

Tendo em mente todos esses cuidados, a Geração Tradicional compreende os nascidos entre 1923 até 1945. Foi engendrada dentro de um contexto de rápida industrialização, caracterizada pelo otimismo, pelo tradicionalismo, pela fidelidade à empresa e pelo intenso clima de euforia. Enfrentaram como fatos marcantes a crise econômica de 1929, nos Estados Unidos, e a Segunda Grande Guerra, de 1939 a 1945.

Já a geração seguinte é denominada *Baby Boomers* em referência aos que nasceram no período pós-guerra, entre 1946 e 1964. Viveram a Guerra Fria, no pós-guerra, e, em muitos países em desenvolvimento, vivenciaram os regimes militares. Tendem a valorizar o trabalho em equipe e são pessoas leais aos seus empregos, valorizando o crescimento profissional na mesma organização. Por tudo isso, apresentam alto nível de comprometimento. Para muitos pesquisadores, a geração dos Baby Boomers foi marcada por jovens rebeldes que, na maioria, tornaram-se adultos conservadores.[14]

De 1965 a 1977, temos a Geração X, que no contexto internacional vivenciou a revolução sexual e Woodstock. No Brasil, eram os anos mais fortes do regime militar, que culmina com o Ato Institucional n. 5, em 1965. Instala-se a censura e o regime de exceção. No entanto, no plano econômico vivencia-se um período de crescimento. No que se refere ao trabalho, essa geração apresentou algumas mudanças, como o desenvolvimento de mais habilidades que possibilitaram melhor empregabilidade, sem tanta lealdade às empresas, com a busca constante de desafios e oportunidades.[15] São mais leais às pessoas que à organização, valorizam a *expertise* e a atitude. No Brasil, embora tenham vivido momentos de insegurança profissional, os membros dessa geração têm como principais valores a lealdade aos relacionamentos, a presença do trabalho em equipe e a conciliação entre trabalho e vida pessoal.

Ao comparar essas duas gerações, *Baby Boomers* e X, é possível identificar muitas diferenças. Contudo, essa discrepância é maior ainda quando se faz a comparação com a Geração Y. Essa geração apresenta características peculiares, causando, de certa forma, numerosas mudanças no meio em que as pessoas que a integram e os sujeitos de outras gerações estão inseridas. Em virtude dessa peculiaridade, essa geração tem sido foco de diversos pesquisadores.

A Geração Y é constituída por indivíduos que nasceram entre 1978 e 1994. É formada por pessoas que, em geral, aceitam bem as mudanças e as diferenças, são autoconfiantes e otimistas em relação ao futuro. São fontes de muitas pesquisas e discussões acerca do seu comportamento nas organizações e perante o mundo. Mas o que diferencia tanto essa geração, que desperta o interesse de estudiosos de todas as áreas?

A Geração Y nasceu e cresceu num ambiente de mudança tecnológica muito intensa e prosperidade econômica. Das diferenças entre as gerações, pode-se destacar que os jovens da Geração Y trabalham nas empresas de forma cooperativa, questionando o sistema de hierarquia; como consumidores, querem participar do desenvolvimento do produto; nas escolas, buscam métodos de ensino que os coloquem no centro; nas famílias, as relações se alteraram pelo uso intenso da internet; na sociedade, são engajados politicamente e acreditam na mudança social.[16]

Por sua vez, a Geração Z, a mais recente, formada por crianças e por adolescentes, apresenta algumas características similares à Geração Y. Contudo, o contato com a tecnologia é ainda maior. É como se vivessem em um mundo virtual. Mostram facilidade para lidar com artefatos tecnológicos, mas apresentam dificuldades em aprender com os métodos tradicionais, como também nas relações pessoais, em virtude do excesso de uso da tecnologia.[17]

E o que vem pela frente? Depois de muito discutir, como o alfabeto terminou na letra z, houve um consenso em se denominar a próxima geração de Geração Alpha. Na análise dos especialistas, essa será a geração mais transformativa que teremos. Já estão entre nós, crescendo com seus *tablets* nas mãos e nunca viveram sem um *smartphone*. Por estarem envoltos em tecnologia e a dominarem como nenhuma geração antes a dominou, conforme dispõe McCrindle, terão imenso poder. Para ele, "no passado, o indivíduo não tinha poder, realmente". E agora? Ele mesmo continua: "Agora, o indivíduo tem grande controle de sua vida, sendo capaz de alavancar o seu mundo. Tecnologia, nesse sentido, transformou as expectativas de nossas interações".

Para as pessoas da Geração Alpha, a tecnologia não é uma ferramenta: a tecnologia está integrada a todas as dimensões de suas vidas.[18]

Considerando, portanto, as características das gerações mais atuais no cenário contemporâneo, veem-se incessantes mudanças que se referem ao comportamento humano, muitas relacionadas à difusão das tecnologias, principalmente de informação e de comunicação. Entende-se, assim, que as gerações Y, Z e Alpha estão passando por um momento marcante que traz outras formas de perceber o mundo.[19] O Quadro 1 apresenta um resumo com as principais características das quatro últimas gerações.

**Quadro 1. Quadro comparativo entre as gerações**

| Geração X (Gen X) | Geração Y (Gen Y) | Geração Z (The Founders, iGen, Homeland Generation, POSTS, PLURALS, ReGEN) | Geração Alpha |
| --- | --- | --- | --- |
| 1965-1977 1965-1980 | 1978-1994 1981-1997 | 1995-2010 1998-2010 | 2011-2025 |
| Queda do muro de Berlim. Fim da Guerra Fria. Crise da AIDS. MTV/Music vídeos. | 11 de Setembro. Eleição de Obama. Grande Recessão. Internet. | Terrorismo Global. Eleição de Trump. Nativos das mídias sociais. YouTube/conteúdo digital. | |
| Mais leais às pessoas que à organização Valorizam: ✓ expertise; ✓ atitude; ✓ trabalho em equipe; ✓ conciliação entre trabalho e vida pessoal. | Aceitam bem as mudanças e as diferenças. São autoconfiantes e otimistas em relação ao futuro. Trabalham cooperativamente. Questionam a hierarquia. Querem participar no desenvolvimento do produto. Buscam métodos de ensino que os coloquem no centro. São engajados politicamente e acreditam na mudança social. | Facilidade para lidar com tecnologia. Dificuldades em aprender com os métodos tradicionais. Dificuldades nas relações pessoais em virtude do excesso de uso da tecnologia. | Despenderam a maior parte de suas vidas imersos na tecnologia. Índia e China representam, para essa geração, o centro de gravidade. O gap tecnológico se fará mais sensível. Substituirão valores "ocidentais" por ideias tecnológicos e globais. Provavelmente, a geração com maior nível de educação formal na história e com a tecnologia a sua disposição. |

**Fonte:** Elaborado pelas autoras com base em FALASTER, C.; FERREIRA, M. P.; REIS, C. (2015); SANTOS, C. F. et al. (2011); OLIVEIRA, S.R.; PICCININI, V.C.; BITTENCOURT, B.M. (2012); STERBENZ, C. (2014).

Se as gerações apresentam tantas características diferentes, é fato que atuarão nas instituições de ensino, como docentes e discentes, e no mercado de trabalho de maneiras distintas. Nas escolas e nas universidades, também vão ensinar e aprender de formas diferenciadas, pois suas percepções a respeito do mundo não são as mesmas. Esse é o choque intergeracional que se fará cada vez mais presente.

## 3. Ingresso no ensino superior: expectativas, necessidades e desafios

Ao analisar o sistema educacional, é possível perceber que não houve uma preparação para o acolhimento das novas gerações de alunos, que foram as primeiras a crescerem imersas na tecnologia.[20]

Foi criada uma metáfora para designar esses "novos" alunos que estão atualmente nas escolas e nas universidades e também para as pessoas que integram as gerações que precedem a essa "era marcada pelas tecnologias": os primeiros são os nativos digitais; e os segundos, os imigrantes digitais. Os nativos digitais apresentam padrões de pensamento diferentes das gerações anteriores, o que, por vezes, ocasiona uma dificuldade de entendimento entre essas gerações,[21] ou seja, resulta em um conflito geracional. Os imigrantes digitais são aqueles que nasceram antes da "era tecnológica" e precisam aprender a lidar com a tecnologia. Muitos apresentam grandes dificuldades em se adaptar às tecnologias.

> *Entende-se, assim, que o debate a respeito das divergências entre gerações é fundamental para as instituições de ensino, para dirigentes, coordenadores e professores.*

Entende-se, assim, que o debate a respeito das divergências entre gerações é fundamental para as instituições de ensino, para dirigentes, coordenadores e professores. Esse é um espaço necessariamente constituído por diversas gerações, tanto de alunos, quanto de professores. Além do mais, é nesse ambiente que os jovens buscam construir conhecimentos que poderão nortear seu desenvolvimento pessoal e profissional.

Dessa forma, são inúmeros os desafios quando se considera o intenso convívio entre as diversas gerações nas salas de aulas. Especialmente quando se trata de estudantes universitários, pois o ingresso no ensino superior, por si só, já é desafiador, já demanda um processo de adaptação, marcando a transição para a vida adulta: escolha da carreira e, portanto, da profissão, as expectativas e as dúvidas com a vida universitária. Enfim, são diversos acontecimentos que mudam significativamente a vida desses indivíduos nessa fase.

Para muitos estudantes, o ingresso no ensino superior é uma realização que vai além do âmbito profissional. Traz, também, grande desenvolvimento pessoal.[22]

Portanto, apresentam altas expectativas, mas, ao mesmo tempo, se deparam com muitas dificuldades, próprias do contexto universitário.[23]

Nesse sentido, alguns autores[24] apresentam o processo de transição para a vida universitária dividido em quatro dimensões: a acadêmica, que representa a adaptação aos ritmos e às estratégias de aprendizagem, ao novo *status* e às formas de ensino e de avaliação; a social, com o desenvolvimento de novas formas de relacionamento interpessoal com a família, com professores e com colegas; a pessoal, com o desenvolvimento da autoestima, de maior autoconhecimento e visão pessoal de mundo; e, finalmente, a vocacional, com desenvolvimento da identidade vocacional.

A adaptação a esse novo ambiente universitário é permeada por sentimentos de ansiedade e de medo, ao desvendar o tão almejado e desconhecido mundo, em que as preocupações relativas a "passar no vestibular" simplesmente deixam de existir. Por um lado, os estudantes sentem-se livres e felizes por terem vencido essa etapa, que, sem dúvida, marca a vida de qualquer pessoa. É muito comum ouvir estudantes dizerem: "minha vida é marcada pelo antes e pelo depois do ingresso no ensino superior".

Podemos separar os desafios da adaptação a esse ambiente para os dois perfis de que tratamos brevemente no início do capítulo: **os estudantes que trabalham e os estudantes tradicionais**. Para os primeiros, não se preocupar mais com o cursinho é o sonho de um número expressivo de estudantes. Para os segundos, muitas vezes os primeiros da família a terem acesso ao ensino superior, o maior desafio é conciliar a tão sonhada formação profissional universitária com a rotina de trabalho de oito horas somada ao tempo de deslocamento entre casa/trabalho, trabalho/faculdade e faculdade/casa. Os primeiros estão mais presentes nas instituições públicas, com professores que têm formação acadêmica e dedicação em tempo integral. Os segundos cursam bacharelados em período noturno, em instituições particulares, almejando uma ascensão social, para si e para sua família.

Para ambos, estudantes trabalhadores e trabalhadores estudantes, o ambiente novo e as exigências presentes nas universidades geram muita ansiedade. Ter orientações claras e precisas ao alcance dos estudantes é extremamente importante para que tenham uma boa adaptação. Para os primeiros, os pais e familiares podem servir como orientação. Para os segundos, dado o contexto com que se depararam em sua vida, é importante que os professores e coordenadores estejam atentos e busquem nutri-los com as informações que necessitarem. Também, são necessárias, para os dois grupos de estudantes, orientações para que possam desfrutar, com facilidade, dos benefícios que as instituições oferecem. Para poder usufruir de sua experiência universitária, os estudantes precisam conhecer todos os recursos e possibilidades que a instituição oferece, de salas de estudo à biblioteca ou laboratórios multimídia, passando pelo setor de estágio ou pela possibilidade de participar de programas paralelos de incentivo à pesquisa – Programa Institucional de Bolsas de Iniciação Científica (PIBIC), Programa Institucional de Bolsas de Iniciação à Docência (PIBID), Programa de

Educação Tutorial (PET), dentre outros.[25] Igualmente importante é informá-los sobre políticas de permanência e bolsas que estejam disponíveis.

O apoio familiar também é primordial, já que as redes de amizades se modificam. É comum o afastamento de algumas amizades e também a construção de novas. Todos esses aspectos influenciam o comportamento psicológico dos estudantes e os fazem "amadurecer". Sobretudo, aqueles estudantes que deixam a casa de seus pais e vão morar sozinhos em outras cidades. Esses terão de aprender a gerir o próprio tempo: quando será hora de estudar, de dormir, de comer, de cuidar dos afazeres domésticos.[26]

A configuração da sociedade contemporânea auxilia o jovem a redescobrir sua vida e suas expectativas na universidade. Se no início apresentam apreensão, seu espírito desafiador os ajudará a seguir em frente. A tecnologia faz parte do dia a dia desses jovens, que costumam se envolver em várias atividades simultaneamente.

> *A configuração da sociedade contemporânea auxilia o jovem a redescobrir sua vida e suas expectativas na universidade. Se no início apresentam apreensão, seu espírito desafiador os ajudará a seguir em frente.*

No entanto, muitos apresentam dificuldade de concentração, o que acaba atrapalhando o desenvolvimento de algumas tarefas. Mas isso não se traduz em um "grande problema" para esses jovens, que seguem a vida universitária com hábitos próprios de sua geração, como realizar tarefas múltiplas: estudar, responder um e-mail, navegar na internet, ler notícias, ouvir música, conversar com o colega que está *on-line*, acompanhar as redes sociais "concomitantemente". Como nasceram em um ambiente digital, essa dinâmica é muito natural para eles. Esses hábitos podem gerar conflitos entre as gerações. Para diminuir esse choque, o ideal seria tentar conciliar, estratégias de estudo e o uso da tecnologia. Muitos professores e instituições de ensino já vêm tentando fazer isso com as metodologias de ensino, aliando as novas tecnologias aos métodos de ensino.

Desse modo, é preciso considerar que a inserção no meio universitário é um processo ao qual o estudante busca se adaptar, ou seja, se integrar à universidade, à faculdade. Essa integração se estabelece rotineiramente nas relações entre o estudante, os docentes, os coordenadores e a instituição, sendo caracterizada tanto pelas expectativas, pelas competências e pelos atributos dos estudantes, como também pelas rotinas, estruturas, normas e por todos que compõem a universidade.[27]

Analisando esse processo, evidencia-se que a transição acadêmica vai do início da graduação até a superação dos dois primeiros semestres,[28] sendo esse início a etapa que, geralmente, requer mais cuidados,[29] pois é o período em que ocorrem as maiores taxas de evasão. Logo, é importante que os estudantes adotem estratégias para não se frustrarem com eventuais dificuldades na universidade.

No início do curso, por exemplo, é comum que alguns alunos se sintam decepcionados com as disciplinas. A parte básica ou as disciplinas que serão requisitos para as disciplinas mais avançadas nem sempre são muito atrativas. Então, a decepção, via de regra, acontece. O estudante, na euforia de conquistar uma vaga na universidade, pensa que chegará e já aprenderá a parte prática do curso. Mas isso não acontece. Antes, é preciso construir os alicerces, reforçar as bases e ampliar sua "visão de mundo". São comuns, nos primeiros períodos, disciplinas como: psicologia aplicada à área do curso, filosofia, sociologia, cálculo, métodos quantitativos além dos vários cursos "introdutórios". Para muitos, que preferem as exatas e/ou os que estão ávidos pela parte prática ou técnica do curso, essa etapa inicial pode se tornar monótona, decepcionante e desanimadora.

Uma possível alternativa para que não se decepcionem com as disciplinas iniciais é que tenham o mínimo conhecimento da estrutura curricular do curso antes de ingressarem no ensino superior. Ou, mesmo depois do ingresso, mas ainda no começo do curso. É interessante que professores das disciplinas iniciais ou coordenadores de curso apresentem a grade curricular, relacionando as disciplinas, para que possam entender todo o percurso que seguirão, as disciplinas que cursarão e a relação e a relevância dessas disciplinas com as demais, específicas de sua área de formação.

Outra estratégia que poderá minorar as dificuldades de adaptação dos universitários é a constituição de uma comissão formada por professores, alunos veteranos e técnicos administrativos com o objetivo de estruturar um programa de recepção aos novatos. Esse programa poderia ser colocado em prática logo nos primeiros dias de aula dos ingressantes e abordar as principais dúvidas que, normalmente, os estudantes possuem, demonstrar a estrutura da instituição, os benefícios

> *Outra estratégia que poderá minorar as dificuldades de adaptação dos universitários é a constituição de uma comissão formada por professores, alunos veteranos e técnicos administrativos com o objetivo de estruturar um programa de recepção aos novatos.*

oferecidos aos estudantes, os relatos de experiência dos veteranos (como forma de estímulo), além de oferecer palestras com professores, no sentido de incentivar, motivar e esclarecer dúvidas, dentre outros. Essa estratégia é parecida com a "aula inaugural" que os programas de pós-graduação realizam. No entanto, com uma particularidade: não seria apenas "uma aula", mas uma semana de integração. Pois tudo é novidade para quem está ingressando na universidade. Por isso, é necessário trabalhar com cautela e cuidar que as informações mais relevantes cheguem aos ingressantes.

Outro aspecto recorrente na adaptação universitária refere-se às mudanças na vida dos ingressantes que, em sua maioria, estão relacionadas às vivências humanas.[30] Por isso, é essencial indicar ao estudante a importância de apresentar um conjunto de comportamentos que possam levá-lo a enfrentar esse novo ambiente.[31] De forma mais específica, ressaltam-se alguns fatores nessa transição para o ensino superior, tais como: comprometimento com trabalho, busca por uma profissão, busca por maior autonomia, distanciamento do ambiente familiar, que ocorre com diversos estudantes e, futuramente, a entrada no mercado de trabalho.[32]

Diante dessa realidade, a proposição de um serviço de atendimento ao estudante pela instituição contribui para a adaptação dos estudantes.[33] Propõe-se esse sistema baseado em quatro pilares: alunos ingressantes; atendimento psicopedagógico; alunos egressos, evadidos e em processo de trancamento; e, por fim, alunos concluintes. Para os que estão no início do curso, busca-se proporcionar a sua adaptação à instituição e às exigências do ensino superior; o atendimento psicopedagógico serve aos alunos regulares a fim de lhes dar suporte para enfrentar questões acadêmicas, sociais, pessoais e vocacionais; para os alunos nas demais situações, busca-se propiciar condições de permanência no curso; por fim, aos concluintes, orientá-los quanto ao futuro da carreira.[34]

Algumas outras medidas também podem minorar o sentimento de "estranhamento" dos universitários. Estudos[35] demonstram que o envolvimento em projetos "extraclasse" proporciona maior interação entre professores e alunos e que essa integração auxilia o aluno a desenvolver o sentimento de pertencimento a esse novo mundo. São exemplos de programas existentes na universidade e que os estudantes devem conhecer: Diretório Acadêmico (D.A.), Diretório Central dos Estudantes (DCE), PIBIC, PIDID, PET, Empresa Júnior, monitorias, cursos de extensão, dentre outros. Viver intensamente esse período único na vida do estudante universitário, aproveitando o máximo tudo que a universidade oferece, poderá ajudar aqueles, que se decepcionaram, a lidar melhor com as frustrações e com as dificuldades e a enxergar o curso a partir de uma nova lente. Já para aqueles que estão satisfeitos com a escolha, poderá ser um impulso para a concretização do seu curso.

Além disso, os programas extraclasse possuem outras importantes funções, por exemplo, ajudam o aluno a projetar seu futuro. Muitos descobrem, em grupos de pesquisa, o prazer pela investigação, pelas descobertas e, mesmo durante a graduação, enveredam pelos caminhos da pesquisa e vão construindo uma trajetória que os leva aos cursos de pós-graduação (mestrado, doutorado), como o programa de iniciação científica (PIBIC) e a participação em projetos de pesquisa da instituição e de docentes. Outros, como a participação nos Diretórios Acadêmicos (D.As) e no Diretório Central dos Estudantes (DCE), ajudam muito os alunos em sua formação política e cidadã. Entidades estudantis, com diferentes projetos e finalidades, entre as quais as empresas júniores e os projetos de extensão voltados à comunidade, auxiliam na formação profissional e na construção de uma rede de contatos que permanecerá para a vida inteira. Finalmente, mas não menos importante, a possibilidade de colaboração no ensino por meio de monitorias e programas de apoio ao ensino.

Nesse ponto é relevante ressaltar a importância de as instituições buscarem oferecer atividades de socialização para estudantes não tradicionais (que trabalham) e, ainda, de adequarem a sua participação nos programas citados às suas possibilidades de dedicação e disponibilidades de tempo.

> *Nesse ponto é relevante ressaltar a importância de as instituições buscarem oferecer atividades de socialização para estudantes não tradicionais (que trabalham).*

Percebe-se, assim, que a vida universitária é marcada por uma série de acontecimentos que desencadeiam as mais diversas reações nos alunos, podendo variar conforme as características de cada um. Nesse cenário, entende-se que a diversidade de gerações nas salas de aula torna os acontecimentos ainda mais dinâmicos.

# 4. A sala de aula e a diversidade de gerações

Dessa forma, é necessário refletir sobre algumas questões que permeiam o âmbito acadêmico. Como professores das Gerações *Baby Boomers* e X ensinam para as Gerações Y e Z? Como ensinar esses jovens que têm o conhecimento acessível, a qualquer momento, "na palma da mão"? E os estudantes, como lidam com a diversidade de gerações?

Inicialmente, é preciso destacar que as Gerações Y e Z são as mais recentes a ingressar no ensino superior, as mais numerosas, atualmente, nesse espaço e que apresentam características bem distintas das demais gerações, conquanto ainda se notem algumas dificuldades para atrair e para manter os jovens dessas gerações nas universidades.[36] Mas qual seria o motivo dessas dificuldades?

Os jovens das Gerações Y e Z "[...] cresceram em uma sociedade em transformação pela tecnologia". Apresentam perfis diferentes e demandam "[...] estratégias de ensino diferenciadas, que buscam a motivação para o desenvolvimento do aprendizado", que possibilitem um ambiente mais dinâmico e que possam participar mais ativa e efetivamente.[37] Para essas gerações, "ser apenas ouvinte é desmotivante, pois todas as informações estão a um clique de distância, basta conexão".[38] Entretanto, por estarem em um ambiente no qual a informação é acessível com tanta facilidade e velocidade, alguns jovens dessas gerações acabam tendo dificuldade em separar informação de conhecimento, que é o que, de fato, apresenta utilidade para a construção do seu aprendizado.[39]

Se, por um lado, o acesso mais fácil à informação pode auxiliar os alunos no processo de ensino-aprendizagem, por outro, pode gerar mais dúvidas, pois o aluno pode se perder sem saber ao certo qual é o melhor caminho a seguir. Diante disso, destaca-se a importância da atuação do professor nas salas de aula, como mediador entre o conteúdo e o estudante e entre os estudantes. Ou seja, o aluno deve participar efetivamente do processo de aprendizado e o professor deve mediar a construção do conhecimento, demonstrando formas de diferenciar o fundamental do acessório e de construir relações entre as informações, desenvolvendo capacidade crítica e a autonomia, que serão essenciais em sua formação.

Assim, de uma forma ou de outra, as novas gerações em sala de aula acabam por gerar demandas por novas maneiras de ensinar, por novas técnicas que possibilitem mais autonomia aos alunos e que os atraiam. Ou seja, há necessidade de mudanças no processo de ensino-aprendizagem.[40] Porém, em muitos casos, os alunos dessa geração se deparam com professores de gerações anteriores, despreparados para lidar com essa realidade, gerando, assim, um "choque" entre alunos e professores,[41] um "choque de gerações".

É nesse sentido que a academia deve repensar o papel do professor e o objetivo educacional que está posto em prática. As novas gerações são questionadoras e querem participar ativamente dos espaços que frequentam, o que não excluirá a sala de aula. Portanto, é preciso reconsiderar o processo de ensino-aprendizagem para que os alunos também possam ser protagonistas do processo de ensino e aprendizagem.

Na academia, existe um corpo docente bastante heterogêneo, tanto no que concerne às diferentes gerações, quanto pela escolha de metodologias de ensino. Muitos são resistentes e avessos ao uso da tecnologia, mas também existem aqueles que são extremamente abertos e se esforçam para viver essa realidade da melhor maneira possível: esses são os imigrantes digitais. Ambos os perfis independem de idade. O conflito e o choque de gerações podem ocorrer exatamente quando uma geração se mostra resistente à realidade da outra. Quando um docente resiste a incorporar no seu trabalho em sala de aula as tecnologias, fatalmente os alunos, os nativos digitais, se sentirão frustrados, desanimados e o aprendizado ficará comprometido. Por outro lado, quando o professor busca se atualizar, incorporar metodologias que valorizam as características das Gerações Y e Z, como autonomia, espírito desafiador, gosto pela tecnologia, por projetos sustentáveis, então, o aluno se sentirá realizado ou, pelo menos, haverá maior probabilidade de que se sinta. Envolve-se, aprende e também ensina os colegas.

Torna-se evidente a necessidade de o professor promover a maior participação dos seus alunos na sala de aula. Porém, para que essa interação aconteça, é preciso que ele conheça as características e os perfis de seus alunos.[42] Em muitas salas de aulas, o que se vê, ainda, é o uso do modelo tradicional de ensino, apenas com aulas expositivas, em que o aluno não participa efetivamente.[43]

De acordo com as teorias educacionais, o professor ensina e aprende ao ensinar. Aquela concepção de educação bancária,[44] cujo aluno é o depositário dos conhecimentos do professor, deveria ter sido superada pelo ensino que valoriza as potencialidades do aluno, que o motiva a pesquisar, a descobrir, e o professor a orientar e também aprender.

É ainda comum, infelizmente, que alunos adquiram resistência às aulas de um professor em virtude de suas técnicas de ensino. Não conseguem aprender determinado conteúdo. Sua motivação dá espaço ao desânimo. Ele acaba repetindo determinada disciplina uma, duas, três vezes. Nesse sentido, os professores necessitam buscar cursos de aperfeiçoamento. Os estudantes, por seu turno, precisam ter claro que todo profissional docente deve ser respeitado, que devem se esforçar, se organizar e ter responsabilidade com seus estudos. É preciso ter em mente que outras gerações virão, novos conflitos emergirão e o que pode amenizar possíveis estranhamentos é o respeito entre todos. Hoje "eu" posso ser o estudante não compreendido, o "rebelde sem causa", amanhã posso ser o "docente" apreensivo por não saber como estabelecer um diálogo produtivo com um integrante de uma nova geração. É esse o nosso maior desafio como docentes, mas é essa também a maior riqueza que temos em nossa profissão. Como diz a canção: "Nada do que foi será, de novo, do jeito que já foi um dia. Tudo muda, tudo sempre mudará!". E nós, professores, estamos na linha de frente dessas mudanças.

Desse modo, destaca-se a urgência de refletir sobre o processo de formação e de preparação dos docentes, pois a atuação desses profissionais da educação na sala de aula pode influenciar diretamente na formação dos estudantes universitários.[45] Ressalta-se, ainda, que além de conhecimento é preciso que os docentes tenham coragem de mudar sua rotina, seus hábitos, sua prática para promover as mudanças que estão sendo requisitadas, para lidar com as novas gerações nas salas de aula.[46]

Torna-se evidente que o preparo docente é fundamental para lidar com o conflito de gerações nas salas de aulas. Porém, em muitos casos, os professores não receberam formação pedagógica adequada e os desafios são ainda maiores. Nesse sentido, é importante que as instituições de ensino incentivem os professores a buscar aperfeiçoamento e formação contínua e ofereçam recursos e programas de capacitação e de atualização que contribuam para seu melhor desempenho nas salas de aulas.

Diante dos acontecimentos do contexto atual, percebe-se que os alunos das novas gerações são, em parte, os grandes responsáveis pelo movimento de mudanças nos modelos didático-pedagógicos. Percebe-se, também, que essas mudanças têm como consequência a revisão do papel do professor, que deixa de ser o centro do processo de ensino, para um paradigma de colaboração entre discente e docente, no qual o aluno se torna o principal responsável pelo seu processo de aprendizagem. Ainda que, em um primeiro momento, a diversidade das gerações traga inúmeros desafios, esses desafios podem ser vistos como impulso para mudanças no atual modelo de ensino, podendo provocar benefícios para os alunos, para os professores, para as instituições de ensino e para a sociedade.

Contudo, é preciso evidenciar que o processo de mudança demandado por esses alunos das Gerações Y e Z não é de responsabilidade exclusiva dos docentes. Os próprios alunos precisam ser envolvidos e estar comprometidos com o desenvolvimento das atividades nas salas de aula, ou mesmo fora da sala, para que as mudanças efetivamente funcionem e proporcionem um aprendizado adequado.

Pensar em uma sala de aula formada por alunos integrantes das Gerações Y e Z em interação com professores das Gerações *Baby Boomers* e X parece um tanto quanto curioso. O que poderá resultar desse convívio? Como visto, poderá ser tranquilo e resultar no êxito dos objetivos propostos. Ou não. A qualidade dessa relação dependerá da postura de ambos, que deverão se esforçar para compreender e respeitar a maneira de cada um "estar na universidade". Dependerá ainda das instituições de ensino, que devem oferecer recursos, subsídios e estrutura para o corpo docente fazer frente ao desafio.

Existem dois momentos de transição[47] considerados marcantes na vida do estudante universitário: o ingresso e a conclusão do curso. O primeiro, conforme já mencionado, é marcado pela eventual saída da casa dos pais, da insegurança, da necessidade de maior autonomia, tanto relacionada aos estudos quanto a saber gerir sua própria vida. E o segundo, marcado novamente pelo abandono de um ambiente conhecido, seguro, pela iminência da formatura, pelas expectativas relacionadas ao ingresso no mercado de trabalho. E, novamente, reaparecem o medo, a insegurança e a necessidade da construção de novos tipos de relações e de informações.[48]

E assim, os longos quatro ou cinco anos de graduação passam. Quando se está vivenciando-os, parece que são infinitos. Mas, com o tempo, os desafios e a superação das dificuldades que existiram, vão se tornando insignificantes e a falta da universidade já começa a ser sentida pela maioria dos estudantes: é o momento de ingressar no mercado de trabalho! Mas esse é um tema para outra conversa, em outro livro.

# 5. Considerações finais

Em uma perspectiva atual, ainda é possível pensar em gerações. Contudo, diferentemente do que foi discutido em alguns dos estudos apresentados anteriormente, a estruturação dessas "gerações" parece muito mais flexível e fluida em virtude do cenário hodierno. Na contemporaneidade em que "tudo" está conectado, as informações estão cada vez mais disponíveis e acessíveis. E o conceito de acontecimentos importantes, capazes de incutirem em um grupo de indivíduos experiências compartilhadas de mundo, está cada vez mais relativizado.

Por outro lado, nesse mesmo mundo, é nítida a dicotomia da (des)igualdade. O contexto sociocultural, a origem familiar e a qualidade do processo formativo de cada indivíduo criam distâncias entre grupos ainda que contemporâneos. Assim, ao pensar no perfil dos estudantes universitários, fica claro que esse é formado por uma diversidade muito grande, que precisa ser minimamente estudada para que o processo de ensino-aprendizagem seja eficaz, libertador e inclusivo.[49]

Isso posto, destaca-se que os maiores conflitos entre docentes e discentes nas salas de aulas podem decorrer da generalização de características tidas como típicas de determinada geração, sem a busca da compreensão das necessidades e das individualidades de cada aluno. É essencial que os docentes conheçam seus alunos, pois, assim, poderão interagir de forma mais proveitosa.

Frente a esse cenário, a preocupação se pauta no relacionamento entre essas diferentes gerações dentro de sala de aula, entre a geração da qual o docente faz parte e a geração à qual o discente pertence. Essas divergências apresentam-se como um constante desafio. Por isso, têm sido pauta de pesquisas de diversas áreas, que deixam evidente a necessidade de refletir sobre a temática das gerações no âmbito da educação.

A diferença entre as gerações a que pertencem os discentes e os docentes é comum, visto que estão em contextos próprios e, em regra, possuem idades distantes. Por isso, a educação pode ser concebida como um ambiente de diálogo institucionalizado entre gerações. Traduzindo, um espaço seguro no qual os participantes do processo de ensino e de aprendizagem se relacionam para efetivar o ciclo fundamental das sociedades organizadas, que é o compartilhamento de conhecimentos, de habilidades, de cultura e de valores sociais entre as gerações.[50] Esse ambiente seguro deve propiciar o diálogo construtivo e crítico e a construção do conhecimento e da autonomia no aprender.

Contudo, a multiplicidade de características dentro de uma mesma sala de aula talvez seja o principal obstáculo para a eficácia da atividade docente. É possível encontrar, em um mesmo ambiente, necessidades, habilidades, envolvimentos com tecnologias e níveis de atenção muito diferentes. Por isso, compete ao professor sintetizar um conjunto de mecanismos que, simultaneamente, fomentem a discussão do conhecimento, estabeleça contato com a prática, desenvolva e otimize o uso de tecnologias e motive os estudantes a participarem do processo e a se integrarem a ele ativamente.

Por fim, talvez a maior contribuição que o estudo das gerações traz para a análise dos estudantes universitários é o estabelecimento de referências, de perspectivas, e de "lentes" para se observar o mundo. Ainda que não seja possível a construção de concepções sólidas e permanentes, pois a regra, na sociedade atual, é a rápida mudança social, que auxilia na compreensão e na apreensão da realidade. E, assim, também deve ser a

> *Compete ao professor sintetizar um conjunto de mecanismos que, simultaneamente, fomentem a discussão do conhecimento, estabeleça contato com a prática, desenvolva e otimize o uso de tecnologias e motive os estudantes a participarem do processo e a se integrarem a ele ativamente.*

reflexão do papel do professor e do estudante no processo de ensino-aprendizagem, tanto para as orientações do ensino voltado para o conhecimento científico, como também para as práticas de mercado.

# 12 Educação a distância: perspectivas e desafios

NEIRILAINE SILVA DE ALMEIDA
EDVALDA ARAÚJO LEAL

*Eu estava animada. Tinha acabado de concluir meu doutorado em Contabilidade e sentia-me muito feliz por, finalmente, estar preparada para compartilhar os conhecimentos que tinha adquirido durante a minha formação acadêmica.*

*Ansiosa, eu me candidatei a várias vagas para professor em cursos de Ciências Contábeis e, felizmente, dias depois compareci à minha primeira entrevista.*

*Naquele dia, eu sentia que estava preparada para responder qualquer pergunta. Até que, após os primeiros minutos de conversa, ele elogiou as minhas habilidades e passou a falar sobre a vaga de professor.*

*— Realmente o seu currículo é ótimo e se enquadra no perfil da nossa instituição.*

*Senti uma felicidade instantânea e não pude impedir um sorriso.*

*— Obrigada! — respondi, completamente em êxtase.*

*— Nesse momento, nós não temos nenhuma vaga em nossos cursos presenciais. Porém, será um prazer tê-la em nossa equipe de professores do curso de educação a distância.*

*Ele pausou por alguns segundos, provavelmente avaliando a minha repentina mudança de expressão. Mas, logo continuou:*

– O trabalho é magnífico. Afinal, devido aos avanços das tecnologias de informação e de comunicação, temos turmas numerosas, compostas por estudantes com realidades e localizações distintas. Isso permite que os professores possam compartilhar conhecimentos até mesmo com populações que estão geograficamente distantes dos grandes polos de ensino.

Ele voltou a ficar em silêncio por alguns segundos enquanto eu mexia no cabelo e me ajeitava na cadeira. Assim que eu consegui me recompor, ele prosseguiu:

– Alguns professores se assustam com os conhecimentos e as habilidades requeridos para a atuação em um ambiente repleto de tecnologias e de diversidade, mas estou certo de que você se preparou e tem competências para atuar em tal cenário.

Ele enfatizara a última frase o que me fez sentir um inesperado frio na barriga.

– O que você me diz? –, ele perguntou enquanto eu o encarava, completamente muda.

Eu reconhecia a importância da EaD e achava relevantes os benefícios que proporcionava. Contudo, eu estaria preparada para atuar nesse ambiente tecnológico? Será que eu conseguiria ministrar aulas a distância para estudantes com realidades tão distintas? Eu saberia elaborar materiais didáticos e avaliações que contribuíssem com o processo de ensino-aprendizagem? Será que eu tinha resistência à EaD?

Aos poucos a minha cabeça foi preenchida por dezenas de perguntas enigmáticas, que eu tentava desesperadamente responder. Mas, foi só instantes depois que eu percebi a minha triste realidade. Pela primeira vez em muito tempo, eu não sabia nenhuma daquelas respostas.

# 1. Introdução

Nos últimos anos, foi possível visualizar uma tendência de crescimento do número de alunos matriculados no ensino superior do Brasil. Entre 2006 e 2016, as matrículas aumentaram 62,8%, com uma média de crescimento de 5% ao ano. Os cursos de graduação no ensino superior superaram a marca histórica de 8 milhões de alunos matriculados em 2015.[1]

Essa realidade pode ser explicada por vários fatores como a implementação das políticas de ações afirmativas, os financiamentos estudantis, o crescimento do número de cursos presenciais em instituições de ensino privadas e o aumento da expressividade da educação a distância (EaD) no cenário brasileiro, entre outros. A modalidade a distância, em 2016, representava 18,6% do número de matrículas no ensino superior, aproximadamente 1,5 milhão de estudantes.[2]

O conceito de aprendizado a distância não é novo. Teve início, há várias décadas, com a utilização do sistema de correspondências e, depois, das mídias de rádio e da televisão. Contudo, considera-se que o acesso à internet foi o evento que efetivamente contribuiu para a expansão de cursos a distância.[3] Assim, as maneiras de viabilizar a EaD foram se diversificando ao longo do tempo, impulsionadas, principalmente, pelo surgimento das várias inovações tecnológicas, que foram determinantes para o alcance de um público de estudantes cada vez maior, mais diverso e mais disperso geograficamente.[4] Uma das características do sistema de ensino superior atual é que praticamente não há mais barreiras geográficas de acesso.

Além de se expandir por meio do desenvolvimento das Tecnologias de Informação e Comunicação (TICs), a EaD fortaleceu-se no Brasil ao ganhar o respaldo legal por meio da Lei n. 9.394, de 20 de dezembro de 1996, que dispõe sobre as Diretrizes Básicas da Educação no Brasil, a LDB. Especificamente em seu artigo 80, a referida lei determina que o Poder Público deve incentivar o desenvolvimento de programas de ensino a distância em todos os níveis e modalidades de ensino e de educação continuada.[5]

O Decreto n. 5.622, de 19 de dezembro de 2005,[6] determina que a EaD pode ser ofertada desde o nível de educação básica a cursos de pós-graduação. O Decreto n. 5.800, de 8 de junho de 2006,[7] por sua vez, apresenta mais uma ação para o desenvolvimento dessa modalidade no Brasil, por meio da ampliação da oferta de vagas da EaD no setor público, por meio Universidade Aberta do Brasil (UAB).

A UAB tem o intuito de reduzir as desigualdades na oferta de ensino superior, de desenvolver um amplo sistema nacional de educação superior a distância e de ampliar a oferta de cursos e de programas de educação superior por meio da EaD, oferecendo formação inicial e continuada a professores em efetivo exercício na educação básica pública, assim como cursos a dirigentes, a gestores e a outros profissionais da educação básica da rede pública.[8]

Como resultado, nota-se que a modalidade a distância, como já ressaltado no parágrafo de abertura deste capítulo, atingiu 18,6% do total de matrículas do ensino superior em 2016. Enquanto o número de matrículas do ensino presencial de 2016 diminuiu 1,2% em relação ao ano anterior, as matrículas da modalidade a distância cresceram 7,2%. Ademais, o número de ingressos nos cursos a distância cresceu 297,3% entre 2006 e 2016, percentual significativamente maior que os 22,2% de acréscimo visualizado em cursos presenciais.[9]

Esses números podem indicar uma nova tendência para o ensino superior no Brasil. Afinal, considerando que a EaD usa as TICs para a flexibilização do ensino e também adota a premissa de integrar estudantes que não teriam condições de frequentar o ensino presencial, é possível inferir que o crescimento dos cursos a distância pode ser uma tendência natural para os próximos anos.

Torna-se relevante mencionar, entretanto, que o crescimento dos cursos a distância também traz reflexos na evasão. Os dados do Mapa do Ensino Superior no Brasil de 2016[10] indicaram que a evasão no ensino superior na modalidade EaD representou 32%, percentual representativo que chama a atenção em função das políticas públicas de educação destinadas ao desenvolvimento de tal modalidade.

Destaca-se, ainda, que a EaD agrega estudantes com características muito distintas, que vão desde idades até localizações geográficas diferentes. Isso faz com que, no processo de ensino e de aprendizagem, não seja possível um relacionamento próximo entre professores e estudantes, como é percebido no ensino presencial. Assim, para sanar suas dúvidas e seus anseios, os estudantes de cursos a distância são auxiliados por tutores que atuam tanto no Ambiente Virtual de Aprendizagem (AVA) quanto nos encontros presenciais nos polos de ensino.[11]

O tutor é o elo entre professores e alunos e, por sua participação mais ativa, é responsável por sanar as dificuldades dos discentes, por orientá-los e por instigá-los a aprender. Como a atuação dos tutores está relacionada com a satisfação e com o desempenho dos estudantes, torna-se pertinente o questionamento sobre quão preparados eles estão para orientar, motivar, envolver o estudante no processo de aprendizagem, construir relacionamentos e apoiar de forma eficiente alunos que possuem características e necessidades distintas.[12]

A preparação dos professores também deve ser considerada. Esse profissional, por exemplo, necessita planejar a aula de um curso a distância, considerando uma realidade diferente da encontrada no ensino presencial. Em virtude disso, tais profissionais precisam desenvolver várias habilidades técnicas de facilitação e também habilidades gerenciais. Frente ao exposto, destaca-se a necessidade de formação pedagógica e administrativa para a atuação efetiva de professores e tutores na EaD.[13]

Além da diversidade dos estudantes e dos pontos relacionados ao preparo de tutores e de professores, também é pertinente a discussão sobre a qualidade dos cursos a distância, principalmente pela possibilidade de existência de instituições que priorizam o lado comercial, o que provoca suspeitas quanto à qualidade dos cursos ministrados nessa modalidade. Por isso, é importante que os cursos a distância não sejam tratados à margem nas instituições de ensino, isto é, apenas como um ramo de negócios dessas entidades.[14] Em outras palavras, é essencial que, além de atender a uma maior quantidade de estudantes, os cursos a distância também priorizem a qualidade do ensino.

Diante desse panorama da EaD, este capítulo tem o objetivo de discutir as possibilidades da EaD, a estrutura necessária para a realização dessa modalidade de ensino, como se dá a atuação de professores, de tutores, de monitores, de gestores e de estudantes e quais são os desafios para a consolidação da EaD no Brasil.

## 2. Possibilidades da educação a distância

Inicialmente, torna-se relevante conceituar a EaD. Segundo Moore e Kearsley:[15]

> Educação a Distância é o aprendizado planejado que, normalmente, ocorre em lugar diverso do professor e, como consequência, requer técnicas especiais de planejamento de curso, técnicas instrucionais especiais, métodos especiais de comunicação, eletrônicos ou outros, bem como estrutura organizacional e administrativa específica.

Maia[16] complementa a definição incluindo a flexibilidade, pois, ao contrário das aulas convencionais com rigidezes administrativas, a EaD promove a flexibilidade na escolha do tempo e do local de estudo, além de propiciar material e recursos didáticos diversificados pelo uso e pela adequação das tecnologias.

No âmbito da educação superior, é possível identificar a oferta de cursos em diversas modalidades: presencial (*face-to-face*), a distância (*distance learning*) e semipresencial (*blended learning*). Nos cursos presenciais, o processo de ensino e de aprendizagem ocorre em um mesmo local e em um mesmo período de tempo. Já na modalidade a distância, esse processo é viabilizado com o uso de TICs, o que permite que os estudantes e os professores possam desenvolver suas atividades em tempos e em lugares distintos. A modalidade semipresencial, por sua vez, contempla um pouco das duas modalidades, um *mix*, contando com processos em um mesmo local e período de tempo e com processos realizados em tempos e em locais diferentes.[17]

Sendo assim, a EaD é "uma modalidade de educação, planejada por docentes ou instituições, em que professores e estudantes estão separados espacialmente e diversas tecnologias de comunicação são utilizadas".[18] Por conseguinte, os fatores lugar e tempo são os diferenciais desse tipo de modalidade de ensino, uma vez que os docentes podem ministrar as suas aulas em determinado local e em um momento específico e os alunos podem acessar o conteúdo ministrado em outras localidades e em outros horários por meio do AVA ou de outra tecnologia disponível.

É notório que a EaD possui os mesmos elementos fundamentais existentes na modalidade presencial, tais como a concepção pedagógica, os conteúdos específicos de cada disciplina, as metodologias de ensino e o processo de avaliação, por exemplo. Entretanto, tal modalidade de ensino se diferencia pela forma como ocorre a mediação pedagógica, viabilizada, principalmente, pela aplicação das TICs.[19]

> *Devido à expansão tecnológica, a EaD tem conseguido ganhar expressividade entre os estudantes e introduzir novas formas de ensinar e de aprender com subsídios de imagens, vídeos, chats, web aulas, fóruns de discussão, softwares e outros.*

Devido à expansão tecnológica, a EaD tem conseguido ganhar expressividade entre os estudantes e introduzir novas formas de ensinar e de aprender com subsídios de imagens, vídeos, *chats, web* aulas, fóruns de discussão, *softwares* e outros.[20]

Além disso, as TICs possibilitam que os cursos da EaD possam ser ofertados por universidades de vários países, alcançando estudantes de diversas partes do mundo. Essa possibilidade promissora de integração simultânea de expressiva quantidade de estudantes é considerada inclusiva por muitos profissionais, uma vez que permite que pessoas, em função de suas rotinas de trabalho ou de suas localizações geográficas, que não teriam condições de frequentar o ensino presencial tradicional, tenham condições de ter acesso ao sistema de ensino.[21]

Com a implantação dos polos presenciais, as instituições de ensino, que oferecem EaD, viabilizam a expansão, a interiorização e a regionalização da oferta de educação no Brasil, propiciando o atendimento de demandas locais e, consequentemente, contribuindo para o desenvolvimento social, econômico e cultural das regiões que recebem esses polos de ensino.[22]

O desenvolvimento da proatividade, da autonomia e da independência de estudantes que optam por cursos ministrados a distância é outra possibilidade interessante promovida pela EaD, que contribui tanto para o processo de ensino e de aprendizagem quanto para o desenvolvimento de competências, de conhecimentos, de atitudes e de habilidades importantes para o contexto profissional dos egressos.[23]

Todas essas possibilidades têm ampliado o interesse dos estudantes em cursos ministrados a distância. Isso é notável nos dados do Censo da Educação Superior,[24]

> *Percebe-se que a EaD tem o potencial de contribuir para a democratização de oportunidades educacionais e culturais no país.*

que indicam que a modalidade a distância saiu de um quantitativo de aproximadamente 41 mil matrículas em 2002 para alcançar mais de 1,5 milhão de matrículas em 2016. Sendo assim, percebe-se que a EaD tem o potencial de contribuir para a democratização de oportunidades educacionais e culturais no país. Em um país de dimensões continentais como o Brasil e com a oferta de ensino superior altamente concentrada, a alternativa do EaD deve ser analisada, discutida e planejada com cautela, considerando sua potencialidade.

# 3. Estrutura necessária

A Secretaria de Educação a Distância (SEED) do Ministério da Educação (MEC) publicou um documento definindo os referenciais de qualidade para a modalidade de EaD no ensino superior do Brasil. Esse documento foi divulgado com o intuito de garantir a qualidade nos processos de oferta dessa modalidade a fim de evitar a precarização da educação superior, já identificada em alguns cursos de EaD, em que ocorre a priorização da oferta indiscriminada de matrículas e o pequeno investimento em condições básicas para o desenvolvimento de cursos com qualidade.[25]

É fato que os programas de EaD podem utilizar vários tipos de recursos educacionais e tecnológicos no que diz respeito ao estágio supervisionado, às práticas em laboratórios de ensino, aos trabalhos de conclusão de curso, às tutorias presenciais nos polos de ensino e às outras estratégias. Todavia, mesmo com a existência de diferentes modos de organização, é essencial que todos os programas de EaD compreendam que a prioridade deve ser a **educação** e não o modo de organização e no sistema de entrega (a distância).[26]

> *É fato que os programas de EaD podem utilizar vários tipos de recursos educacionais e tecnológicos no que diz respeito ao estágio supervisionado, às práticas em laboratórios de ensino, aos trabalhos de conclusão de curso, às tutorias presenciais nos polos de ensino e às outras estratégias.*

Por conseguinte, os Projetos Pedagógicos de Cursos (PPC) do ensino superior a distância precisam fornecer subsídios para garantir que o processo de formação de seus estudantes contemple os aspectos técnico-científicos para os ambientes profissionais, políticos, culturais e sociais. Para tanto, a SEED recomenda que as oito dimensões, expostas na Figura 1, estejam integralmente expressas nos PPC dos cursos ministrados a distância.[27]

A primeira dimensão indica que o PPC deve contemplar as questões epistemológicas relacionadas à educação, ao currículo, ao ensino, à aprendizagem e ao perfil de formação almejado para os estudantes, para que esses elementos possam subsidiar a definição da produção do material didático, da tutoria, da comunicação e da avaliação e o delineamento de princípios e de diretrizes que alicerçarão o desenvolvimento do processo de ensino-aprendizagem.[28]

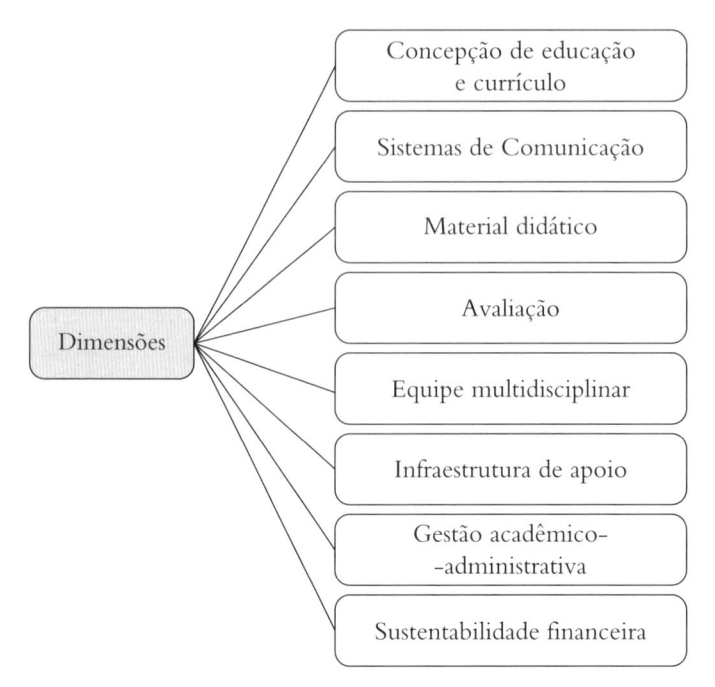

**Fonte:** MEC (2007).[29]

**Figura 1. Dimensões referenciais de qualidade**

Os objetivos do curso e as estratégias pedagógicas devem estar alinhados ao público a que se destina o curso (discentes). Os discentes são a base para integração com a estratégia de ensino, assim como para a definição dos demais componentes. Desse modo, o conteúdo, a metodologia e as tecnologias devem ter clara relação e coerência com os objetivos e o corpo discente e, entre si, como componentes que interagem e formam o curso.[30]

A segunda dimensão proposta pelo SEED contempla a necessidade de disponibilização de TICs (telefone, correio eletrônico, videoconferência, fórum de debate pela internet, AVA, *smartphones*, *tablets*, dentre outros) para promover a interatividade e a interação entre professores, tutores e estudantes.[31] Fortuitamente, a infraestrutura tecnológica necessária à expansão da EaD está se consolidando no país por meio do aumento do número de computadores nas residências, escolas e empresas e pela melhoria dos padrões tecnológicos e da internet.[32] Também é importante ressaltar o aumento ao acesso a *smartphones* no país, bem como a melhoria da rede de telefonia celular, incluindo voz e dados.

As principais ferramentas de compartilhamento de recursos digitais adotados nos cursos EaD são: Ambiente Virtual de Aprendizagem (AVA); e-mail; rede social (ex: Facebook® etc.); *chat* (WhatsApp® etc.); discos virtuais (Dropbox® etc.); *blogs* e canais wiki (Wikipedia etc.).

O AVA é um sistema criado para gerenciar cursos através da internet, é considerado o "espaço de sala de aula". Nesse ambiente são realizadas as atividades colaborativas e fóruns de discussões, atividades essenciais para o processo de ensino-aprendizagem na modalidade EaD. O AVA auxilia professores no gerenciamento do curso e inclusão de seus conteúdos permitindo interação entre alunos e docentes. São disponibilizadas várias opções de *softwares*, o Moodle é o mais utilizado mundialmente, pois é gratuito.

Na modalidade EaD, as estratégias cooperativas por meio da *web*, como *groupwares*, listas de discussão, teleconferências, *chats* e comunidades virtuais configuram-se em novos espaços para a produção e para a troca de conhecimentos. O ambiente educacional virtual permite a transição dos métodos instrucionais face a face para aqueles *on-line* da comunicação.[33]

A terceira dimensão versa sobre o material didático que precisa ser concebido, respeitando os princípios epistemológicos, metodológicos e políticos presentes no PPC com o intuito de propiciar a construção de conhecimentos, de mediar a interação entre estudante e professor e de desenvolver habilidades e competências específicas. Para tanto, é necessário que as instituições possibilitem que os professores produzam o conteúdo dos materiais didáticos com profissionais que sejam especialistas em desenho, em diagramação, em ilustração e em desenvolvimento de páginas *web*.[34]

A opção e o uso de tecnologias digitais, sobretudo das redes eletrônicas de comunicação e de informação, mudam toda a dinâmica do processo educacional.[35] Tais mudanças condicionam os princípios e as práticas educativas, induzindo profundas alterações na organização didático-curricular. Não se trata, simplesmente, de adaptar as formas tradicionais de ensino aos novos equipamentos ou vice-versa.

A quarta dimensão aborda os conceitos de avaliação da aprendizagem e expõe que as instituições devem priorizar um modelo de avaliação de aprendizagem contínuo, que possibilite a verificação constante do progresso dos estudantes, a identificação das eventuais dificuldades

> *A opção e o uso de tecnologias digitais, sobretudo das redes eletrônicas de comunicação e de informação, mudam toda a dinâmica do processo educacional.*

na aprendizagem, a correção desses problemas ainda durante o processo de ensino-aprendizagem e o auxílio ao desenvolvimento das competências cognitivas, das habilidades e das atitudes dos estudantes.[36] Essa dimensão também abarca a avaliação institucional e evidencia que as entidades devem planejar e implementar sistemas de avaliação institucional, que produzam efetivas melhorias de qualidade nas condições de oferta dos cursos e no processo pedagógico.[37]

A quinta dimensão esclarece a relevância de instituições com equipes multidisciplinares compostas por três profissionais que são essenciais para a qualidade do ensino: docentes, tutores e pessoal técnico-administrativo.[38] A multidisciplinaridade proposta na EaD é importante, pois é o trabalho conjunto desses profissionais que propicia a existência de bons materiais didáticos, de laboratórios de informática equipados e bem assessorados e de boas condições para o trabalho dos docentes e aprendizagem dos estudantes, bem como o acompanhamento de mudanças tecnológicas e do surgimento de ferramentas que facilitam o processo.[39]

A sexta dimensão abarca a infraestrutura de apoio, que se refere aos recursos tecnológicos envolvidos no processo (equipamentos de televisão, fotografia, impressoras, linhas telefônicas, equipamentos para produção audiovisual e para videoconferência, computadores ligados em rede, aplicativos de celular e portais de acesso e de comunicação, dentre outros), aos centros de documentação e de informação (bibliotecas, videotecas, audiotecas e infotecas, dentre outros) e à estrutura física na sede da instituição e nos polos de apoio presencial (secretaria acadêmica, salas de coordenação do curso, salas para tutoria a distância, biblioteca, laboratório de informática, sala de professores e sala de videoconferência).[40]

A sétima dimensão trata da gestão acadêmico-administrativa, que tem o papel de gerenciar os processos de tutoria, de produção e de distribuição de material didático e de propiciar condições para que os estudantes de programas a distância tenham acesso aos mesmos serviços disponibilizados para os estudantes que frequentam cursos presenciais, como matrículas, inscrições, requisições, acesso às informações institucionais, secretaria, tesouraria, dentre outros.[41]

Tal dimensão é relevante, pois a EaD é uma modalidade de educação que utiliza recursos tecnológicos tanto para o desenvolvimento das atividades de ensino quanto para as operações da gestão acadêmica e administrativa. Isso exige que seus gestores tenham uma gama de conhecimentos maior que os gestores dos cursos presenciais, pois a estrutura dos cursos e as particularidades da EaD são maiores. Assim, os gestores de cursos a distância precisam se preocupar com a infraestrutura dos polos, a diversidade dos estudantes, os referenciais de qualidade apresentados pela SEED, os materiais didáticos, as TICs utilizadas nos cursos e a resistência da sociedade e dos empregadores em relação aos cursos da EaD.[42]

A última dimensão aborda a sustentabilidade financeira das instituições e expõe que é essencial gerenciar os elevados investimentos iniciais, utilizados para a produção de material didático, de capacitação das equipes multidisciplinares, de implantação de polos de apoio presencial, dentre outros, e os custos com equipe docente, coordenadores de cursos, tutores, sistemas de avaliação etc.[43] Essa dimensão é relevante, pois as instituições de ensino, ao assumir o uso das tecnologias digitais no ambiente educacional, necessitam de uma infraestrutura tecnológica, a qual demanda investimentos consideráveis em equipamentos e, sobretudo, na viabilização das condições de acesso e de uso desses.[44]

Diante do exposto, observa-se que existem vários itens que compõem a estrutura necessária para o sucesso dessa modalidade de ensino nas instituições e para a qualidade de cursos ministrados a distância, já que as instituições de ensino devem conciliar a excelência acadêmica com a sustentabilidade financeira, realizando investimentos necessários para que a estrutura dos cursos seja suficiente para o alcance de altos padrões de qualidade.

# 4. As funções de cada ator

Nos cursos ministrados a distância, o professor deixa de ter um papel de transmissor do conhecimento e passa a ter um papel de facilitador e incentivador do ensino e aprendizagem, e do estudante. O estudante, por sua vez, desempenha um papel mais ativo e autônomo nesse processo. Finalmente, surgem outros participantes relevantes, como o tutor, o monitor e o gestor.[45] Vejamos as responsabilidades de cada um desses atores.

O tutor é responsável por acompanhar de perto os alunos, esclarecer dúvidas e motivar a busca pelo conhecimento. Para tanto, para uma instituição que oferece cursos em EaD, os tutores abarcam tanto a tutoria a distância quanto a tutoria presencial. Os tutores a distância são responsáveis por mediar o processo pedagógico entre os estudantes que se encontram distantes do polo de apoio presencial, esclarecendo dúvidas em fóruns de discussão, promovendo espaços de construção coletiva de conhecimento, selecionando material de apoio e de sustentação teórica aos conteúdos e participando de processos avaliativos de ensino-aprendizagem com os professores.[46] Os tutores a distância participam efetivamente da prática da EaD e apresentam competências para a construção coletiva de conhecimentos e capacidade para mediar as ações pedagógicas de interação entre professores, estudantes, conteúdos e ambientes por meio das ferramentas disponíveis no AVA.[47-48] O tutor não só tem o papel de fazer com que os estudantes se sintam motivados durante o processo de ensino-aprendizagem na modalidade EaD, mas também de ajudá-los a perceber que necessitam ser independentes e autônomos.[49] Esse profissional, portanto, "faz o trabalho de inserir o estudante no curso e mantê-lo confortavelmente no processo de ensino-aprendizagem".[50] Já o tutor presencial deve dominar o conteúdo e ser responsável por atender os estudantes nos polos presenciais, por esclarecer dúvidas dos estudantes durante o desenvolvimento de suas atividades individuais e em grupo, por fomentar o hábito da pesquisa e por ajudar os estudantes diante de dificuldades em relação ao uso das tecnologias disponíveis.

> *O tutor é responsável por acompanhar de perto os alunos, esclarecer dúvidas e motivar a busca pelo conhecimento. Para tanto, para uma instituição que oferece cursos em EaD, os tutores abarcam tanto a tutoria a distância quanto a tutoria presencial.*

Além disso, o tutor presencial participa de avaliações, de aulas práticas em laboratórios e de estágios supervisionados quando eles ocorrem no polo presencial.[51]

O monitor tem a incumbência de responder questões técnicas e operacionais, auxiliando os estudantes no AVA e em outros sistemas e tecnologias utilizados e disponibilizados. Esses profissionais atuam tanto na parte tecnológica quanto na parte administrativa. No âmbito tecnológico, eles fornecem suporte técnico para laboratórios e bibliotecas e cuidam de materiais e de equipamentos tecnológicos existentes nos polos de apoio presencial. Na área administrativa, eles atuam na secretaria acadêmica, no processamento de matrículas, na emissão de certificados e no apoio às necessidades dos professores, dos tutores e dos estudantes.[52]

> *O monitor tem a incumbência de responder questões técnicas e operacionais, auxiliando os estudantes no AVA e em outros sistemas e tecnologias utilizados e disponibilizados.*

Por sua vez, o coordenador ou gestor assume um papel complexo e dinâmico, necessitando compreender, planejar e administrar todos os aspectos pedagógicos, humanos e de infraestrutura que permeiam o processo de aprendizagem. É relevante que os gestores se comprometam com a instituição para garantir que os estudantes possam ter acesso às dimensões técnico-científica, profissional, cultural e política.[53]

Finalmente, o papel do professor envolve uma postura estratégica, de formação, de planejamento e de estabelecimento das diretrizes do processo de ensino.[54] Assim, de acordo com as recomendações da SEED,[55] para atuarem na EaD, os professores devem ser capazes de: estabelecer os fundamentos teóricos do projeto; selecionar e preparar todo o conteúdo curricular articulado a procedimentos e às atividades pedagógicas; identificar os objetivos referentes a competências cognitivas, às habilidades e às atitudes; definir bibliografias básicas e complementares; elaborar o material didático para programas a distância; realizar a gestão acadêmica do processo de ensino-aprendizagem, motivando, orientando, acompanhando e avaliando os estudantes; avaliar-se continuamente como profissional participante de um projeto de ensino superior a distância. Percebe-se, assim, que a prioridade do professor na EaD não é, predominantemente, o ato de lecionar, como é comum no ensino presencial, mas, sim, participar das atividades de acompanhamento, supervisão, incentivo, orientação e avaliação do processo de aprendizado.[56] Essa redefinição de papéis envolve a transformação da interação dos docentes e dos estudantes e propicia a necessidade de reflexões mais aprofundadas sobre as novas práticas docentes de modo a identificar as fragilidades técnicas e operacionais na atuação desses profissionais no ambiente educacional.[57]

Nota-se, ainda, que os papéis de estudantes e professores diferem dos papéis visualizados na modalidade de ensino presencial. Portanto, é preciso que esses atores trabalhem certas habilidades para a otimização dos cursos a distância. O professor precisa desenvolver habilidades técnicas, necessárias para lidar com inovações como *websites*, bate-papo, *chats* e teleconferências. Tais habilidades promoverão a comunicação eficaz e o gerenciamento do processo de ensino-aprendizagem em atividades tais como planejamento, controle e execução.[58] O estudante, por sua vez, além de lidar com as TICs requeridas na modalidade a distância, precisa desenvolver habilidades de organização, de planejamento, de independência e de autonomia para se tornar o sujeito central do processo de ensino-aprendizagem, algo cada vez mais demandado mesmo no ensino presencial, com o clamor pelo uso de metodologias ativas de ensino-aprendizagem.[59] O Quadro 1 ilustra as características pessoais indicadas aos estudantes interessados na modalidade EaD, apresentadas pela Associação Brasileira de Educação a Distância (Abed).

**Quadro 1. Características pessoais importantes – perfil estudante EaD**

| Características | Descrição |
|---|---|
| **Disciplina** | Respeitar horários fixos para estudar e fazer as atividades. Evitar distrações como internet e programas de TV, para não perder o foco nem a concentração. |
| **Organização** | Manter um planejamento, criar uma rotina de estudos, estabelecer metas diárias, priorizar as tarefas mais urgentes e organizar o material a ser estudado. Atualizar o cronograma para entrega de trabalhos e provas, manter uma agenda exclusiva para as atividades do EaD. |
| **Motivação e Proatividade** | Sentir-se estimulado a dominar o conteúdo do curso, ter iniciativa para mergulhar a fundo nos assuntos das aulas, pesquisar fontes complementares, participar de fóruns e *chats*. |
| **Curiosidade e autonomia** | Ser investigativo e correr atrás de novos conhecimentos. Buscar diversas fontes de pesquisas, rever as videoaulas, formular perguntas e buscar respostas com professores, tutores e colegas de turma. Não deixar as dúvidas se acumularem, poderá ter dificuldade de acompanhar os tópicos seguintes das aulas. |
| **Familiaridade com a tecnologia** | Conhecer o universo virtual e saber navegar com facilidade em *sites* e portais. Ter acesso à tecnologia: um computador com boa capacidade de memória, acesso à internet por banda larga, *webcam* e aplicativos confiáveis. Buscar conhecer as ferramentas tecnológicas que serão utilizadas ao longo do curso EaD. |

Diante do exposto, nota-se a importância da atuação do estudante como sujeito ativo em seu processo de ensino-aprendizagem e das contribuições do coordenador,

> *Nota-se a importância da atuação do estudante como sujeito ativo em seu processo de ensino-aprendizagem e das contribuições do coordenador, do professor, do tutor e do monitor para que um ensino de qualidade seja alcançado.*

do professor, do tutor e do monitor para que um ensino de qualidade seja alcançado. Para tanto, destaca-se que esses atores devem estar preparados para lidar com as tecnologias necessárias na EaD e ter competências para facilitar, para incentivar e para propiciar condições a fim de que os discentes consigam ser responsáveis pelo seu aprendizado.[60]

# 5. Desafios da educação a distância

Apesar das possibilidades promissoras da modalidade a distância, apresentadas anteriormente, não é possível desconsiderar que existem vários desafios para a consolidação da EaD no contexto brasileiro.

O primeiro percalço refere-se ao preparo dos docentes para atuarem em um ambiente movido por tecnologia. As TICs, cada vez mais inovadoras, podem criar uma barreira entre os cursos a distância e os docentes, uma vez que estes podem apresentar resistência em utilizar tecnologias no exercício da docência.[61] O que ocorre é que os avanços tecnológicos deveriam ser vistos como ferramentas que contribuem para que os professores alcancem os seus objetivos educacionais. Entretanto, para algumas pessoas, a tecnologia ainda é vista como um impasse que impossibilita o crescimento pessoal. Tal realidade é um desafio, pois "nenhuma tecnologia pode resolver todos os tipos de problemas e o aprendizado depende mais da forma como a tecnologia é aplicada à metodologia de ensino do curso do que do tipo de tecnologia utilizada".[62] Assim, mesmo com o desenvolvimento de TICs inovadoras, a resistência dos professores em utilizar esses recursos tecnológicos pode ser um entrave para o desenvolvimento da EaD.

Para o bom andamento das atividades de ensino, espera-se que os professores tenham condições de entender e identificar as possibilidades e os limites de aplicação de cada TIC e planejar novas metodologias de ensino e de aprendizagem que empreguem tais tecnologias. No entanto, os docentes possuem condições para aprender, para experimentar e para elaborar planejamentos que empreguem atividades com as tecnologias? Tais profissionais são formados para aplicá-las no contexto educacional?[63] Esses questionamentos são relevantes, pois evidenciam que a resistência de alguns docentes pode estar ancorada nos desafios que eles precisam enfrentar no processo de ensino-aprendizagem em cursos a distância. Assim, a preocupação com a formação docente deve ser primordial para o desenvolvimento da EaD.

A situação dos estudantes não é muito diferente. A EaD tem a premissa de integrar as populações geograficamente distantes dos polos de ensino, o que, certamente, também inclui pessoas que não tenham elevado domínio das ferramentas tecnológicas utilizadas no decorrer dos cursos.[64] É verdade que, para sanar tais dificuldades, as instituições contam com a atuação de tutores, que podem orientar e instigar os estudantes a aprender no ambiente tecnológico.[65] Todavia, a falta de preparo pedagógico e, até mesmo, o comportamento desses profissionais podem afetar a satisfação dos estudantes e contribuir para o aumento do percentual de evasão nos cursos a distância. Isso ocorre porque os estudantes valorizam a presença social durante o curso, medida pela interação, comunicação, *feedback* e colaboração entre os atores envolvidos em cursos a distância: estudantes, professores, monitores e tutores. Por conseguinte, o estudante insatisfeito com o relacionamento com os tutores, por exemplo, pode se sentir menos motivado a aprender os conteúdos e optar pelo abandono do curso.[66]

Tais fatos realçam que as instituições de ensino necessitam priorizar a contratação de um número adequado de tutores, que tenham condições de atender as demandas dos discentes no processo de ensino-aprendizagem, e investir na capacitação desses tutores, priorizando, no mínimo, três dimensões: domínio específico do conteúdo, domínio das mídias de comunicação e domínio dos fundamentos da EaD e do modelo de tutoria.[67]

Dessa forma, para o desenvolvimento dessa modalidade de ensino, é preciso que os envolvidos, gestores, estudantes, professores e tutores, estejam aptos a utilizar a tecnologia de forma potencializadora e não como um impedimento ao processo de ensino-aprendizagem.[68]

A elaboração dos materiais didáticos é outro desafio enfrentado pelos docentes da EaD. Como o estudante e o professor não se encontram no mesmo espaço e tempo, o material didático se torna uma ferramenta essencial para a comunicação desses dois atores. Assim, é pertinente que os professores pensem em materiais didáticos que estejam alinhados com os pressupostos pedagógicos e as plataformas curriculares do curso. Além disso, os docentes devem se preocupar em utilizar linguagem clara, exemplos envolventes, perguntas orientadoras e estratégias narrativas que contribuam com o processo de ensino-aprendizagem de alunos com realidades distintas.[69]

Tais percalços reforçam a necessidade da formação continuada dos profissionais que atuarão na EaD e geram questionamentos sobre a responsabilidade dessa formação. Essa missão deve ser dos cursos de pós-graduação ou das IES que fornecem cursos a distância? Quem deve ser responsável pela formação de um dos principais atores do processo de ensino-aprendizagem? Tal responsabilidade deve ser compartilhada? Reforça-se, assim, que o preparo do professor deve ser uma preocupação dos interessados no aprimoramento da qualidade da EaD.

Outro gargalo referente aos cursos a distância diz respeito ao desafio das instituições de ensino superior no que tange à gestão das especificidades dos cursos de EaD. As IES, que estão se difundindo por intermédio da EaD, precisam buscar uma linguagem pedagógica apropriada à aprendizagem mediada pelas ferramentas tecnológicas disponíveis, o que envolve a reformulação das funções dos "atores" envolvidos, dentre eles gestores da educação, professores, estudantes e monitores.[70] Afinal, o governo acredita que as políticas públicas de incentivo à criação de cursos de EaD têm democratizado o acesso ao ensino superior brasileiro. Entretanto, há mesmo democratização ou apenas a ampliação do acesso aos cursos de ensino superior? O aumento de vagas é acompanhado pelo acréscimo do nível de qualidade do ensino?

O cerne dessas discussões é o fato de algumas instituições preocuparem-se apenas com o lucro, priorizando o aumento de receitas por meio do acréscimo do número de matrículas de alunos e mantendo o mesmo nível de custos, mediante sacrifício de investimentos na capacitação, atualização e remuneração de professores, tutores, monitores, gestores e na manutenção da estrutura necessária para assegurar a qualidade do curso após um expressivo aumento de alunos.[71] Em outras palavras, as IES aumentam a quantidade de alunos matriculados, mas não aumentam os recursos destinados a bibliotecas, laboratórios, equipamentos, espaço físico, monitores, tutores e recursos humanos e materiais, que são essenciais para o processo de ensino-aprendizagem na EaD.

Como consequência, nota-se a existência de cursos de EaD considerados "conteudistas", que visam à reprodução e à transmissão de conhecimentos, de instituições que não investem na infraestrutura mínima necessária para o funcionamento dos polos e de entidades que não possuem seleção criteriosa de gestores, de professores, de tutores e de monitores ou que não investem na capacitação desses profissionais.[72]

Todos esses fatos contribuem para o surgimento de desconfianças do mercado e da sociedade quanto à eficácia do processo de ensino-aprendizagem na EaD e quanto à possibilidade de tal modalidade ser mais fácil ou exigir menos esforços que os cursos presenciais.[73] Sendo assim, se a quantidade de alunos matriculados é um ponto positivo promovido pela EaD, a qualidade do ensino é uma preocupação recorrente no cenário brasileiro.

Para tentar identificar discrepâncias entre as modalidades de ensino, os resultados das notas do ENADE dos estudantes de Ciências Contábeis na modalidade presencial foram comparados com o rendimento dos discentes da modalidade a distância. De modo geral, as médias são estatisticamente diferentes entre eles, sendo que os estudantes de cursos presenciais possuem notas mais altas.[74]

Em um primeiro momento, isso pode evidenciar que o desempenho dos estudantes dos cursos de EaD é inferior. Todavia, estudos em outras áreas, como Educação[75] e Administração,[76] mostram que, em alguns casos, o desempenho de estudantes de cursos ministrados a distância é superior ao desempenho dos discentes que frequentam cursos presenciais.

Diante desse cenário, nota-se que a questão do desempenho dos estudantes ainda é inconclusiva e carece de reflexões mais robustas. Por se tratar de uma modalidade de ensino diferente, os discentes do ensino a distância realmente deveriam ser avaliados da mesma forma que os alunos do ensino presencial? Tais diferenças de resultados ocorreram em função do tipo de modalidade de ensino ou pelas diferenças na formação didático-pedagógica dos docentes que atuam nesses cursos?

Esses são apenas alguns dos questionamentos que devem ser debatidos no ambiente acadêmico para que seja possível a compreensão das diferenças entre o desempenho dos estudantes das duas modalidades de ensino, o aumento da qualidade dos cursos a distância e a redução do preconceito em relação aos discentes egressos da EaD.

Torna-se relevante também analisar a evasão na modalidade EaD, já que os dados do Mapa do Ensino Superior no Brasil de 2016[77] registraram um índice de 32% de evasão dos cursos EaD no ano de 2014.

As principais suposições sobre as causas da evasão nos cursos nessa modalidade abarcam a falta da tradicional relação face a face entre professor e estudantes, o insuficiente domínio técnico do uso do computador (tecnologias), a ausência de reciprocidade da comunicação, ou seja, dificuldades em expor ideias numa comunicação escrita a distância, inviabilizando a interatividade, e a falta de um agrupamento de pessoas numa instituição física.[78]

> *Torna-se relevante também analisar a evasão na modalidade EaD, já que os dados do Mapa do Ensino Superior no Brasil de 2016 registraram um índice de 32% de evasão dos cursos EaD no ano de 2014.*

Maia, Meirelles e Pela[79] analisaram variáveis que afetam a evasão em instituições de ensino brasileiras e identificaram que as mais representativas incluem o modelo de ensino e a forma de interação entre professores e estudantes. O modelo de ensino refere-se ao uso intenso de tecnologias e as interações totalmente a distância entre estudante e professor e entre os estudantes, que podem gerar o mesmo sentimento de isolamento em relação ao grupo, desestimulando-os a continuarem no curso.

Os resultados identificados são semelhantes à pesquisa realizada por Tresman[80] na *Open University,* na Inglaterra, que entrevistou, em um ano, meio milhão de potenciais estudantes de cursos a distância e as principais razões que os levariam a abandonar um curso nessa modalidade. Diante desse panorama, as seguintes reflexões precisam ser realizadas no ambiente acadêmico: como as IES podem atenuar a evasão? Como os gestores, docentes e monitores podem atuar para evitar que os estudantes desistam do curso?

Diante do exposto, nota-se que ainda são necessários vários questionamentos e reflexões sobre a EaD. Mas o fato é que o país se encontra diante de uma possibilidade promissora que atende públicos que não teriam condições de ter acesso ao ensino superior presencial. Nesse sentido, embora alguns debates permeiem, principalmente, o mérito da qualidade do ensino nessa modalidade, nota-se que existem outros desafios que devem ser discutidos com o intuito de otimizar o desenvolvimento da EaD no contexto brasileiro.

# 6. Considerações finais

Assim como a modalidade presencial, a EaD possui tanto aspectos positivos quanto negativos. Os positivos estão associados à democratização do acesso ao sistema de ensino, à otimização do uso das tecnologias educacionais, à redução de distâncias entre as comunidades e os polos de ensino e à flexibilização de horários para o processo de ensino e de aprendizagem, além de uma maior aproximação com as novas gerações que nasceram imersas nas tecnologias e que aprendem de forma cotidiana na interação com elas.

Já os aspectos negativos abarcam a falta de mecanismos didáticos e pedagógicos voltados especificamente para a EaD, a menor diversidade de oferta de cursos em comparação com o ensino presencial, a utilização de estruturas curriculares idênticas às de cursos presenciais e a falta de capacitação de professores e de tutores.[81-82]

É notável a expressividade da modalidade EaD no Brasil, assim como o constante crescimento do número de alunos matriculados em cursos ministrados a distância. Entretanto, nem sempre tal crescimento quantitativo ocorre alinhado com o aumento da qualidade do ensino. Esse fato provoca reflexões acerca de uma possível massificação do ensino por parte de algumas instituições que utilizam essa modalidade como forma de obtenção de generosos lucros.

Dessa forma, ao discutir sobre o processo educacional da modalidade EaD no país, é necessária a reflexão sobre diversas questões, como a necessidade das instituições de ensino utilizarem mecanismos pedagógicos que não estejam voltados apenas para os fatores técnicos, mas também para questões metodológicas e didáticas.[83] Em outras palavras, o PPC deve se adaptar à oferta do ensino mediada pela tecnologia. Não é o caso de simplesmente "transferir" os cursos presenciais para o ambiente *on-line* ou para a internet.

Além desse ponto, outros gargalos também precisam ser resolvidos:

- definição dos mecanismos de avaliação;
- reformulação dos currículos e dos métodos de ensino para desenvolvimento, já nas fases iniciais, de uma cultura de independência e de autonomia de estudo no aluno;
- expansão da utilização da EaD na educação continuada;
- acompanhamento contínuo dos elementos motivadores da permanência, ou não, dos alunos nesses cursos para o combate à evasão escolar;
- análise da qualidade dos cursos oferecidos; e
- construção de uma linha de estudos relacionada à pedagogia universitária voltada para as especificidades da EaD.

Conforme exposto, os desafios na educação brasileira são inúmeros, principalmente no que diz respeito à elevação da formação acadêmica da população. Já é possível notar que os cursos de EaD têm contribuído para atenuar esses desafios. Entretanto, é pertinente destacar que ainda existem muitos obstáculos a serem enfrentados, tanto de estrutura quanto de capacitação para que a qualidade na oferta seja assegurada.

> *Já é possível notar que os cursos de EaD têm contribuído para atenuar esses desafios. Entretanto, é pertinente destacar que ainda existem muitos obstáculos a serem enfrentados, tanto de estrutura quanto de capacitação para que a qualidade na oferta seja assegurada.*

Assim, diante desse caminho sem volta, que pode beneficiar milhões de pessoas que de outra forma não teriam acesso ao ensino superior, faz-se necessário que acadêmicos, profissionais e órgãos reguladores compreendam as possibilidades e os desafios da EaD e reflitam sobre o alcance da democratização do ensino para que o desenvolvimento dessa modalidade tenha sucesso no Brasil, assim como já ocorre em outros países.

Destaca-se, por fim, que a imersão tecnológica cada vez mais constante e os benefícios proporcionados aos estudantes, atuais e futuros, podem fazer com que a EaD cresça cada vez mais. Por isso, é necessário que os pesquisadores busquem realizar estudos que avaliem o processo de ensino-aprendizagem e contribuam com estratégias para melhorar a qualidade de ensino desses cursos. Percebe-se que os hábitos da nova geração de estudantes migram de forma acelerada para modelos de aprendizagem *on-line*.

# Referências

## Capítulo 1

[1] HOUAISS, A. *Grande Dicionário Houaiss*. Disponível em: <https://houaiss.uol.com.br/>. Acesso em: 8 ago. 2016.

[2] MICHAELIS, H. *Michaelis On-line*. Disponível em: <http://michaelis.uol.com.br/>. Acesso em: 8 ago. 2016.

[3] DRUCKER, P. F. *Prática de administração de empresas*. Rio de Janeiro: Fundo de Cultura, 1962.

[4] BARBOSA, J. R. A. *Didática do ensino superior*. Curitiba: IESDE Brasil S/A, 2009.

[5] MARX, K. *O capital*. São Paulo: Difel, 1985.

[6] BARBOSA, J. R. A. Op. cit.; PILETTI, C. *Didática geral*. 23. ed. São Paulo: Ática, 2004.

[7] GIL, A. C. *Didática do ensino superior*. São Paulo: Atlas, 2008.

[8] GIL, A. C. Op. cit.; VASCONCELLOS, C. S. *Planejamento*: projeto de ensino-aprendizagem e projeto político-pedagógico. 18. ed. São Paulo: Libertad, 2008.

[9] WERKEMA, C. *Métodos PDCA e DMAIC e suas ferramentas analíticas*. Rio de Janeiro: Elsevier, 2013.

[10] MENEGOLLA, M.; SANT'ANNA, I. M. *Por que planejar? Como planejar?* 10. ed. Petrópolis: Vozes, 2001.

[11] DAMIS, O. T. Planejamento escolar: expressão técnico-política da sociedade. In: VEIGA, I. P. (org.). *Didática*: o ensino e suas relações. 11. ed. Campinas: Papirus, 2006.

[12] DAMIS, O. T. Op. cit.

[13] CASTRO, P. A. P. P.; TUCUNDUVA, C. C.; ARNS, E. M. A importância do planejamento das aulas para organização do trabalho do professor em sua prática docente. *Athena – Revista Científica de Educação*, v. 10, n. 10, jan./jun. 2008.

[14] CUNHA, M. I. A docência como ação complexa: o papel da didática na formação de professores. In: ROMNOWSKI, J. P.; MARTINS, P. L. O.; JUNQUEIRA, S. R. A. (orgs.). *Conhecimento local e conhecimento universal*: pesquisa, didática e ação docente. Curitiba: Champagnat, 2004.

[15] ZABALZA, M. A. *Competencias docentes del profesorado universitario. Calidad y desarrollo profesional*. Madrid: Narcea, 2006.

[16] GIL, A. C. Op. cit.

[17] GIL, A. C. Op. cit.

[18] DAMIS, O. T. Op. cit.

# Referências

19  KUENZER, A. Z.; CALAZANS, M. J. C.; GARCIA, W. *Planejamento e educação no Brasil*. 6. ed. São Paulo: Cortez, 2003.

20  DAMIS, O. T. Op. cit.

21  DAMIS, O. T. Op. cit.

22  DAMIS, O. T. Op. cit.; GIL, A. C. Op. cit.; MARTINEZ, M. J.; LAHORE, C. E O. *Planejamento escolar*. Tradução de Maria Aparecida Viggiani Bicudo e Sandra Machado Lunardi. São Paulo: Saraiva, 1977.

23  GIL, A. C. Op. cit.

24  GIL, A. C. Op. cit.

25  BARBOSA, J. R. A. Op. cit.

26  VASCONCELLOS, C. S. Op. cit.

27  GIL, A. C. Op. cit.

28  GIL, A. C. Op. cit.

29  GIL, A. C. Op. cit.

30  GIL, A. C. Op. cit.

31  GOLDBERG, M. A. A. Avaliação e planejamento educacional: problemas conceituais e metodológicos. *Cadernos de pesquisa*, n. 7, p. 62-7, 1973.

32  GOLDBERG, M. A. A. Op. cit.

33  MASETTO, M. T. *Didática*: a aula como centro. 3. ed. São Paulo: FTD, 1996, p. 86-103.

34  BARBOSA, J. R. A. Op. cit.; GIL, A. C. Op. cit.; VASCONCELLOS, C. S. Op. cit.

35  GIL, A. C. Op. cit.

36  MEC – Ministério da Educação. Brasil. *O Plano Nacional de Educação (2014/2024) em movimento*. 2016. Disponível em: <http://pne.mec.gov.br/>. Acesso em: 25 maio 2016.

37  MEC – Ministério da Educação. Brasil. *Planejando a próxima década. Conhecendo as 20 Metas do Plano Nacional de Educação*. 2014. Disponível em: <http://pne.mec.gov.br/images/pdf/pne_conhecendo_20_metas.pdf>. Acesso em: 25 maio 2016.

38  MEC – Ministério da Educação. Brasil. Op. cit.

39  MEC – Ministério da Educação. Brasil. Op. cit.

40  BRASIL. *Lei n. 13.005, de 25 de junho de 2014*. Aprova o Plano Nacional de Educação – PNE e dá outras providências, Brasília, DF, jun. 2014. Disponível em: <http://www.planalto.gov.br/ccivil_03/_ato2011-2014/2014/lei/l13005.htm>. Acesso em: 20 fev. 2017.

41  GIL, A. C. Op. cit.; VASCONCELLOS, C. S. Op. cit.

42  MEC – Ministério da Educação e Cultura. *Trabalhando com a Educação de Jovens e Adultos – Avaliação e Planejamento*. Caderno 4. SECAD – Secretaria de Educação Continuada, Alfabetização e Diversidade – 2006.

43  EVANGELISTA, I. A. S. Planejamento educacional: concepções e fundamentos. *Perspectiva Amazônica*, v. 2, ago. 2011.

44  GIL, A. C. Op. cit.; VASCONCELLOS, C. S. Op. cit.

45  MEC – Ministério da Educação e Cultura. Op. cit.

46  MENEGOLLA, M.; SANT'ANNA, I. M. Op. cit.

47  PILETTI, C. Op. cit.

48  GIL, A. C. Op. cit.; VASCONCELLOS, C. S. Op. cit.

49 FUSARI, J. C. O planejamento do trabalho pedagógico: algumas indagações e tentativas de respostas. *Série Ideias*, p. 44-53, 1990; GIL, A. C. Op. cit.;VASCONCELLOS, C. S. Op. cit.

50 GIL, A. C. Op. cit.

51 EVANGELISTA, I. A. S. Op. cit. GIL, A. C. Op. cit.

52 EVANGELISTA, I. A. S. Op. cit. GIL, A. C. Op. cit.

53 GIL, A. C. Op. cit.

54 EVANGELISTA, I. A. S. Op. cit.

55 MASETTO, M. T. Op. cit.

56 MASETTO, M. T. Op. cit.

57 LOPES, M. I. Como selecionar conteúdos de ensino. *De Magistro de Filosofia*, v. 5, n. 9, jul./dez. 2012.

58 MASETTO, M. T. Op. cit.

59 MASETTO, M. T. Op. cit.

60 MASETTO, M. T. Op. cit.

61 MASETTO, M. T. Op. cit.

62 LEAL, E. A.; MIRANDA, G. J.; CASA NOVA, S. P. de C. *Revolucionando a sala de aula*: como envolver o estudante aplicando as técnicas de metodologias ativas de aprendizagem. São Paulo: Atlas, 2017.

63 MASETTO, M. T. Op. cit.

64 MASETTO, M. T. Op. cit.

65 MASETTO, M. T. Op. cit.

66 VASCONCELLOS, C. S. *Avaliação da aprendizagem – práticas de mudança*: por uma práxis transformadora. São Paulo: Libertad, 2003.

67 MASETTO, M. T. Op. cit.

68 ASSOCIAÇÃO BRASILEIRA DE NORMAS TÉCNICAS. *Informação e documentação – referências – elaboração: NBR 6023*. Rio de Janeiro, 2002.

69 FARIAS, I. M. S. et al. *Didática e docência*: aprendendo a profissão. Brasília: Liber Livro, 2009.

70 MAIA, C. M.; SCHEIBEL, M. F. *Didática I*. Curitiba: IESDE Brasil S/A, 2010.

71 DAMIS, O. T. Op. cit.

72 FARIAS, I. M. S. et al. Op. cit.; GIL, A. C. Op. cit.;VASCONCELLOS, C. S. Op. cit.

73 MARTINEZ, M. J.; LAHORE, C. E O. Op. cit.; DAMIS, O. T. Op. cit.

74 BORDENAVE, J. D.; PEREIRA, A. M. *Estratégias de ensino aprendizagem*. 24. ed. Petrópolis: Vozes. 2002; GIL, A. C. Op. cit.

75 VASCONCELLOS, C. S. Op. cit.

76 GIL, A. C. Op. cit.

77 VASCONCELLOS, C. S. Op. cit.

78 LIBÂNEO, J. C. *Organização e gestão de escola*: teoria e prática. Goiânia: Alternativa, 2001.

79 FUSARI, J. C. Op. cit.

80 MASETTO, M. T. *Competência pedagógica do professor universitário*. São Paulo: Summus Editorial, 2003.

# Capítulo 2

[1] SACRISTÁN, J. G. *O currículo*: uma reflexão sobre a prática. 3. ed. Porto Alegre: ArtMed, 2000.

[2] HORNBURG, N.; SILVA, R. Teorias sobre currículo: uma análise para compreensão e mudança. *Revista de divulgação técnico-científica do ICPG*, v. 3. n. 10, jan./jun., 2007. p. 61.

[3] OTT, E.; PIRES, C. B. Estrutura curricular do curso de ciências contábeis no Brasil *versus* estruturas curriculares propostas por organismos internacionais: uma análise comparativa. *Revista Universo Contábil*, v. 6, n. 1, p. 28-45, 2010.

[4] SILVA, S. C. da. *Desafios dos programas de graduação em Ciências Contábeis face às mudanças emergentes na pós modernidade*. 2014. Tese (Doutorado em Controladoria e Contabilidade: Contabilidade) – Faculdade de Economia, Administração e Contabilidade, Universidade de São Paulo, São Paulo.

[5] CATANI, A. M.; OLIVEIRA, J. F. de; DOURADO, L. F. Política educacional, mudanças no mundo do trabalho e reforma curricular dos cursos de graduação no Brasil. *Educação e Sociedade*, v. 22, n. 75, p. 67-83, 2001.

[6] SILVA, T. T. *Documentos de identidade*: uma introdução sobre às teorias do currículo. 3. ed. Belo Horizonte: Autêntica, 2010.

[7] SILVA, T. T. Op. cit.

[8] BOBBIT, F. The curriculum. New York: Arno Press, 1918.

[9] PARASKEVA, J. M. *Bobbitt:* o currículo. 2005. Disponível em: <http://www.edrev.info/reviews/revp36.pdf>. Acesso em: 8 jun. 2016.

[10] SILVA, T. T. Op. cit.

[11] SILVA, T. T. Op. cit.

[12] TYLER, R. W. *Princípios básicos de currículo e ensino*. Tradução de Leonel Vallandro. 3. ed. Porto Alegre: Globo, 1976.

[13] VASCONCELLOS, C. S. *Planejamento*: projeto de ensino-aprendizagem e projeto político-pedagógico – elementos metodológicos para elaboração e realização. 18. ed. São Paulo: Libertad Editora, 2008.

[14] LINHARES, M. T. M. *Educação, currículo e diretrizes curriculares no curso de Direito: um estudo de caso*. 2009. Tese (Doutorado em Direito) – Faculdade de Direito, Pontifícia Universidade Católica de São Paulo, São Paulo.

[15] SILVA, T. T. Op. cit.

[16] HORNBURG, N.; SILVA, R. Op. cit.

[17] VASCONCELLOS, C. S. Op. cit.

[18] SILVA, T. T. Op. cit.

[19] MOREIRA, A. F.; SILVA, T. T. da. (orgs.). *Currículo, cultura e sociedade*. São Paulo: Cortez, 2011.

[20] HORNBURG, N.; SILVA, R. Op. cit.

[21] VASCONCELLOS, C. S. Op. cit.

[22] SILVA, T. T. Op. cit.

[23] LINHARES, M. T. M. Op. cit.

[24] SILVA, T. T. Op. cit.

[25] LINHARES, M. T. M. Op. cit.

[26] MOREIRA (org.) A. F. B. *Currículo*: políticas e práticas. Campinas: Papirus, 1999.

[27] HORNBURG, N.; SILVA, R. Op. cit.

28 SILVA, T. T. Op. cit.

29 SILVA, T. T. Op. cit. p. 150.

30 SACRISTÁN, J. G. Op. cit.

31 WILLIS, G.; MARSH, C. *Curriculum*: alternative approaches, ongoing issues. 4. ed. EUA: Pearson, 2007.

32 VASCONCELLOS, C. S. Op. cit.

33 SILVA, V. R. *ENADE e Fluxo Curricular nos Cursos de Ciências Contábeis no Brasil*. 2016. 75 f. Dissertação (Mestrado) – Programa de Pós-Graduação em Ciências Contábeis, Universidade Federal de Uberlândia, Uberlândia.

34 VASCONCELLOS, C. S. Op. cit.

35 HUSSAIN, A. et al. Evaluation of Curriculum Development Process. *International Journal of Humanities and Social Science*, v. 1, n. 14, october, 2011.

36 SILVA, T. T. Op. cit.

37 YOUNG, M. Curriculum theory: what it is and why it is important. *Cad. Pesqui.* [online], v. 44, n. 151, p. 190-202, 2014.

38 TORRES, Rosa Maria. *Educação para todos*: a tarefa por fazer. Porto Alegre: Artmed, 2001.

39 SILVA, V. R. Op. cit.

40 CANDAU, V. M.; MOREIRA, A. F. B. M. *Indagações sobre currículo*: currículo, conhecimento e cultura. Brasília: Ministério da Educação, Secretaria de Educação Básica, 2007.

41 SILVA, T. T. da S. *O currículo como fetiche*: a poética e a política do texto curricular. 2. ed. Belo Horizonte: Autêntica, 2001. p. 78.

42 GIROUX, H. A.; PENNA, A. N. Educação social em sala de aula: a dinâmica do currículo oculto. In: GIROUX, H. A. *Os professores como intelectuais*: rumo a uma pedagogia crítica da aprendizagem. Porto Alegre: Artmed, 1997.

43 LIBÂNEO, J. C. *Organização e gestão da escola*: teoria e prática. 5. ed. Goiânia: Alternativa, 2004.

44 EISNER, E. W. *The educational imagination*. 3. ed. New York: MacMillan, 1994.

45 BRASIL. *Lei de Diretrizes e Bases da Educação Nacional (LDB – Lei n. 9.394/96)*. Estabelece as diretrizes e bases da educação nacional. Brasília, DF, jun. 1996. Disponível em: <http://www.planalto.gov.br/ccivil_03/leis/L9394.htm>. Acesso em: 20 fev. 2017.

46 OTT, E.; PIRES, C. B. Op. cit.

47 BRASIL. Ministério da Educação (MEC). Secretaria do Ensino Superior. *Edital SESu/MEC n. 4 de 1997*. Disponível em: <http://portal.mec.gov.br/sesu/arquivos/pdf/e04.pdf>. Acesso em: 20 fev. 2017.

48 OTT, E.; PIRES, C. B. Op. cit.

49 SILVA, V. R. Op. cit.

50 OTT, E.; PIRES, C. B. Op. cit.

51 LAWSON, R. A. et al. Focusing accounting curricula on students' long-run careers: Recommendations for an integrated competency-based framework for accounting education. *Issues in Accounting Education*, v. 29, n. 2, p. 295-317, 2013.

52 LAWSON, R. A. et al. Thoughts on competency integration in accounting education. *Issues in Accounting Education*, v. 30, n. 3, p. 149-171, 2015.

53 WILLIS, G.; MARSH, C. Op. cit.

54  HUYGHE, S.; TOTTÉ, N.; VERHAGEN, A. Building the curriculum in Higher Education: a conceptual framework. *Proceedings of the Enhancement and Innovation in Higher Education Conference.* 2013. p. 11-13.

55  HUYGHE, S.; TOTTÉ, N.; VERHAGEN, A. Op. cit.

# Capítulo 3

1  GARCIA, J. Avaliação e aprendizagem na educação superior. *Estudos em Avaliação Educacional*, v. 20, n. 43, p. 201-213, 2009.

2  MORETTO, V. P. *Prova*: um momento privilegiado de estudo, não um acerto de contas. 9. ed. Rio de Janeiro: Lamparina, 2014.

3  MIRANDA, G. J. Docência Universitária: uma análise das disciplinas na área da formação pedagógica oferecidas pelos programas de pós-graduação *stricto sensu* em Ciências Contábeis. *Revista de Educação e Pesquisa em Contabilidade*, v. 4, n. 2, p. 81-98, 2010.

4  LUCKESI, C. C. *Avaliação de aprendizagem escolar*. 19. ed. São Paulo: Cortez, 2008.

5  LUCKESI, C. C. Op. cit.

6  LIBÂNEO, José Carlos. *Didática*. 2. ed. São Paulo: Cortez, 1994.

7  LUCKESI, C. C. Op. cit.

8  LUCKESI, C. C. Op. cit.

9  RONCA, P. A. C.; TERZI, C. do A. *A prova operatória*: contribuições da psicologia do desenvolvimento. São Paulo: Intituto Esplan, 1992.

10  LUCKESI, C. C. Op. cit.

11  LUCKESI, C. C. Op. cit.

12  LUCKESI, C. C. Op. cit.

13  LUCKESI, C. C. Op. cit.

14  LUCKESI, C. C. Op. cit.

15  LUCKESI, C. C. Op. cit.

16  LUCKESI, C. C. Op. cit.

17  FERNANDES, D. *Avaliar para aprender*: fundamentos, práticas e políticas. São Paulo: Editora UNESP, 2009.

18  RONCA, P. A. C.; TERZI, C. do A. Op. cit.

19  RONCA, P. A. C.; TERZI, C. do A. Op. cit.

20  LUCKESI, C. C. Op. cit.

21  SILVA, D. L. Prova como Provocação. *Revista Letrando*, v. 1, p. 1-13, jan./jun. 2012.

22  LUCKESI, C. C. Op. cit.

23  FERNANDES, D. Op. cit.

24  LUCKESI, C. C. Op. cit.

25  LUCKESI, C. C. Op. cit.

26  FERNANDES, D. Op. cit.

27  LUCKESI, C. C. Op. cit.

28  FERNANDES, D. Op. cit.

29  FERNANDES, D. Op. cit.

30  LUCKESI, C. C. Op. cit.

31  LUCKESI, C. C. Op. cit.

32  LUCKESI, C. C. *Avaliação de aprendizagem*: componente do ato pedagógico. São Paulo: Cortez, 2011.

33  LUCKESI, C. C. Op. cit. 2011.

34  VASCONCELLOS, C. dos S. *Avaliação da aprendizagem*: práticas de mudança: por uma práxis transformadora. São Paulo: Libertad, 2003.

35  VASCONCELLOS, C. dos S. Op. cit.

36  LUCKESI, C. C. Op. cit.

37  LUCKESI, C. C. Op. cit. 2011.

38  LUCKESI, C. C. Op. cit.

39  LUCKESI, C. C. Op. cit.

40  LUCKESI, C. C. Op. cit.

41  LUCKESI, C. C. Op. cit. 2011.

42  LUCKESI, C. C. Op. cit. 2011.

43  VASCONCELLOS, C. dos S. Op. cit.

44  FERNANDES, D. Op. cit.

45  CAVALCANTI NETO, A. L. G.; AQUINO, J. L. F. A avaliação da aprendizagem como um ato amoroso: o que o professor pratica? *Educação em Revista*, v. 25, n. 2, p. 223-240, ago. 2009.

46  LUCKESI, C. C. Op. cit.

47  LUCKESI, C. C. Op. cit.

48  PERRENOUD, P. *Avaliação*: da excelência à regulação das aprendizagens – entre duas lógicas. Tradução de Patrícia Chittoni Ramos. Porto Alegre: Artes Médicas Sul, 1999.

49  LUCKESI, C. C. Op. cit.

50  LUCKESI, C. C. Op. cit. 2011.

51  CAVALCANTI NETO, A. L. G.; AQUINO, J. L. F. Op. cit.

52  FERNANDES, D. Op. cit.

53  HADJI, C. *Avaliação desmistificada*. Porto Alegre: Artmed, 2001.

54  VASCONCELLOS, C. dos S. Op. cit.

55  CAVALCANTI NETO, A. L. G.; AQUINO, J. L. F. Op. cit.

56  VASCONCELLOS, C. dos S. Op. cit.

57  FERNANDES, D. Op. cit.

58  FERNANDES, D. Op. cit.

59  FERNANDES, D. Op. cit.

60  FERNANDES, D. Op. cit.

61  SORDI, M. R. *A prática de avaliação do ensino superior*: uma experiência na enfermagem. São Paulo: Cortez/PUCCAMP, 1995.

62  MORETTO, V. P. Op. cit.

63  RONCA, P. A. C.; TERZI, C. do A. Op. cit.

64  LUCKESI, C. C. Op. cit.

65  LUCKESI, C. C. Op. cit.

66  LUCKESI, C. C. Op. cit.

67  RONCA, P. A. C.; TERZI, C. do A. Op. cit.

68  RONCA, P. A. C.; TERZI, C. do A. Op. cit.

69  RONCA, P. A. C.; TERZI, C. do A. Op. cit.

70  RONCA, P. A. C.; TERZI, C. do A. Op. cit.

71  RONCA, P. A. C.; TERZI, C. do A. Op. cit.

72  RONCA, P. A. C.; TERZI, C. do A. Op. cit.

73  RONCA, P. A. C.; TERZI, C. do A. Op. cit.

74  LUCKESI, C. C. Op. cit.

75  LUCKESI, C. C. Op. cit.

76  KRASILCHIK, M. *Prática de ensino de biologia*. São Paulo: Edusp, 1999.

77  LUCKESI, C. C. Op. cit.

78  LUCKESI, C. C. Op. cit.

79  LUCKESI, C. C. Op. cit.

80  LUCKESI, C. C. Op. cit.

81  LUCKESI, C. C. Op. cit.

82  LUCKESI, C. C. Op. cit.

83  RONCA, P. A. C.; TERZI, C. do A. Op. cit.

84  RONCA, P. A. C.; TERZI, C. do A. Op. cit.

# Capítulo 4

1  MIRANDA, G. L. Limites e possibilidades das TIC na educação. *Sísifo. Revista de Ciências da Educação*, v. 3, p. 41-50, 2007.

2  SILVA, C.T. A da; GARÍGLIO, J. A. A formação continuada de professores para o uso das Tecnologias da Informação e Comunicação (TIC): o caso do projeto Escolas em Rede, da Rede Estadual de Educação de Minas Gerais. *Revista Diálogo Educacional*, v. 10, n. 31, p. 481-503, 2010.

3  SILVA, C.T. A da; GARÍGLIO, J. A. Op. cit.

4  CORNACHIONE JR. E. B. *Tecnologia da educação e cursos de ciências contábeis*: modelos colaborativos virtuais. 2004. 383 f. Tese (Livre Docência em Ciências Contábeis) – Faculdade de Economia, Administração e Contabilidade, Universidade de São Paulo, São Paulo.

5  PHEERAPHAN, N. Enhancement of the 21st century skills for Thai Higher education by integration of ICT in classroom. *Procedia-Social and Behavioral Sciences*, v. 103, p. 365-373, 2013.

6  KENSKI, V. M. Novos processos de interação e comunicação no ensino mediado pela tecnologia. *Cadernos de pedagogia universitária*. USP, 2008.

7  KARSENTI, T.; VILLENEUVE, S.; RABY, C. O uso pedagógico das Tecnologias da Informação e da Comunicação na formação dos futuros docentes no Quebec. *Educação & Sociedade*, Campinas, v. 29, n. 104, p. 865-889, 2008.

8  ZHU, E.; KAPLAN, M. Techonology and teaching. In: McKEACHIE, W. J. (org.). *Teaching tips*: strategies, research and theory for college and university teachers. Boston: Houghton Mifflin, 2006.

9  ZHU, E.; KAPLAN, M. Op. cit.

10 ZHU, E.; KAPLAN, M. Op. cit.

11 ZHU, E.; KAPLAN, M. Op. cit.

12 ZHU, E.; KAPLAN, M. Op. cit.

13 ZHU, E.; KAPLAN, M. Op. cit.

14 NGANGA, C. S. N.; LEAL, E. A. Aceitação do uso de recursos tecnológicos pelos docentes de pós-graduação em Contabilidade. In: AFONSO, L. E.; MACHADO, E. A. (org.). *Tecnologia, educação e contabilidade.* São Paulo: Atlas, 2015.

15 ZHU, E.; KAPLAN, M. Op. cit.

16 PHEERAPHAN, N. Op. cit.

17 Sítio do Kahoot®, disponível em: <https://kahoot.com>.

18 Sítio do Socrative®, disponível em: <https://www.socrative.com/>.

19 NASU, V. H. *O efeito do Sistema de Resposta do Estudante (SRE) sobre o desempenho acadêmico e a satisfação discente*: um quase-experimento com alunos de ciências contábeis. 2016. Dissertação (Mestrado em Controladoria e Contabilidade) – Faculdade de Economia, Administração e Contabilidade, Universidade de São Paulo (FEA-USP), São Paulo.

20 ZHU, E.; KAPLAN, M. Op. cit.

21 NOGUEIRA, D. R.; CASA NOVA, S. P. C. Computador x Papel, Suor e Caneta: Percepção dos Alunos sobre as Avaliações Realizadas em Computadores. *REGE Revista de Gestao*, v. 20, p. 329-345, 2013.

22 PHEERAPHAN, N. Op. cit.

23 KARSENTI, T.; VILLENEUVE, S.; RABY, C. Op. cit.

24 BAUER, J.; KENTON, J. Toward technology integration in the schools: Why it isn't happening. *Journal of technology and teacher education*, v. 13, n. 4, p. 519, 2005.

25 PERALTA, H.; COSTA, F. A. Competência e confiança dos professores no uso das TIC Síntese de um estudo internacional. *Sísifo – Revista de Ciências da Educação*, p. 77-86, 2007.

26 NOGUEIRA, D. R. *Vento da Mudança*: estudo de caso sobre a adoção de ambientes virtuais no ensino presencial em contabilidade. 2014. Tese de doutorado (Doutorado em Controladoria e Contabilidade) – Faculdade de Economia, Administração e Contabilidade, Universidade de São Paulo, São Paulo.

27 BAYLOR, A. L.; RITCHIE, D. What factors facilitate teacher skill, teacher morale, and perceived student learning in technology-using classrooms? *Computers & Education*, v. 39, n. 4, p. 395-414, 2002.

28 NISTOR, N.; GOGUS, A.; LERCHE, T. Educational technology acceptance across national and professional cultures: a European study. *Educational Technology Research and Development*, v. 61, n. 4p. 733-749, 2013.

29 COUTINHO, C. P. TPACK: em busca de um referencial teórico para a formação de professores em Tecnologia Educativa. *Paidéi@: revista científica de educação a distância*, v. 2, n. 4, 2011.

30 COUTINHO, C. P. Op. cit.

31 MISHRA, P.; KOEHLER, M. J. Technological pedagogical content knowledge: a framework for teacher knowledge. *Teachers college record*, v. 108, n. 6, p. 1017, 2006.

32 ALBERTIN, A. L.; ALBERTIN, R. M. Education Evaluation based on its Dimensions and Components: an Analysis of Official Graduate Programs Evaluation in Brazil. *Business and Management Review*, v. 4, n. 3, p. 400-413, 2014.

[33] SOH, L.; SAMAL, A.; NUGENT, G. An Integrated Framework for Improved Computer Science Education: Strategies, implementations, and results. *Computer Science Education*, v. 17, n°1, p. 59-83, 2007.

[34] SCHOEN, H. L.; CEBULLA, K. J.; FINN, K. F.; FI, C. Teacher Variables That Relate to Student Achievement When Using a Standards-Based Curriculum. *Journal for Research in Mathematics Education*, v. 34, n. 3, p. 228-259, 2003.

[35] MISHRA, P.; KOEHLER, M. J. Introducing technological pedagogical content knowledge. *Annual Meeting of the American Educational Research Association*. 2008. p. 1-16.

[36] ALBERTIN, A.L.; ALBERTIN, R.M. Op. cit.

[37] KOEHLER, M. J.; MISHRA, P. What is technological pedagogical content knowledge? *Contemporary Issues in Technology and Teacher Education*, v. 9, n. 1, p. 60-70, 2009.

[38] COUTINHO, C. P. Op. cit.

[39] SILVA, C.T. A. da; GARÍGLIO, J. A. Op. cit.

[40] PRETTO, N. L.; RICCIO, N. C. R. A formação continuada de professores universitários e as tecnologias digitais. *Educar em Revista*, n. 37, 2010.

[41] SILVA, C.T.A da; GARÍGLIO, J. A. Op. cit.

[42] SILVA, C.T.A da; GARÍGLIO, J. A. Op. cit.

[43] LEAL, E. A. *Fatores determinantes do uso de inovação tecnológica na educação a distância*: um estudo com docentes dos cursos na área de negócios. 2012. 150 f. Tese (Doutorado em Administração de Empresas) – Fundação Getúlio Vargas, São Paulo.

[44] DILLENBOURG, P.; SCHNEIDER, D.; SYNTETA, P. *Virtual learning environments*. In: 3rd Hellenic Conference Information & Communication Technologies in Education. Kastaniotis Editions, Greece, 2002. p. 3-18.

[45] Biblioteca de Teses e Dissertações da USP, disponível em: <http://www.teses.usp.br>.

[46] Deborah Game®, disponível em: <http://deborahahg.wixsite.com/deborah>.

[47] Disponível em: <https://www.gapminder.org/>.

[48] ZHU, E.; KAPLAN, M. Op. cit.

[49] ZHU, E.; KAPLAN, M. Op. cit.

[50] PHEERAPHAN, N. Op. cit.

[51] KENSKI, V. M. Op. cit. p. 9.

# Capítulo 5

[1] HUBERMAN, M. O ciclo de vida profissional dos professores. In: NÓVOA, A. (org.). *Vida de professores*. Porto Editora: Portugal, 2000.

[2] HUBERMAN, M. Op. cit.

[3] MARCELO, C. Desenvolvimento Profissional Docente: passado e futuro. *Revista de Ciências da Educação*, n. 8, p. 7-22, jan./abr. 2009.

[4] HUBERMAN, M. *Le cycle de vie professionnelle des enseignants secondaires*: résumé d'une recherche démentielle. Genève: Cahiers de la Section des Sciences de l'Education, Université de Genève, 1989.

[5] FOLLE, A.; NASCIMENTO, J.V. do. Estudos sobre desenvolvimento profissional: da escolha à ruptura da carreira docente. *Revista da Educação Física,* Maringá, v. 19, n. 4, p. 605-618, 2008.

6   NÓVOA, A. (Org.). *Os professores e sua formação*. Lisboa: Dom Quixote, 1992; HUBERMAN, M. Op. cit.

7   BARONEZA, J. E.; SILVA, S. O. Uma reflexão sobre a formação de professores para o Ensino Superior no Brasil. *Acta Scientiarum. Human and Social Sciences,* v. 29, n. 2, p. 163-168, 2007.

8   NÓVOA, A. (Org.). Op. cit.

9   LORTIE, D. *School Teachers*: A sociological study. Chicago: University of Chicago Press, 1975.

10  JESUS, S. N.; SANTOS, J. C. V. Desenvolvimento profissional e motivação dos professores. *Educação,* v. 52, n. 1, p. 39-54, 2004.

11  DUARTE, J. M. C.; ASSIS, L. P. *Docentes*: fases da vida profissional docente. Apresentação na disciplina de Metodologia do Ensino em Contabilidade e Controladoria. Programa de Pós-Graduação em Ciências Contábeis. Universidade Federal de Mato Grosso do Sul. 6 set. 2017.

12  SOARES, S. R. Pedagogia Universitária: campo de prática, formação e pesquisa na contempo-raneidade. In: NASCIMENTO, A. D., HETKOWSKI, T. M. (orgs.) *Educação e contemporaneidade*: pesquisas científicas e tecnológicas [online]. Salvador: EDUFBA, 2009; TARDIF, M. Saberes pro-fissionais dos professores e conhecimentos universitários. Elementos para uma epistemologia da prática profissional dos professores e suas conseqüências em relação à formação para o magistério. *Revista Brasileira de Educação*, n. 13, p. 5-24, 2000.

13  ISAIA, S. M. A. O professor universitário no contexto de suas trajetórias. In: MOROSINI M. C. (org.). *Professor do ensino superior*: identidade, docência e formação. Brasília: Instituto Nacional de Estudos e Pesquisas Educacionais, 2000.

14  OLIVEIRA, M. K. Ciclos de vida: algumas questões sobre a psicologia do adulto. *Educação e Pesquisa*, v. 30, n. 2, p. 211-229, 2004.

15  ORTEGA Y GASSET, J. *Obras completas*. 7. ed. Madrid: Ediciones de la Revista del Occidente, 1970. v. 5.

16  ISAIA, S. M. A. Op. cit.

17  RIEGEL, K. *Foundations of dialectical Psychology*. New York: Academic Press, 1979.

18  ERIKSON, E. *El ciclo vital completado*. Buenos Aires: Paidós, 1985.

19  LEVINSON, D. A conception of adult development. *American Psychologist*, v. 41, n. 1, p. 3-13, 1986.

20  RIEGEL, K. Op. cit.

21  RIEGEL, K. Op. cit.

22  RIEGEL, K. Op. cit.

23  ERIKSON, E. Op. cit.

24  ERIKSON, E. Op. cit.

25  ERIKSON, E. Op. cit.

26  LEVINSON, D. Op. cit.

27  LEVINSON, D. Op. cit.

28  LEVINSON, D. Op. cit.

29  ERIKSON, E. Op. cit.

30  LEVINSON, D. Op. cit.

31  DUARTE, J. M. C.; ASSIS, L. P. Op. cit.

32  RIVERIN-SIMARD, D. *Étapes de vie au travail*. Montréal: St-Martin, 1984.

33  RIVERIN-SIMARD, D. Op. cit.

## Referências

34 NÓVOA, A. Os professores e as histórias da sua vida. In: NÓVOA, A. (org.). *Vida de professores.* Porto Editora: Portugal, 2000.

35 NÓVOA, A. Op. cit.

36 NÓVOA, A. Op. cit.

37 HUBERMAN, M. Op. cit.

38 HUBERMAN, M. Op. cit.

39 JESUS, S. N.; SANTOS, J. C.V. Op. cit.

40 LIMA, F. D. C.; OLIVEIRA, A. C. L.; ARAÚJO, T. S.; MIRANDA, G. J. O choque com a realidade: dormi contador acordei professor. *Revista Eletrônica Iberoamericana Sobre Calidad, Eficacia y Cambio en Educación,* v. 13, p. 49-67, 2015.

41 KRAMER, M. *Reality shock:* why nurses leave nursing. Saint Louis: Mosby, 1974.

42 VEENMAN, S. Perceived Problems of Beginning Teachers. *Review of Educational, Research,* Catholic University of Nijmegen, v. 54, n. 2, p. 143-178, 1984.

43 VEENMAN, S. Op. cit.

44 HUBERMAN, M. Op. cit.

45 HUBERMAN, M. Op. cit.

46 HUBERMAN, M. Op. cit.

47 HUBERMAN, M. Op. cit.

48 HUBERMAN, M. Op. cit.

49 HUBERMAN, M. Op. cit.

50 HUBERMAN, M. Op. cit.

51 ARAUJO, T. S. et al. Problemas Percebidos no Exercício da Docência em Contabilidade. *Revista Contabilidade & Finanças* [online], v. 26, p. 93-105, 2015; LIMA, F. D. C. et al. Op. cit.

52 LIMA, F. D. C. et al. Op. cit.

53 ARAUJO, T. S. et al. The Challenges of Being an Accounting Teacher In: 10th International Critical Management Studies (CMS) Conference, 2017, Liverpool. *Anais...,* 2017.

54 CAVACO, M. H. Ofício do professor: o tempo e as mudanças. In: NÓVOA, A. (org.). *Profissão professor.* 2. ed. Porto: Porto, 1999.

55 BARLOW, M. *Le métier d'enseigner:* essai de définition. Paris: Anthropos, 1999.

56 BARLOW, M. Op. cit.

57 BARLOW, M. Op. cit.

58 BARONEZA, J. E.; SILVA, S. O. Op. cit.

59 BARONEZA, J. E.; SILVA, S. O. Op. cit.

# Capítulo 6

1 BRASIL. *Lei n. 9.394, de 20 de dezembro de 1996.* Estabelece as diretrizes e bases da educação nacional. Brasília, DF, dez. 1996. Disponível em: <http://www.planalto.gov.br/ccivil_03/LEIS/l9394.htm>. Acesso em 20 jul. 2018.

2 NGANGA, C. S. N. et al. Mestres e Doutores em Contabilidade no Brasil: uma Análise dos Componentes Pedagógicos de sua Formação Inicial. *Revista Electrónica Iberoamericana Sobre Calidad, Eficacia y Cambio em Educación,* v. 14, p. 83-99, 2016.

3  SOARES, S. R. Pedagogia universitária: campo de prática, formação e pesquisa na contemporaneidade. In: NASCIMENTO, A. D.; HETKOWSKI, T. M. (orgs.). *Educação e contemporaneidade*: pesquisas científicas e tecnológicas. Salvador: EDUFBA, 2009.

4  TARDIF, M.; LESSARD, C.; LAHAYE, L. Os Professores face ao Saber: esboço de uma problemática do saber docente. *Teoria & Educação*, Porto Alegre, n. 4, 1991.

5  CUNHA, M. I. *Inovações pedagógicas*: o desafio da reconfiguração de saberes na docência universitária. Pró-Reitoria de Graduação da USP, 2008. p. 11.

6  CUNHA, M. I. Op. cit. p. 12.

7  SAVIANI, D. Pedagogia: o espaço da educação na universidade. *Cadernos de Pesquisa,* v. 37, n. 130, p. 99-134, jan./abr., 2007.

8  BOLSAN, D. P. V; ISAIA, S. M. A. Pedagogia universitária e aprendizagem docente: relações e novos sentidos da professoralidade. *Revista Diálogo Educacional*, Curitiba, v. 10, n. 29, p. 13-26, jan./abr., 2010. p. 23.

9  CUNHA. Op. cit.

10 CUNHA. Op. cit.

11 CUNHA. Op. cit.

12 CUNHA. Op. cit.

13 ALMEIDA, M. I; PIMENTA, S. G. Pedagogia Universitária: Valorizando o Ensino e a Docência na Universidade. *Revista Portuguesa de Educação*, v. 27, n. 2, p. 7-31, 2014.

14 NGANGA et al. Op. cit.

15 CUNHA. Op. cit. p. 9-10.

16 RIOS, T. A. Ética da docência universitária: a caminho de uma universidade pedagógica? *Cadernos de Pedagogia Universitária da USP*, São Paulo, maio 2009.

17 TORRES, A. R. *A pedagogia universitária e suas relações com as políticas institucionais para a formação de professores de educação superior*. 2014. Tese (Doutorado em Educação) – Doutorado em Educação – Universidade de São Paulo.

18 LIBÂNEO. Op. cit. p. 12.

19 FREIRE, Paulo; SHOR, Ira. *Medo e ousadia*: o cotidiano do professor. Tradução de Adriana Lopez. Rio de Janeiro: Paz e Terra, 1986.

20 KRASILCHIK, M. Docência no ensino superior: tensões e mudanças. *Cadernos de Pedagogia Universitária da USP*, São Paulo, maio 2009.

21 MASETTO, M. T. Formação pedagógica dos docentes do ensino superior. *Revista Brasileira de Docência, Ensino e Pesquisa em Administração*, v. 1, n. 2, p. 4-25, 2009.

22 TORRES. Op. cit.

23 TORRES. Op. cit.

24 ALMEIDA; PIMENTA. Op. cit. p. 11.

25 SOARES. Op. cit.

26 SOARES. Op. cit.

27 FRANCO, M. A. S. Prática docente universitária e a construção coletiva de conhecimentos: possibilidades de transformação no processo ensino-aprendizagem. *Cadernos de Pedagogia Universitária da USP*, São Paulo, p. 13, set. 2009.

28 FRANCO. Op. cit. p. 17.

29 FRANCO. Op. cit.

30 MACHADO, N. J. Imagens do conhecimento e ação docente no ensino superior. *Cadernos de Pedagogia Universitária da USP*, São Paulo, p. 48, out. 2009.

31 MACHADO. Op. cit.

32 CONTRERAS, J. *A autonomia de professores*. Tradução de Sandra Trabucco Venezuela. São Paulo: Cortez, 2002.

33 PIMENTA, S. G.; ANASTASIOU, L. G. C.; CAVALLET, V. J. Docência no Ensino Superior: construindo caminhos. *Revista de Educação CEAP*, n. 36, p. 103-113, 2002.

34 VASCONCELLOS, M. M. M.; SORDI, M. R. L. de. Formar professores universitários: tarefa (im)possível? *Interface, comunicação, saúde e educação*, v. 57, n. 20, p. 405, 2016.

35 SANTOS, W. A. Uma reflexão necessária sobre a profissão docente no Brasil, a partir dos cinco tipos de desvalorização do professor. *Sapere Aude-Revista de Filosofia*, v. 6, n. 11, p. 349-358, 2015.

36 NGANGA et al. Op. cit.

37 TARDIF, M. Saberes profissionais dos professores e conhecimentos universitários. Elementos para uma epistemologia da prática profissional dos professores e suas consequências em relação à formação para o magistério. *Revista Brasileira de Educação*, n. 13, p. 5-24, 2000.

38 TORRES. Op. cit. p. 121.

39 VASCONCELLOS; SORDI. Op. cit. p. 405.

40 ALMEIDA; PIMENTA. Op. cit.

41 NGANGA at al. Op. cit.

42 COIMBRA, C. L. *Formação Docente*: como formar hoje o docente que irá atuar amanhã? Diagnóstico, desafios e possibilidades. In: II CONGRESSO UFU DE CONTABILIDADE, Uberlândia, 2017.

43 COIMBRA, Op. cit.

# Capítulo 7

1 SLOMSKI, V. G. et al. Saberes da docência que fundamentam a prática pedagógica do professor que ministra a disciplina de gestão de custos em um curso de ciências contábeis. *Revista Universo Contábil*, v. 9, n. 4, 71-89, 2013.

2 KREBER, C. Academics' teacher identities, authenticity and pedagogy. *Studies in Higher Education*, v. 35, n. 2, p. 171-194, 2010. REMMIK, M.; KARM, M.; LEPP, L. Learning and developing as a university teacher: Narratives of early career academics in Estonia. *European Educational Research Journal*, v. 12, n. 3, p. 330-341, 2013.

3 COSTA, F. J.; SOUSA, S. C. T.; SILVA, A. B. Um modelo para o processo de orientação na pós-graduação. *Revista Brasileira de Pós-Graduação*, v. 11, n. 25, p. 823-852, 2014.

4 CASA NOVA, S. P. C. *Contabilidade das mulheres na universidade brasileira: lucros e perdas, ingresso e permanência*. 2014 (Tese de livre-docência) – Faculdade de Economia, Administração e Contabilidade da Universidade de São Paulo, São Paulo.

5 MAZZILLI, S. *Orientação de dissertações e teses*: em que consiste? Araraquara: Junqueira & Marin, p. 63, 2009.

6 ALMEIDA JÚNIOR, A. et al. Parecer CFE n. 977/65, aprovado em 3 dez. 1965. *Revista Brasileira de Educação*, v. 30, p. 162-173, 2005. Disponível em: <https://dx.doi.org/10.1590/S1413-24782005000300014>.

[7] VERHINE, R. E. Pós-graduação no Brasil e nos Estados Unidos: uma análise comparativa. *Educação*. v. 31, n. 2, p.166-172, 2008.

[8] VERHINE, R. E. Op. cit.

[9] MACHADO, A. M. N. A bússola do escrever: sobre a função da orientação de teses e dissertações. *Revista FAMECOS*, v. 7, n. 13, p. 140-147, 2000.

[10] NAVES, M. M. L. *O papel do orientador*: o processo de orientação no curso de pós-graduação em biblioteconomia da UFMG. 1993. 199 p. Dissertação (Mestrado) – Escola de Biblioteconomia da UFMG, Curso de Pós-Graduação em Ciência da Informação. 1993.

[11] COSTA, F. J.; SOUSA, S. C. T.; SILVA, A. B. Op. cit.

[12] AMUNDSEN, C.; MCALPINE, L. Learning supervision: trial by fire. *Innovations in Education and Teaching International*, v. 46, n. 3, 331-342, 2009.

[13] CASA NOVA. S. P. C. Op. cit.

[14] MASSI, L.; GIORDAN, M. Formação do orientador de pesquisas acadêmicas: um estudo bibliográfico nacional e internacional. *Revista Brasileira de Pós-Graduação*, v. 14, 2017.

[15] HAGUETTE, T. M. F. Universidade: nos bastidores do conhecimento. In: BIANCHETTI, L.; MACHADO, A. M. N. *A bússola do escrever*: desafios e estratégias na orientação e escrita de teses e dissertações. Florianópolis: Editora da UFSC, 2006. p. 371-382.

[16] BIANCHETTI, L.; MACHADO, A. M. N. Apresentação. In: BIANCHETTI, L.; MACHADO, A. M. N. *A bússola do escrever*: desafios e estratégias na orientação e escrita de teses e dissertações. Florianópolis: Editora da UFSC, 2006. p. 13-24.

[17] BIANCHETTI, L.; MACHADO, A. M. N. Op. cit.

[18] BIANCHETTI, L.; MACHADO, A. M. N. Op. cit.

[19] LEITE FILHO, G. A.; MARTINS, G. A. Relação orientador-orientado e suas influências na elaboração de teses e dissertações. *Revista de Administração de Empresas – ERA*, 46 (Edição Especial), 99-109, 2006.

[20] LEITE FILHO, G. A.; MARTINS, G. A. Op. cit.

[21] MACHADO, A. M. N. Op. cit. p. 142.

[22] TODD, M. J; SMITH, K.; BANNISTER, P. Supervising a social science undergraduate dissertation: staff experiences and perceptions, *Teaching in Higher Education*, v. 11, n. 2, 161-173, 2006.

[23] TODD, M. J; SMITH, K.; BANNISTER, P. Op. cit.

[24] MACHADO, A. M. N.; BIANCHETTI, L. Como aprendemos a orientar? Contribuição da pós-graduação para uma didática da orientação. 2008. In: *XIV Encontro Nacional de Didática e Prática de Ensino – ENDIPE*, 2008, Porto Alegre RS: Edipucrs, 2008. p. 1-17.

[25] COSTA, F. J.; SOUSA, S. C. T.; SILVA, A. B. Op. cit. p. 829.

[26] EXLEY, K.; O'MALLEY, C. Supervising PhDs in science and engineering. In: WISKER, G.; SUTCLIFFE, N. (ed.). *Good Practice in Postgraduate Supervision*. Grant, 1999.

[27] LEITE FILHO, G. A.; MARTINS, G. A. Op. cit.

[28] LIGHT, G.; CALKINS, S.; COX, R. *Learning and teaching in higher education*: the reflective professional. 2. ed. New Delhi: Sage, 2009.

[29] CRYER, P. *The research student's guide to success*. 3. ed. McGraw-Hill Education, 2006.

[30] TODD, M. J; SMITH, K.; BANNISTER, P. Op. cit.

[31] TODD, M. J; SMITH, K.; BANNISTER, P. Op. cit.

[32] ISMAIL, A.; ABIDDIN, N. Z.; HASSAN. A. Improving the development of postgraduate's research and supervision. *International Education Studies*, v. 4, n. 1, p. 78-89, 2011.

33  COSTA, F. J.; SOUSA, S. C. T.; SILVA, A. B. Op. cit.

34  ZILBERMANN, R. Orientação: a aventura compartilhada. In: BIANCHETTI, L.; MACHADO, A. M. N. *A bússola do escrever*: desafios e estratégias na orientação e escrita de teses e dissertações. Florianópolis: Editora da UFSC, 2009. p.329-336.

35  MAZZILLI, S. Op. cit. p. 84.

36  MAZZILLI, S. Op. cit. p. 86.

37  SANTOS, C.L.S.; LEAL, E. A. A iniciação científica na formação dos graduandos em ciências contábeis: um estudo em uma instituição pública do triângulo mineiro. *Revista Contemporânea de Contabilidade*, ISSN 2175-8069, UFSC, Florianópolis, v. 11, n. 22, p. 25-48, jan./abr. 2014.

38  SANTOS, C. L. S. et al. Pesquisa Científica no Curso de Ciências Contábeis: Limites e Contribuições ao aluno na elaboração do Trabalho de Conclusão de Curso. *Revista Evidenciação Contábil & Finanças*, ISSN 2318-1001, João Pessoa, v. 5, n. 3, p.140-156, set./dez. 2017.

39  SANTOS, C.L.S.; LEAL, E.A. Op. cit.

40  SANTOS, C.L.S.; LEAL, E.A. Op. cit.

41  SANTOS, C.L.S. et al. Op. cit.

42  ZHAO, C. M.; GOLDE, C.; MCCORMICK, A. C. More than a signature: how advisor choice and advisor behavior affect doctoral satisfaction. *Journal of Further and Higher Education*, v. 31, n. 3, p. 263-281, 2007.

43  LEITE FILHO, G. A.; MARTINS, G. A. Op. cit. p. 100.

44  MANATHUNGA, C. The development of research supervision: Turning the light on a private space. *International Journal for Academic Development*, v. 10, n. 1, p. 17-30, 2005.

45  MOSER, D.V. Is accounting research stagnant? *Accounting Horizons*, v. 26, n. 4, 845-850, 2012.

46  ISMAIL, A.; ABIDDIN, N. Z.; HASSAN. A. Op. cit.

47  MAHER, B. A. A pós-graduação nos Estados Unidos: tendências e problemas. Concepções e papel do orientador. UPES/FE/USP. *Documento de trabalho*, v. 12, p. 10-14,1996.

48  BROWN, G.; ADKINS, M. *Effective teaching in the higher education*. London: Routledge, 1998.

49  PICCININ, S. J. *Graduate students supervision*: resources for supervisors & students, 2003. Disponível em: <http://citeseerx.ist.psu.edu/viewdoc/download?doi=10.1.1.130.7521&rep=rep1&type=pdf>. Acesso em: 28 jun. 2018.

50  VIANA, C. M. Q. Q. A relação orientador-orientando na pós-graduação *stricto sensu*. *Linhas Críticas*, v. 14, n. 26, p. 93-109, 2008.

51  ZILBERMANN, R. Op. cit.

52  VIANA, C. M. Q. Q.; VEIGA, I. P. A. O diálogo acadêmico entre orientadores e orientandos. *Educação*, v. 33, n. 3, 2010.

53  HAGUETTE, T. M. F. Op. cit.

# Capítulo 8

1  HUBERMAN, M. O ciclo de vida profissional dos professores. In: NÓVOA, A. (org.). *Vida de professores*. Portugal: Porto Editora, 2002. p. 78-101.

2  ROSA, P. R. S. O que é ser professor? Premissas para a definição de um domínio da matéria na área do ensino de ciências. *Caderno Brasileiro de Ensino de Física*, v. 16, n. 2, p. 195-207, 1999.

3   PIMENTA, S. G.; ANASTASIOU, L. G. C. *Docência no ensino superior.* 2. ed. São Paulo: Cortez, 2005.

4   FREIRE, P. *Pedagogia da autonomia*: saberes necessários à prática educativa. 15. ed. São Paulo: Paz e Terra, 2000.

5   LIMA, F. D. C.et al. O choque com a realidade: dormi contador e acordei professor. *Revista Electrónica Iberoamericana Sobre Calidad, Eficacia y Cambio en Educación,* v. 13, p. 49-67, 2015.

6   WANKAT, P. C.; OREOVICZ, F. S. Designing your first class. In: _____. *Teaching engineering.* West Lafayette: Purdue University Press, 2015.

7   WANKAT, P. C.; OREOVICZ, F. S. Op. cit.

8   GIL, A. C. *Didática do ensino superior.* São Paulo: Atlas, 2015.

9   GATTI, B. A. O professor e a avaliação em sala de aula. *Estudos em Avaliação Educacional*, n. 27, p. 97-114, 2003.

10  CUNHA, M. I. Inovações pedagógicas: o desafio da reconfiguração de saberes na docência universitária. In: PIMENTA, S. G.; ALMEIDA, M. I. (org.). *Pedagogia Universitária.* São Paulo: Editora da USP, 2009. p. 211-235.

11  MASETTO, M. T. *Competência pedagógica do professor universitário.* São Paulo: Summus, 2003.

12  TARDIF, M. *Saberes docentes e formação profissional.* 13. ed. Petrópolis: Vozes, 2012.

13  ARAUJO, A. M. P. Formação do Professor de Contabilidade: uma proposta pedagógica. *Revista de Estudos e Investigación en Psicología y Educación*, vol. extr., n. 6, 2017.

14  MIRANDA, G. J.; CASA NOVA, S. P. C.; CORNACHIONNE JUNIOR, E. B. Os saberes dos professores-referência no ensino de contabilidade. *Revista Contabilidade & Finanças*, v. 23, n. 59, p. 142-153, 2012.

15  BORGES, G. R. et al. Medindo a imagem do professor universitário. *Revista de Educação Ciência e Cultura,* v. 19, n. 2, p. 101-116, 2014.

16  FREIRE, P. Op. cit.

17  FREIRE, P. Op. cit.

18  DEMO, P. *Outra universidade.* Jundiaí: Paco Editorial, 2010.

19  NOSSA, V. A necessidade de professores qualificados e atualizados para o ensino da Contabilidade. In: CONGRESSO BRASILEIRO DE CUSTOS, 6, 1999, São Paulo. *Anais...* São Paulo: ABC, 1999.

20  NOSSA, V. Op. cit.

# Capítulo 9

1   SEMESP – Sindicato das Mantenedoras do Ensino Superior. *Mapa do Ensino Superior do Brasil – 2015.* Disponível em: <http://convergenciacom.net/pdf/mapa-ensino-superior-brasil-2015. pdf>. Acesso em: 10 jan. 2017.

2   INEP – Instituto Nacional de Estudos e Pesquisas Educacionais Anísio Teixeira. *Sinopse Estatística da Educação Superior 2015.* Brasília: Inep, 2016. Disponível em: <http://portal.inep.gov.br/basica-censo-escolar-sinopse-sinopse>. Acesso em: 10 jan. 2017.

3   MEC – Ministério da Educação. Brasil. *O Plano Nacional de Educação (2014/2024) em movimento.* 2016. Disponível em: <http://pne.mec.gov.br/>. Acesso em: 25 maio 2016.

4   MEC – Ministério da Educação. 2016. Op.cit.

5  MENDONÇA, A. W. P. C. A universidade no Brasil. *Revista Brasileira de Educação*. v. maio/jun./jul., n. 14, p. 131–150, 2000.

6  SCHWARTZMAN, Simon. The National Assessment of Courses in Brazil. In: DILL, D. D.; BEERKENS, M. (orgs.). *Public Policy for Academic Quality: Analyses of Innovative Policy Instruments.* Dordrecht: Springer Netherlands, 2010, p. 293–312. Disponível em: <http://dx.doi.org/10.1007/978-90-481-3754-1_15>.

7  SCHWARTZMAN, Simon. Op. cit.

8  MARTINS, Carlos Benedito. A reforma universitária de 1968 e a abertura para o ensino superior privado no Brasil. *Educação & Sociedade*, v. 30, n. 106, p. 15-35, 2009.

9  CASTRO, M. H. G. *Educação para o Século XXI. O desafio da qualidade e da equidade.* Brasília: Instituto Nacional de Estudos e Pesquisas Educacionais – INEP, 1999.

10  *Inclusão Social*: um debate necessário? Universidade Federal de Minas Gerais. Disponível em: <https://www.ufmg.br/inclusaosocial/index.php>. Acesso em: 11 jan. 2018.

11  MIRAGLIA, P.; RIZZI, R. Uma avaliação dos resultados do sistema de cotas nas universidades públicas. *Nexo*, 23 fev. 2017. Disponível em: <https://www.nexojornal.com.br/entrevista/2017/02/23/Uma-avalia%C3%A7%C3%A3o-dos-resultados-do-sistema-de-cotas-nas-universidades-p%C3%BAblicas>. Acesso em: 11 jan. 2018.

12  INEP. 2016. Op. cit.

13  OBSERVATÓRIO do Plano Nacional da Educação. Disponível em: <http://www.observatoriodopne.org.br/>. Acesso em: 29 jun. 2018.

14  INEP - Instituo Nacional de Estudos e Pesquisas Educacionais. Diretoria de Informações e Estatísticas Educacionais (INEP/SEEC). *Censo do Ensino Superior, 2012.* Disponível em: <http://download.inep.gov.br/download/superior/censo/2012/resumo_tecnico_censo_educacao_superior_2012.pdf>; Acesso em: 16 fev. 2015.

15  INEP. 2012. Op. cit.

16  INEP. 2016. Op. cit.

17  INEP. 2016. Op. cit.

18  INEP. 2016. Op. cit.

19  INEP. 2016. Op. cit.

20  ANDRADE, E. C. Rankings em Educação: Tipos, Problemas, Informações e Mudanças: Análise dos Principais Rankings Oficiais Brasileiros. *Estudos Econômicos*. São Paulo, v. 41, n. 2, p. 323-343, abr.-jun. 2011.

21  PELEIAS, I. R. et al. Evolução do ensino da contabilidade no Brasil: uma análise histórica. *Revista de Contabilidade e Finanças – USP*, São Paulo, Edição 30 Anos de Doutorado, v. 30, p. 19-32, 2007.

22  INEP. 2017. Op. cit.

23  INEP. 2017. Op. cit.

24  INEP. 2017. Op. cit.

# Capítulo 10

1  BRASIL. Constituição (1988). Constituição da República Federativa do Brasil. Brasília, DF: Senado Federal, 1988.

2  ANDRADE, E. C. Rankings em Educação: Tipos, Problemas, Informações e Mudanças: Análise dos Principais Rankings Oficiais Brasileiros. *Estudos Econômicos,* v. 41, n. 2, p. 323-343, 2011.

3   POLIDORI, M. M.; ARAÚJO, C. M. M.; BARREYRO, G. B. SINAES: Perspectivas e desafios na avaliação da educação superior brasileira. *Ensaio: aval. pol. pub. Educ.*, Rio de Janeiro, v. 14, n. 53, p. 425-436, out./dez. 2006

4   BRASIL, CONAES. *Diretrizes para a Avaliação das Instituições de Educação Superior.* Brasília: CONAES, 2004.

5   MIRANDA, G. J. et al. Relações entre desempenho acadêmico e acesso aos programas de mestrado em Ciências Contábeis. *Revista Ambiente Contábil*, v. 6, p. 141-162, 2014.

6   STUFFLEBEAM, D. Evaluation models. *New Directions for Evaluation*, v. 2001, n. 89, p. 7-98, 2001.

7   ALKIN, M C. *A guide for evaluation decision makers.* Beverly Hills: Sage, 1985.

8   MOROSINI, M. C. Qualidade na educação superior: tendências do século. *Estudos em Avaliação Educacional*, v. 20, n. 43, p. 165-186, 2009.

9   FOGARTY, T. J; ZIMMERMAN, A. B; RICHARDSON, V. J. What do we mean by accounting program quality? A decomposition of accounting faculty opinions. *Journal of Accounting Education*, v. 36, p. 16-42, 2016.

10   COUSINS, J. B.; LEITHWOOD, K. A. Current Empirical Research on Evaluation Utilization. *Review of Educational Research*, v. 56, n. 3, p. 331-364, 1986.

11   PATTON, M. Q. *Utilization-focused evaluation.* 4. ed. Thousand Oaks: Sage Publications, 2008.

12   GOUVEIA, A. B. et al. Trajetória da Avaliação da Educação Superior no Brasil: singularidades e contradições (1983-2004). *Estudos em Avaliação Educacional*, v. 16, n. 31, jan./jun. 2005.

13   GOUVEIA, A. B. et al. Op. cit.

14   GOUVEIA, A. B. et al. Op. cit. p. 111.

15   GOUVEIA, A. B. et al. Op. cit.

16   MIRANDA, G. J. et al. Determinantes do Desempenho Acadêmico na Área de Negócios. *Meta: Avaliação*, v. 7, p. 175-209, 2015.

17   RIBEIRO, J. L. L. S. SINAES: o que aprendemos acerca do modelo adotado para avaliação do ensino superior no Brasil. *Avaliação: Campinas*, v. 20, n. 1, p. 143-161, mar. 2015.

18   POLIDORI, M. M.; ARAÚJO, C. M. M.; BARREYRO, G. B. Op. cit.

19   POLIDORI, M. M.; ARAÚJO, C. M. M.; BARREYRO, G. B. Op. cit.

20   MUNHOZ, A. M. H. *Uma análise multidimensional da relação entre inteligência e desempenho acadêmico em universitários ingressantes.* 2004. (Tese de Doutorado) – Universidade Estadual de Campinas, Campinas. p. 54.

21   FERREIRA, M. A.; MIRANDA, G. J.; PEREIRA, J. M. Majoritariamente, Quem Determina o Desempenho Acadêmico: Instituição, Professor ou Aluno? *Anais* I CONGRESSO UFU DE CONTABILIDADE. Uberlândia, MG, 2015.

22   ANDRADE, E. C. Op. cit.

23   ANDRADE, E. C. Op. cit.

24   ANDRADE, E. C. Op. cit.

25   SILVA, T. D.; MIRANDA, G. J.; FREITAS, S. C. Ações institucionais preparatórias para o Enade nos cursos de Ciências Contábeis. *Revista Universo Contábil*, v. 13, n. 1, p. 65-84, 2017.

26   POLIDORI, M. M.; ARAÚJO, C. M. M.; BARREYRO, G. B. Op. cit. p. 434.

27   MARINHO-ARAUJO, C. M. O desenvolvimento de competências no ENADE: a mediação da avaliação nos processos de desenvolvimento psicológico e profissional. *Avaliação*, v. 9, n. 4, p. 77-97, 2004.

28 ANDRADE, E. C. Op. cit.

29 BONAMINO, A; COSCARELLI, C; FRANCO, C. Avaliação e letramento: concepções de aluno letrado subjacentes ao Saeb e ao Pisa. *Educação e Sociedade*, v. 23, n. 81, p. 91–114, 2002.

30 FREITAS, S. C.; CORNACCHIONE JR., E. B. O uso de resultados de avaliação de programas educacionais: um estudo sobre o ENADE em cursos de ciências contábeis. In: AFONSO, L. E.; MACHADO, E. A. (orgs.). *Tecnologia, educação e contabilidade*. São Paulo: Atlas, 2015, p. 285-303.

31 PAIVA, G. S. Avaliação do desempenho dos estudantes da educação superior: a questão da equidade e obrigatoriedade no Provão e ENADE. *Ensaio: aval. pol. públ. Educ.* v. 16, n. 58, p. 31-46, 2008.

32 POLIDORI, M. M.; ARAÚJO, C. M. M.; BARREYRO, G. B. Op. cit.

# Capítulo 11

1 SINDICATO DAS MANTENEDORAS DE ENSINO SUPERIOR – SEMESP. Disponível em: <http://www.semesp.org.br/site/>. Acesso em 5 jun. 2017.

2 ALMEIDA, L. S. Transição, adaptação académica e êxito escolar no ensino superior. *Revista Galego-Portuguesa de Psicoloxía e Educación*, v. 14, n. 2, p. 203-215, 2007.

3 INSTITUTO BRASILEIRO DE GEOGRAFIA E ESTATÍSTICA (IBGE). *Síntese de indicadores sociais*: uma análise das condições de vida da população brasileira: 2015/IBGE. Coordenação de População e Indicadores Sociais. Rio de Janeiro: IBGE, 2015.

4 INSTITUTO NACIONAL DE ESTUDOS E PESQUISAS EDUCACIONAIS. Diretoria de Informações e Estatísticas Educacionais (INEP/SEEC). *Censo do Ensino Superior*, 2013.

5 PERRONE, C. M. et al. A percepção das organizações pela Geração Y. *Revista Adm. UFSM*, v. 6, n. 3, p. 546-560, set. 2013.

6 FALASTER, C.; FERREIRA, M. P.; REIS, C. Atributos que atraem a Geração Y na escolha do emprego ideal: uma análise a partir da perspectiva de estudantes veteranos. Contextus. *Revista Contemporânea de Economia e Gestão*, v. 13, n. 3, p. 7-31, set./dez. 2015.

7 FEIXA, C; LECCARDI, C. Conceito de geração nas teorias sobre juventude. *Revista Sociedade e Estado*, v. 25, n. 2, maio/ago. 2010.

8 STERBENZ, C. Here's who comes after Generation Z — and they'll be the most transformative age group ever. *Business Insider*, Dec. 5, 2015. Recuperado de: <http://www.businessinsider.com/generation-alpha-2014-7-2>. Acesso em: 3 jul. 2018.

9 SANTOS, C. F. et al. O processo evolutivo entre as Gerações X, Y e *Baby Boomers*. In: SEMINÁRIO EM ADMINISTRAÇÃO, 14, 2011, São Paulo. *Anais...* São Paulo: FEA-USP, 2011.

10 FEIXA, C; LECCARDI, C. Op. cit.

11 KUPPERSCHMIDT, B. R. Multigeneration employees: strategies for effective management. *The health care manager*, v. 19, n. 1, 2000.

12 OLIVEIRA, S. R.; PICCININI, V. C.; BITTENCOURT, B. M. Juventudes, gerações e trabalho: é possível falar em geração Y no Brasil? *Organização & Sociedade*, v. 19, n. 62, p. 551-558, jul./set. 2012. Disponível em: <http://www.spell.org.br/documentos/ver/22370/a-percepcao-das-organizacoes-pelageracao-y>. Acesso em: 18 mar. 2016.

13 OLIVEIRA, S. R.; PICCININI, V. C.; BITTENCOURT, B. M. Op. cit.

14 COMAZZETTO, L. R. et al. A Geração Y no Mercado de Trabalho: um estudo comparativo entre gerações. *Psicologia: Ciência e Profissão*, v. 36, n. 1, p. 145-157, 2016.

15  COMAZZETTO, L. R. et al. Op. cit.

16  PERRONE, C. M. et al. Op. cit.

17  NETO, E. dos S.; FRANCO, E. S. Os professores e os desafios pedagógicos diante das novas gerações: considerações sobre o presente e o futuro. *Revista de Educação do COGEIME*, v. 19, n. 36, 2010.

18  STERBENZ, C. Op. cit.

19  NETO, E. dos S.; FRANCO, E. S. Op. cit.

20  PRENSKY, M. Digital natives, digital immigrants part 1. *On the horizon*, v. 9, n. 5, p. 1-6, 2001.

21  PRENSKY, M. Op. cit

22  FREITAS, H. C. das N. M.; RAPOSO, N. de A.V.; ALMEIDA, L. S. Adaptação do estudante ao ensino superior e rendimento acadêmico: um estudo com estudantes do primeiro ano de enfermagem. *Revista portuguesa de pedagogia*, n. 41-1, p. 179-188, 2007.

23  FREITAS, H. C. das N. M.; RAPOSO, N. de A.V.; ALMEIDA, L. S. Op. cit.

24  ALMEIDA, L. S.; SOARES, A. P. Os estudantes universitários: sucesso escolar e desenvolvimento psicossocial. In: MERCURI, E.; POLYDORO, S. A. J. (orgs.). *Estudante universitário*: características e experiências de formação. Taubaté: Cabral Editora e Livraria Universitária, 2003.

25  TEIXEIRA, M. A. P. et al. Adaptação à universidade em jovens calouros. *Revista Semestral da Associação Brasileira de Psicologia Escolar e Educacional (ABRAPEE)*, v. 12, n. 1, jan./jun. 2008, p. 185-202.

26  TEIXEIRA, M. A. P. et al. Op. cit.

27  POLYDORO, S. A. J. et al. Op. cit.

28  FAGUNDES, C.V. Transição ensino médio – educação superior: qualidade no processo educativo. *Educação Por Escrito*, v. 3, n. 1, 2012.

29  ALBANAES, P. et al. Do trote à mentoria: levantamento das possibilidades de acolhimento ao estudante universitário. *Revista Brasileira de Orientação Profissional*, v. 15, n. 2, p. 143-152, 2014.

30  ALBANAES, P. et al. Op. cit.

31  ALBANAES, P. et al. Op. cit.

32  ALBANAES, P. et al. Op. cit.

33  PELISSONI, A. M. S. Desenvolvimento Estudantil: parceria entre o Serviço de Atendimento Estudantil (SAE) e a Coordenação dos Cursos de Administração e Ciências Contábeis da FAC 2. 2008. *Revista de Educação*, v. 11, n. 11, 2015.

34  PELISSONI, A. M. S.; TITTANEGRO, F. S.; FAHL, A. C. Op. cit.

35  PELISSONI, A. M. S.; TITTANEGRO, F. S.; FAHL, A. C. Op. cit.

36  FARIAS, C. M. L.; CARVALHO, R. B. de. Ensino Superior: a geração Y e os processos de aprendizagem. *Revista Espaço Acadêmico*, v. 15, n. 179, p. 37-43, 2016.

37  SANGIORGIO, J. P. M. et al. Geração Y: a motivação para construção do conhecimento. *Revista da ABENO*, v. 11, n. 2, p. 14-18, 2011.

38  SANGIORGIO, J. P. M. et al. Op. cit.

39  NETO, E. dos S.; FRANCO, E. S. Op. cit.

40  FARIAS, C. M. L.; CARVALHO, R. B. de. Op. cit.

41  NETO, E. dos S.; FRANCO, E. S. Op. cit.

42  FARIAS, C. M. L.; CARVALHO, R. B. de. Op. cit.

43  FARIAS, C. M. L.; CARVALHO, R. B. de. Op. cit.

44  FREIRE, Paulo. *Pedagogia do oprimido*. 42. ed. Rio de Janeiro: Paz e Terra, 2005.

45  FARIAS, C. M. L.; CARVALHO, R. B. de. Op. cit.

46  FARIAS, C. M. L.; CARVALHO, R. B. de. Op. cit.

47  TEIXEIRA, M. A. P. et al. Op. cit.

48  PELISSONI, A. M. S; TITTANEGRO, F. S.; FAHL, A. C. Op. cit.

49  OLIVEIRA, S. R.; PICCININI, V. C.; BITTENCOURT, B. M. Op. cit.

50  DAMME, D.V. The ever growing generation gap in the classroom. 2014. Disponível em: <http://www.oecd.org/education/skills-beyond-school/educationindicatorsinfocus.htm>. Acesso em: 29 jun. 2018.

# Capítulo 12

1  INEP – Instituto Nacional de Estudos e Pesquisas Educacionais Anísio Teixeira. Sinopse Estatística da Educação Superior 2015. Brasília: Inep, 2016. Disponível em: <http://portal.inep.gov.br/basica-censo-escolar-sinopse-sinopse>. Acesso em: 10 jan. 2017.

2  ANDRADE, E. C. Rankings em Educação: Tipos, Problemas, Informações e Mudanças: Análise dos Principais Rankings Oficiais Brasileiros. *Estudos Econômicos,* v. 41, n. 2, p. 323- 343, 2011.

3  MATTAR, J. *Guia de educação a distância.* São Paulo: Cengage Learning, 2011.

4  MACHADO, E. A. *Desempenho acadêmico e satisfação dos estudantes na modalidade EaD*: um estudo comparativo entre concluintes dos cursos de Ciências Contábeis e Administração. 2014. Tese (Doutorado em Controladoria e Contabilidade: Contabilidade) – Faculdade de Economia, Administração e Contabilidade, Universidade de São Paulo, São Paulo, 2014.

5  BRASIL. *Lei n. 9.394, de 20 de dezembro de 1996. Estabelece as diretrizes e bases da educação nacional.* Brasília, DF, 1996.

6  BRASIL. *Decreto n. 5.622, de 19 de dezembro de 2005. Regulamenta o art. 80 da Lei n. 9.394, de 20 de dezembro de 1996, que estabelece as diretrizes e bases da educação nacional.* Brasília, DF, dez. 2005. Disponível em: <http://www.planalto.gov.br/ccivil_03/_ato2004-2006/2005/decreto/d5622.htm>. Acesso em: 2 jan. 2017.

7  BRASIL. Decreto n. 5.800, de 8 de junho de 2006. Dispõe sobre o Sistema Universidade Aberta do Brasil – UAB. Brasília, DF, jun. 2006. Disponível em: <http://www.planalto.gov.br/ccivil_03/_ato2004-2006/2006/decreto/d5800.htm>. Acesso em: 2 jan. 2017.

8  UNIVERSIDADE ABERTA DO BRASIL. *Sobre a UAB.* Disponível em: <http://www.capes.gov.br/uab>. Acesso em: 22 dez. 2016.

9  INEP. Op. cit.

10  SEMESP. Sindicato das Entidades Mantenedoras de Estabelecimentos de Ensino Superior no Estado de São Paulo. *Mapa do Ensino Superior do ano de 2016.* Disponível em: <http://convergenciacom.net/pdf/mapa_ensino_superior_2016.pdf>. Acesso em: 5 out. 2017.

11  BELLONI, M. L. *Educação a distância.* Campinas: Autores Associados, 2009.

12  LEONG, P. Role of social presence and cognitive absorption in online learning environments. *Distance Education,* v. 32, n. 1, p. 5-28, 2011.

13  GOMES, G.; SARAGOÇA, V. A. M.; DOMINGUES, M. J. C. S. Competências para a docência on-line: percepção de professores de pós-graduação no ensino a distância. *Revista Pensamento Contemporâneo em Administração,* v. 5, n. 3, p. 15-33, 2011.

¹³ CATAPAN, A. H., Mediação pedagógica diferenciada. In: ALONSO, K. M.; RODRIGUES, R. S.; BARBOSA, J. G. *Educação a distância*: práticas, reflexões e cenário plurais. Cuiabá: Ed. UFMT, 2010.

¹⁴ GOMES, L. F. EAD no Brasil: perspectivas e desafios. *Avaliação (Campinas)* [online], v. 18, n. 1, p. 13-22, 2013. Disponível em: <http://www.scielo.br/pdf/aval/v18n1/02.pdf>. Acesso em: 26 dez. 2016.

¹⁵ MOORE, M; KEARSLEY, G. *Distance education*: a system view. Belmont: Wadsworth Publishing Co., 1996.

¹⁶ MAIA, C. *Guia brasileiro de educação a distância 2002/2003*. São Paulo: Esfera, 2002.

¹⁷ FELDKERCHER, N.; MATHIAS, C. V. Uso das TICs na Educação Superior presencial e a distância: a visão dos professores. *Revista Iberoamericana de Tecnología en Educación y Educación en Tecnología*, n. 6, p. 84-92, 2011.

¹⁸ MATTAR, J. Op. cit.

¹⁹ CATAPAN, A. H., Mediação pedagógica diferenciada. In: ALONSO, K. M.; RODRIGUES, R. S.; BARBOSA, J. G. *Educação a distância*: práticas, reflexões e cenário plurais. Cuiabá: Ed. UFMT, 2010.

²⁰ FELDKERCHER, N.; MATHIAS, C.V. Op. cit.

MINISTÉRIO DA EDUCAÇÃO – SECRETARIA DE EDUCAÇÃO A DISTÂNCIA. Op. cit.

MINISTÉRIO DA EDUCAÇÃO – SECRETARIA DE EDUCAÇÃO A DISTÂNCIA. Op. cit.

ALBERTIN, A. L.; ALBERTIN, R. M. Education Evaluation based on its Dimensions and Components: An Analysis of Official Graduate Programs Evaluation in Brazil. *Business and Management Review*, v. 4, n. 3, p. 400-413, 2014.

²¹ BARTLEY, S. J.; GOLEK, J. H. Evaluating the Cost Effectiveness of Online and Face-to-Face Instruction. *Educational Technology & Society*, v. 7, p. 167-175, 2004.

²² MINISTÉRIO DA EDUCAÇÃO – SECRETARIA DE EDUCAÇÃO A DISTÂNCIA. *Referenciais de qualidade para educação superior a distância*. Disponível em: http://portal.mec.gov.br/seed/arquivos/pdf/legislacao/refead1.pdf. Acesso em: 20 dez. 2016.

²³ SCHLOSSER, R. L. A atuação dos tutores nos cursos de educação a distância. *Colabor@ - Revista Digital da CVA*, v. 6, n. 22, fev. 2010.

²⁴ INEP. Op. cit.

²⁵ MINISTÉRIO DA EDUCAÇÃO – SECRETARIA DE EDUCAÇÃO A DISTÂNCIA. Op. cit.

²⁶ MINISTÉRIO DA EDUCAÇÃO – SECRETARIA DE EDUCAÇÃO A DISTÂNCIA. Op. cit.

²⁷ MINISTÉRIO DA EDUCAÇÃO – SECRETARIA DE EDUCAÇÃO A DISTÂNCIA. Op. cit.

²⁸ MINISTÉRIO DA EDUCAÇÃO – SECRETARIA DE EDUCAÇÃO A DISTÂNCIA. Op. cit.

²⁹ MINISTÉRIO DA EDUCAÇÃO – SECRETARIA DE EDUCAÇÃO A DISTÂNCIA. Op. cit.

³⁰ ALBERTIN, A. L.; ALBERTIN, R. M. Education Evaluation based on its Dimensions and Components: An Analysis of Official Graduate Programs Evaluation in Brazil. *Business and Management Review*, v. 4, n. 3, p. 400-413, 2014.

# Referências

31  MINISTÉRIO DA EDUCAÇÃO – SECRETARIA DE EDUCAÇÃO A DISTÂNCIA. Op. cit.

32  BARTLEY, S. J.; GOLEK, J. H. Op. cit.

33  KENSKI, V. M. *Tecnologias e Ensino Presencial e a Distância.* 7. ed. Campinas: Papirus, 2009.

34  MINISTÉRIO DA EDUCAÇÃO – SECRETARIA DE EDUCAÇÃO A DISTÂNCIA. Op. cit.

35  KENSKI, V.M. Op. cit.

36  MINISTÉRIO DA EDUCAÇÃO – SECRETARIA DE EDUCAÇÃO A DISTÂNCIA. Op. cit.

37  MINISTÉRIO DA EDUCAÇÃO – SECRETARIA DE EDUCAÇÃO A DISTÂNCIA. Op. cit.

38  MINISTÉRIO DA EDUCAÇÃO – SECRETARIA DE EDUCAÇÃO A DISTÂNCIA. Op. cit.

39  VIEIRA, V. S. Desafios e dificuldades da gestão em educação a distância. *Revista Multitexto,* 2013, v. 2, n. 01, 2013.

40  MINISTÉRIO DA EDUCAÇÃO – SECRETARIA DE EDUCAÇÃO A DISTÂNCIA. Op. cit.

41  MINISTÉRIO DA EDUCAÇÃO – SECRETARIA DE EDUCAÇÃO A DISTÂNCIA. Op. cit.

42  VIEIRA, V. S. Op. cit.

43  MINISTÉRIO DA EDUCAÇÃO – SECRETARIA DE EDUCAÇÃO A DISTÂNCIA. Op. cit.

44  KENSKI, V. M. Op. cit.

45  SCHLOSSER, R. L. Op. cit.

46  MINISTÉRIO DA EDUCAÇÃO – SECRETARIA DE EDUCAÇÃO A DISTÂNCIA. Op. cit.

47  PRETI, O. Educação a Distância: uma prática educativa mediadora e mediatizada. In: _____. (org.). *Educação a distância*: inícios e indícios de um percurso. Cuiabá: Ed. UFMT/NEAD, 1996, p. 15-56.

48  MAIA, C. Op. cit.

49  MOORE, M.; KEARSLEY, G. *Educação a distância*: uma visão integrada. São Paulo: Thomson Learning, 2007.

50  BENTES, R. F. A avaliação do tutor. In: LITTO, F. M.; FORMIGA, M. (orgs.). *Educação a distância*: o estado da arte. São Paulo: Pearson Education do Brasil, 2009.

51  MINISTÉRIO DA EDUCAÇÃO – SECRETARIA DE EDUCAÇÃO A DISTÂNCIA. Op. cit.

52  MINISTÉRIO DA EDUCAÇÃO – SECRETARIA DE EDUCAÇÃO A DISTÂNCIA. Op. cit.

53  NOVELLO, T. P.; LAURINO, D. P. Educação a distância: seus cenários e autores. *Revista Iberoamericana de Educación/Revista Ibero-americana de Educação,* n. 58/4, 2012.

54  BELLONI, M. L. Op. cit.

55  MINISTÉRIO DA EDUCAÇÃO – SECRETARIA DE EDUCAÇÃO A DISTÂNCIA. Op. cit.

56　AGUIAR, J. J. B. Características da educação a distância no ensino superior. *Revista EDaPECI*, v. 14, n. 2, p. 353-365, 2014.

57　KENSKI, V. M. Op. cit.

58　GOMES, G.; SARAGOÇA, V. A. M.; DOMINGUES, M. J. C. S. Op. cit.

59　GOMES, G.; SARAGOÇA, V. A. M.; DOMINGUES, M. J. C. S. Op. cit.

60　AGUIAR, J. J. B. Op. cit.

61　BARTLEY, S. J.; GOLEK, J. H. Op. cit.

62　MAIA, M. C. Educação a Distância. *GV-Executivo*, v. 6, p. 56-60, 2007.

63　FELDKERCHER, N.; MATHIAS, C. V. Op. cit.

64　VALENTE, L. A.; MORAN, J. M. *Educação a distância*: pontos e contrapontos. São Paulo: Summus, 2011.

65　VALENTE, L. A.; MORAN, J. M. Op. cit.

66　LEONG, P. Op. cit.

67　MINISTÉRIO DA EDUCAÇÃO – SECRETARIA DE EDUCAÇÃO A DISTÂNCIA. Op. cit.

68　MINISTÉRIO DA EDUCAÇÃO – SECRETARIA DE EDUCAÇÃO A DISTÂNCIA. Op. cit.

69　FREITAS, M. T. M.; FRANCO, A. P. Os desafios de forma-se professor formador e autor na Educação a Distância. *Educar em Revista*, Edição especial, n. 4, p. 149-172, 2014.

70　LEAL, E. A.; ALBERTIN, A. L. Determinants of the use of Technological Innovation in Distance Learning: A Study with Business School Instructors. *Turkish Online Journal of Distance Education-TOJDE*, v. 16, n. 1, p. 19-37, 2015.

71　VALENTE, L. A.; MORAN, J. M. Op. cit.

72　VALENTE, L. A.; MORAN, J. M. Op. cit.

73　DAUDT, S. I. D.; BEHAR, P. A. A gestão de cursos de graduação a distância e o fenômeno da evasão. *Educação*, v. 36, n. 3, p. 412-421, 2013.

74　CAETANO, C. C. R. et al. Desempenho Acadêmico em Ciências Contábeis: Ensino a Distância (EaD) *versus* Presencial. In: V ENCONTRO DE ENSINO E PESQUISA EM ADMINISTRAÇÃO E CONTABILIDADE (EnEPQ). Salvador. *Anais...* Salvador: ANPAD, 2015.

75　BOCCIA, M. B. Estudo Comparativo do Desempenho dos alunos dos Cursos de Pedagogia: Presencial x EAD. In: SEMINÁRIO INTERNACIONAL DE EDUCAÇÃO SUPERIOR. Sorocaba, 2014. *Anais...*

76　SILVA, J. C.; KAVESKI, I. D. S.; DOMINGUES, M. J. C. S. Análise Comparativa dos Cursos de Graduação em Administração na Modalidade EAD e Presencial sobre os Resultados dos Indicadores CPC, CC e ENADE, 2013. In: XXIV ENANGRAD, Florianópolis-SC, 2013. *Anais...*

77　SEMESP. Op. cit.

78　COELHO, M. L. *A evasão nos cursos de formação continuada de professores universitários na modalidade de educação a distância via internet*. Universidade Federal de Minas Gerais, 2002.

79　MAIA, M. C. et al. *Análise dos índices de evasão nos cursos superiores a distância do Brasil*. 2004. Disponível em: <http://www.abed.org.br/congresso2004/por/htm/073-TC-C2.htm>. Acesso em: 30 mar. 2017.

# Referências

[80] TRESMAN, S. Towards a Strategy for Improved Student Retention in Programmes of Open, Distance Education: A Case Study from the Open University UK. *The international reviewof research in open and distributedlearning*, v. 3, n. 1, 2002.

[81] BELLONI, M. L. Op. cit.

[82] VALENTE, L. A.; MORAN, J. M. Op. cit.

[83] AGUIAR, J. J. B. Op. cit.

Pré-impressão, impressão e acabamento

GRÁFICA
SANTUÁRIO

grafica@editorasantuario.com.br
www.graficasantuario.com.br

Aparecida-SP

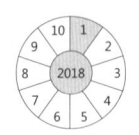